ullstein

Das Buch

Was braucht der Mann von Welt, um durchs Leben zu kommen? Eine Brieftasche, sein Handy, die Hausschlüssel, vielleicht noch einen Regenschirm – und natürlich das *Herrenhandbuch*! Dieser Band passt in jede Sakkotasche – mit ihm hat man(n) jederzeit die wichtigsten Grundlagen zur Hand, um in den verschiedensten Lebenslagen zu bestehen: von der Ehe bis zum Tabakschnupfen, vom Feuermachen bis zum ersten Date. Ein »brillantes, absolut faszinierendes Nachschlagewerk für den Mann im 21. Jahrhundert«. *(GQ)*

Der Autor

Thomas Fink war Junior Fellow am Caius College in Cambridge. Er arbeitet als Physiker am Institut Curie und lebt in London.

Thomas Fink

HERRENHANDBUCH

Ein Vademekum für den Mann
von heute

Aus dem Englischen
von Ralph Sander

Besuchen Sie uns im Internet:
www.ullstein-taschenbuch.de

Einige ausführlichen Zitate im Buch stammen aus folgenden deutschen Ausgaben: S. 100, 104, 107: Amies, Hardy, *Anzug und Gentleman. Von der feinen englischen Art sich zu kleiden; ein persönlicher Blick auf Geschichte, Gegenwart und Zukunft des Anzugs und seines notwendigen »Zubehörs«*, Münster, Lit 1997 ❧ S. 62 f.: Chesterfield, Philip Dormer Stanhope of, *Briefe an seinen Sohn Philip Stanhope über die anstrengende Kunst ein Gentleman zu werden*, hg. u. bearb. v. F. Berger, Leipzig – Weimar, Gustav Kiepenheuer 1983 (mit freundlicher Genehmigung der Aufbau Verlagsgruppe GmbH, Berlin 2007) ❧ S. 68 f.: Fein, Ellen, *Die Kunst, den Mann fürs Leben zu finden. Alle Regeln in einem Band*, Zürich, Piper 2002 ❧ S. 116: Fink, Thomas; Mao, Young, *Die 85 Methoden, eine Krawatte zu binden*, München – Zürich, Piper 2002 ❧ S. 35: Fleming, Ian, 007 James Bond, *Liebesgrüße aus Moskau*, Bern – München – Wien, Scherz 1992 ❧ S. 128 ff.: Bulwer-Lytton, Edward, *Pelham oder die Abenteuer eines Gentleman*, Metzler, Stuttgart 1843 ❧ S. 150 f.: Franklin, Benjamin, *Autobiographie*, München, Beck 1997 ❧ S. 153 ff.: Newman, John Henry, *Ausgewählte Werke 5: Vom Wesen der Universität*, Mainz, Matthias-Grünewald-Verlag 1960

Umwelthinweis: Dieses Buch wurde auf chlor- und säurefreiem Papier gedruckt.

Deutsche Erstausgabe im Ullstein Taschenbuch
1. Auflage Dezember 2007

Titel der englischen Originalausgabe: *The Man's Book*
(Weidenfeld & Nicholson, 2006; Neuausgabe bei Phoenix, 2007
jeweils imprint of Orion Books Ltd)
Umschlaggestaltung: Zero, München
Titelabbildung: FinePic, München
Satz: LVD GmbH, Berlin
Gesetzt aus der Palatino
Druck und Bindearbeiten: Ebner & Spiegel, Ulm
Printed in Germany
ISBN 978-3-548-36970-9

INHALT

EINLEITUNG

Das *Herrenhandbuch* ist das maßgebende Kompendium für die Gepflogenheiten, Gewohnheiten und Interessen eines Mannes – ein Vademekum für moderne Männlichkeit. Umfassend widmet es sich den grundlegenden Dingen im Leben eines Mannes und bietet ihm gleichzeitig einen Wegweiser durchs ganze Jahr. Der Aufbau folgt einem System, denn darin liegt eine der maskulinen Stärken: Es hält unausgesprochene Richtlinien schwarz auf weiß fest, trennt das Zufällige vom Wesentlichen und bringt auf einen einfachen Nenner, was auf den ersten Blick komplex zu sein scheint.

In einer Zeit, in der die Grenzen zwischen den Geschlechtern zu verwischen scheinen und Männlichkeit zur Marginalie verkümmert, feiert das *Herrenhandbuch* unerschrocken und selbstbewusst das Mannsein. Jungs, Kerle, Gentlemen, freut euch: Dieser Guide bietet Inspiration für jede Gelegenheit.

Thomas Fink
London, im Juli 2007

DER KÖRPER

♂ Das Symbol für den Mann ist ein Pfeil, der in nordöstlicher Richtung aus einem Kreis austritt. Man nimmt an, dieses Symbol steht für einen Schild und einen Speer. Es ist zudem das Symbol für den Planeten Mars, benannt nach dem römischen Gott des Krieges, und wird auch assoziiert mit Gerätesteckern und der Automarke Volvo.

»Wenn du ein Champion sein willst, dann dürfen nicht von außen negative Kräfte auf dich einwirken und dich beeinflussen. Nehmen wir an, ich beginne mich kurz vor einem Wettkampf für ein Mädchen zu interessieren – dann kann das einen negativen Effekt auf meinen Geist haben und mein Training zunichtemachen. Also muss ich meine Emotionen abschalten und in gewisser Weise gefühlskalt sein … Das macht man auch so mit allem anderen. Wenn mir in diesem Augenblick jemand mein Auto klaut, dann kümmert mich das nicht. Ich habe mir antrainiert, so zu sein: völlig gefühlskalt und ohne dass etwas in meinem Kopf vorgeht.« (Arnold Schwarzenegger, *Pumping Iron*, 1977)

🚹 Das Toilettenmännchen kennzeichnet die öffentliche Herrentoilette. Im Gegensatz zum Mars-Symbol ist es ein Piktogramm – das heißt, seine Bedeutung leitet sich aus der Form ab. Das Zeichen für die Herrentoilette unterscheidet sich von dem für die Damentoilette dadurch, dass die Figur breitere Schultern hat und die Beine gerade nach unten verlaufen, als Gegensatz zu dem stilisierten Kleid.

»Ein Narr ist, wer seinen Arzt zum Erben bestimmt.« ❧ »Halten Sie den Mund feucht und die Füße trocken.« ❧ »Hüten Sie sich vor jungen Ärzten und alten Barbieren.« ❧ »Ein gutes Weib und Gesundheit sind der größte Reichtum eines Mannes.« ❧ »Es gibt mehr alte Säufer als alte Ärzte.« (Benjamin Franklin, *Poor Richard's Almanack*, 1732–1757)

JEDER-MANN

Dies ist eine Übersicht über den typischen, modernen Durchschnittsmann. Sofern nichts anderes angegeben wird, ist er 16 Jahre und älter.

Körperliche Eigenschaften

Größe	1,77 m	Linkshänder	11 %
Gewicht	79 kg	Cholesterin[2]	6,2 mmol/l
Brust	106 cm	Lebenserwartung bei der Geburt	77 Jahre
Taille	94 cm	Alter beim Auftreten schwerer Krankheiten	67 Jahre
Hüfte	103 cm	Beschnitten[3]	6 %
Schuhgröße	43	Linker Hoden sitzt tiefer[4]	62 %
Untergewichtig	4 %	Frauen pro 1000 Männer	1048
Haarausfall	66 %		
Übergewichtig (nicht fettleibig)	47 %		
Fettleibig	21 %		
Body-Mass-Index[1]	25.3		

Gewohnheiten und Ansichten

Zigarettenraucher	26 %	Sport pro Woche (Std.:Min.)[6]	1:47
Raucher selbstgedrehter Zigaretten	8 %	Lesen pro Woche[6]	2:03
Zigarrenraucher[5]	5 %	Fernsehen, DVD, Radio pro Woche[6]	15:54
Pfeifenraucher	2 %	Verheiratet, zusammenlebend	53 %
Alter bei der ersten Heirat	31 Jahre	Nie verheiratet, nicht zusammenlebend	27 %
Durchschnittliches Heiratsalter	35 Jahre	Anzahl Hemden (zum Knöpfen)	16
Preis für den Verlobungsring	2000 €		

Anzahl Krawatten	14
Führerscheinprüfung bestanden	46 %
Im Besitz eines Führerscheins	82 %
Durchschnittlicher Stundenlohn	17,– €
Tragen Slips mit Y-Eingriff	44 %
Gehören einer Religion an	83 %
Gestehen Rassenvorurteile ein	39 %
Wöchentliche Äthylalkohol-Aufnahme[7]	181 ml
Arbeiten über 40 Std. / Woche[8]	65 %
Verheiratete, die einen Ehering tragen	46 %
Männer mit ausgezeichnetem Abschluss	10 %

(1) Body-Mass-Index (BMI) ist das Gewicht in Kilogramm geteilt durch die Größe in Metern zum Quadrat; ein BMI von 20–25 ist normal. **(2)** 45–64-Jährige. Unter 5,2 ist erstrebenswert, 5,2 bis 6,2 ist an der Grenze zum hohen Risiko; mmol / l = Millimol / Liter. **(3)** 16–44-Jährige. Siehe S. 25 **(4)** 27 % haben einen tiefersitzenden rechten Hoden; der Rest ist unauffällig. Siehe S. 23 **(5)** Mindestens eine Zigarre im Monat. **(6)** Vollzeitarbeiter. **(7)** Empfohlen sind 210 ml. Siehe S. 210 **(8)** Unter Vätern.

DER IDEALE MANN

Body-Mass-Index

Das ideale Verhältnis zwischen Größe und Gewicht lässt sich mit dem Body-Mass-Index (BMI) ausdrücken. Der BMI ist die Zahl, die sich ergibt, indem man das Gewicht in Kilogramm durch die Größe in Metern zum Quadrat teilt. So hat zum Beispiel ein 1,78 m großer Mann mit einem Gewicht von 73 kg einen BMI von 23. Für Männer ist ein Wert zwischen 23 und 25 ideal (in der nachfolgenden Tabelle hervorgehoben), allerdings gibt es dabei etwas Spielraum. Ein endomorpher (breiter) Körperbau kann über dieser Bandbreite liegen, ein ektomorpher (schlanker) Körperbau darunter. James Bond (siehe S. 296), der für seine eher schlaksige Statur bekannt ist, hat einen BMI von 22,4.

Nachfolgend eine Tabelle für die Werte bei verschiedener Körpergröße und unterschiedlichem Gewicht. Durch Auf- oder Abrunden kann es zu leichten Abweichungen kommen.

Größe								*Gewicht (kg)*									
(cm)	59	61	64	66	68	70	73	75	77	79	82	84	86	88	91	93	95
165	22	22	23	24	25	26	27	27	28	29	30	31	32	32	33	34	35
168	21	22	23	23	24	25	26	27	27	28	29	30	31	31	32	33	34
170	20	21	22	23	23	24	25	26	27	27	28	29	30	31	31	32	33
173	20	21	21	22	23	24	24	25	26	27	27	28	29	30	30	31	32
175	19	20	21	21	22	23	24	24	25	26	27	27	28	29	30	30	31
178	19	19	20	21	22	22	23	24	24	25	26	27	27	28	29	29	30
180	18	19	20	20	21	22	22	23	24	24	25	26	26	27	28	29	29
183	18	18	19	20	20	21	22	22	23	24	24	25	26	26	27	28	28
185	17	18	18	19	20	20	21	22	22	23	24	24	25	26	26	27	28
188	17	17	18	19	19	20	21	21	22	22	23	24	24	25	26	26	27
190	16	17	17	18	19	19	20	21	21	22	22	23	24	24	25	26	26
193	16	16	17	18	18	19	19	20	21	21	22	23	23	24	24	25	26

Der vitruvische Mann

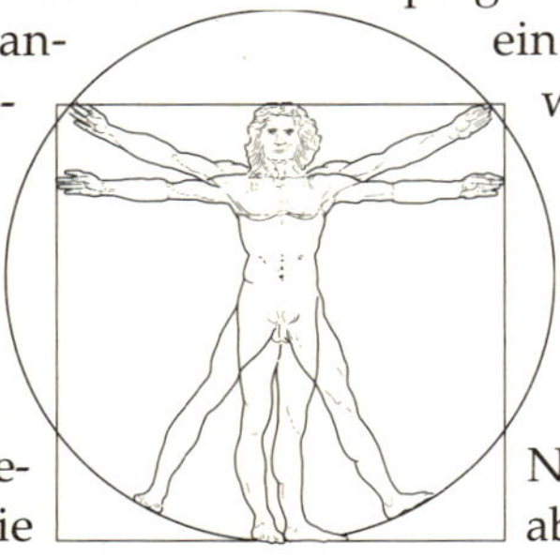

Leonardo da Vincis bekannter »vitruvischer Mann« basiert auf den antiken idealen Proportionen eines Mannes, wie sie von dem römischen Architekten Vitruvius Pollio aufgeschrieben wurden. Die Spannweite der Arme entspricht dabei genau der Körpergröße, woraus sich ein Quadrat ergibt, während die gestreckten Arme und Beine einen Kreis markieren, dessen Mittelpunkt der Nabel ist. Das sind aber nicht die einzigen mathematischen Symmetrien in da Vincis Studie des idealen Mannes. Laut dem Architekten und dem erläuternden Text zu da Vincis Zeichnung erfüllen die Proportionen des idealen Mannes zusätzlich noch die folgenden Kriterien.

Proportionen eines Mannes

Die Körpergröße entspricht:

1 x den ausgestreckten Armen
2 x der Hälfte
4 x der Breite
4 x von den Brustwarzen aufwärts
5 x den Unterarmen
7 x der Fußlänge
8 x dem Kopf
8 x den Oberarmen
10 x der Handfläche
10 x dem Gesicht
24 x den Handflächen
30 x den Ohren
30 x der Stirn
30 x dem Mund
96 x den Fingern

Erläuterungen: *Hälfte* = vom Ansatz der Genitalien bis zur Oberseite des Kopfs; *Breite* = Schulterbreite; *Brustwarzen aufwärts* = von der Mitte der Brustwarzen bis zur Oberseite des Kopfs; *Unterarm* = Unterarm bis Fingerspitzen; *Kopf* = Unterkante des Kinns bis zur Oberseite des Kopfs; *Oberarm* = Ellbogen bis Achsel; *Hand* = Länge der Handfläche; *Gesicht* = Unterkante des Kinns bis zum Haaransatz; *Handfläche* = Breite der Handfläche; *Ohr* = Länge des Ohrs; *Stirn* = Augenbrauen bis Haaransatz; *Mund* = Unterkante des Kinns bis zur Nasenspitze; *Finger* = Breite der Finger.

BÄRTE

Auch wenn man ihn heutzutage nicht mehr so häufig zu sehen bekommt wie früher, bleibt der auffälligste optische Unterschied zwischen den Geschlechtern die Gesichtsbehaarung. Der Bart »ist das Merkmal des Mannes«, schrieb St. Clement von Alexandria. »Ganz gleich, welche Sanftheit oder Zartheit in ihm steckte, sie wurde ihm von Gott genommen, als er die zarte Eva aus seiner Rippe schuf …«

Bartlänge

Im Durchschnitt wächst ein Barthaar alle drei Stunden um die Länge, die sein Durchmesser beträgt. Eine geeignetere Maßeinheit für die Bartlänge findet sich in der Typographie: der Punkt (p; ein Punkt entspricht 0,376 mm). Ein Bart wächst jeden Tag um einen Punkt, also gut einen Drittel Millimeter. Verschiedene Längen des Barthaars werden entsprechend unterschiedlich bezeichnet:

Name	*Tage*	*Länge (p)*	*Anmerkung*
Heller Bartschatten	< 1	< 1	Leichter Schatten, Stoppeln nicht zu sehen.
Dunkler Bartschatten	1–2	1–2	Wird ungestraft getragen (»Ich hatte *sehr viel* zu tun.«)
Dreitagebart	3–4	3–4	Zwiespältig (»Hat er das Rasieren vergessen?«)
Designerstoppeln	5–8	5–8	Vorsätzliche Stoppeln; keine Nachlässigkeit mehr.
Borsten	9–16	9–16	Unangenehmste Phase, wenn man sich einen Bart stehen lässt.
Bart	17+	17+	Wächst ca. 13 cm pro Jahr.

Bartpflege

Einen Bart zu schneiden macht ihn nicht nur kürzer, sondern auch dichter. Die Oberfläche eines nicht geschnittenen Barts ist unregelmäßig, weil nicht alle Haare gleich schnell wachsen. Unterhalb des Halsansatzes rasieren sich die meisten Männer, selbst diejenigen mit Vollbart.

Die einzige Gesichtsbehaarung, die bei den britischen Streitkräften erlaubt ist, ist ein Schnurrbart. Eine Ausnahme stellt die Royal Navy dar, die einen Schnurrbart plus Kinnbart erlaubt. Eine Zeit lang gestattete die katholische Kirche ihren Priestern Bärte nur unter der Bedingung, dass sie sie nicht schnitten, da dies als Zeichen von Eitelkeit ausgelegt wurde. Das Ziegenbärtchen, ein Trend der 90er-Jahre, wirkt inzwischen eher gezwungen, und heute gilt ein Vollbart als akzeptabel, solange er nicht länger als 2 cm = 54 Punkt = 54 Tage ist.

Zwei Mythen rund um den Bart sollen an dieser Stelle aus der Welt geschaffen werden. Zum einen wird gern behauptet, ein Haar wächst umso langsamer, je länger es ist. Das ist nicht möglich, weil der Haarfollikel nicht wissen kann, wie lang das Haar ist oder wie kurz es geschnitten wurde; es erfolgt kein Informationsaustausch mit dem Haarschaft, da dieser tot ist. Der Follikel weiß jedoch, wie *alt* das Haar ist. Deshalb wird es nach einer festgelegten Zeit abgestoßen und ein neues Haar folgt nach. Damit erklärt sich auch, wieso Haare nie über eine bestimmte Länge hinaus wachsen können.

Der zweite Mythos dreht sich um die Behauptung, dass geschnittenes Haar dichter wächst. Das stimmt nur teilweise, denn in der ersten Wachstumsphase ist das Haar am dünnsten und erreicht erst danach seine normale Dicke. Schneidet man die Spitze ab, ist das neue Ende zwar dicker als das bisherige, aber ein erneutes Abschneiden zeigt keinerlei weitere Wirkung.

Barttypen

Unten sehen Sie eine Skizze der verschiedenen Arten, einen Bart zu tragen (nach einer Studie des Yale University November Beard Club, aus der auch die Bezeichnungen stammen):

Hollywood

Mutton Chops

A la Souvarov

French Fork

Handlebar and Chin Puff

Van Dyke

Friendly Mutton Chops

Balbo

Short Boxed Beard

Goatee

Chin Curtain

Hulihee

Petit Goatee

Franz-Josef

Anchor

Napoleon III Imperial

RASIEREN

Der Mann rasiert sich in seinem Leben durchschnittlich rund 12 000 Mal, womit ein in Vollzeit beschäftigter Barbier sechs Monate lang beschäftigt wäre. Rasieren ist für viele Männer die Tätigkeit, die sie neben ihrem Beruf am meisten in Anspruch nimmt. Da ist es eine Überlegung wert, wie man dieses unvermeidliche männliche Ritual am ökonomischsten ausführt.

Der Rasierer

Nassrasur Rasierer unterteilen sich in zwei Kategorien: traditionelle Rasiermesser, die regelmäßig an einem ledernen Streichriemen oder einem Schleifstein geschärft werden müssen, und Rasierer mit austauschbaren Klingenköpfen, die man wegwirft, sobald die Klinge stumpf geworden ist. Diese Art von Rasierern hat erhebliche Fortschritte gemacht, seit Gillette im Jahr 1903 die Einwegklinge eingeführt hat. Trotz der überlegenen Ästhetik des Rasiermessers sind Rasierer mit Einwegklingen heutzutage eindeutig die bessere Wahl.

Trockenrasur bzw. elektrische Rasur Einen Rasierapparat zu benutzen ist so ähnlich wie knitterfreie Polyesterhemden zu tragen: In beiden Fällen sind es minderwertige Produkte, die auf einer Philosophie aus Bequemlichkeit und Pragmatismus aufbauen. Da das Rasiermittel bei der Nassrasur bewirkt, dass die Stoppeln Wasser aufnehmen und anschwellen, ist es unwahrscheinlich, dass eine Trockenrasur jemals so gründlich sein kann wie eine Nassrasur. Benutzen Sie einen Rasierapparat also nur, wenn es unbedingt sein muss – beispielsweise wenn Sie extrem empfindliche Haut haben –, aber erzählen Sie es keinem.

Rasiermittel

Der Begriff Nassrasur leitet sich davon ab, dass ein feuchtigkeitspendendes Rasiermittel aufgetragen wird, um die Reibung zwischen Klinge und Haut zu verringern.

Zwei häufig benutzte Rasiermittel sind zum einen Rasierschaum bzw. -gel – beides wird direkt aus dem Behältnis auf die Haut aufgetragen –, zum anderen Cremes und Seifen, die mit heißem Wasser und einem Rasierpinsel zu Schaum geschlagen werden müssen.

Rasierschaum und -gel Diese noch recht junge Erfindung ist die beliebteste und praktischste Variante. Eine kleine Portion aus einer Sprühdose wird mit der Hand im Gesicht verteilt. Es gibt keinen großen Unterschied zwischen Schaum und Gel – beide bilden beim Auftragen eine dicke, weiße Schicht.

Cremes und Seifen Rasiercreme ist in Tiegeln erhältlich; der nasse Pinsel wird dort eingetaucht, dann wird die Creme in der anderen Handfläche oder im Gesicht selbst zu Schaum geschlagen. Rasierseife hat die Konsistenz von Handseife, bildet aber einen dichten Schaum, wenn sie in einem Schälchen aufgeschäumt wird. Für Männer mit empfindlicher Haut ist es ratsam, Creme zu verwenden und darunter zu einem gleichen Teil eine Hautlotion zu mischen.

Rasierpinsel

Rasierpinsel werden verwendet, um Cremes und Seifen aufzuschäumen. Sie können aus den unterschiedlichsten Haarborsten hergestellt sein. Die besten Rasierpinsel sind aus Dachshaar, das biegsam ist, Wärme speichert und Wasser aufnimmt. Aber nicht alle Dachshaare sind gleich gut. Die weichsten Haare mit den feinsten Spitzen finden sich am Hals des Tieres, und das auch nur im Winter. Ein Pinsel aus diesen Haaren bringt so ziemlich alles zum Schäumen.

Name	*Körperregion*	*Struktur und Farbe*	*Reaktion von Tierschützern*
Wildschwein	diverse	rau, weiß oder dunkel	zurückhaltend
Dunkles Dachshaar	Unterbauch	rau, fast schwarz	bedrohliche Blicke
Reines Dachshaar	Schwanz	mittel, grau	Drohbriefe
Feinstes Dachshaar	Rücken	fein, hell-dunkel-hell	zerstochene Reifen
Silberspitzendachshaar	Hals	sehr fein, silberne Spitzen	teeren und federn

Anleitung zur Nassrasur

Die Nassrasur besteht aus drei Schritten: Einweichen der Bartstoppeln, Rasieren, Abwaschen.

Einweichen Das Allerwichtigste bei der Rasur mit einer Rasierklinge ist das Wasser. Das Gesicht sollte nicht nur nass sein, die Haut und die Bartstoppeln sollten auch ausreichend Wasser aufgenommen haben. Wenn Sie sich nicht gleich nach dem Duschen rasieren können, dann waschen Sie vor der Rasur einige Minuten lang mit möglichst warmem Wasser gründlich Ihr Gesicht und tragen Sie den Rasierschaum mit dem Pinsel oder den Fingern mindestens 15 Sekunden lang auf die Haut auf.

Rasieren Benutzen Sie eine scharfe Klinge und führen Sie sie mit kurzen Bewegungen in die Richtung, in der die Bartstoppeln wachsen. Wenn die Klinge scharf genug ist, genügt ein leichter Kontakt. »Der Rhythmus der morgendlichen Rasur ist ein langsamer Blues – eine ruhige, abgeschiedene, zum Nachdenken anregende Erfahrung«, erklären B. Sloan und S. Guarnaccia in *A Stiff Drink and a Close Shave.* Es gibt eine natürliche Reihenfolge, in der man sich rasiert. Beginnen Sie mit den am dichtesten bewachsenen Partien und arbeiten Sie sich zu den am spärlichsten bewachsenen vor: zuerst die Seiten, dann die Wangen, Hals, Oberlippe, Unterlippe und Kinn. Da das Rasieren gegen die Bartstoppeln zu Hautreizungen führen kann, rasieren gute Barbiere abschließend quer zur Wuchsrichtung.

Abwaschen Waschen Sie Ihr Gesicht mit kaltem Wasser ab, damit der Schaum entfernt und die Poren geschlossen werden. Bedecken Sie kleine Schnitte mit nassem, danach mit trockenem Kosmetikpapier oder tragen Sie einen Blutstiller auf. Eine Hautcreme wäre in dieser Phase nicht verkehrt (aber zupfen Sie sich anschließend nicht auch noch die Augenbrauen …). Wenn Sie einen Pinsel benutzt haben, waschen Sie ihn mit warmem Wasser, schütteln Sie ihn gründlich aus und stellen Sie ihn dann zum Trocknen hin.

ÖFFENTLICHE TOILETTEN

Es existiert unter Männern ein ungeschriebener, instinktiver Verhaltenskodex für öffentliche Toiletten, der überraschenderweise auf der ganzen Welt gleich ist.

Verhaltensregeln

Keine Paarbildung Im Gegensatz zu Frauen suchen Männer eine Toilette ausschließlich aus praktischen Gründen auf. Es weckt Argwohn, wenn man einem Freund unmittelbar auf die Toilette folgt.

Keine Unterhaltung Eine knappe Unterhaltung kann vor und nach, aber nie während der Benutzung des Urinals stattfinden.

Keine Seitenblicke Die Augen sollten konzentriert geradeaus oder nach unten gerichtet sein. Seitenblicke zu Ihrem Nachbarn sind sehr missverständlich.

Keine Kontakte Halten Sie die Hände vor sich. Eine Berührung der Ellbogen kann mit einer kurzen Entschuldigung kommentiert werden, ohne dabei aber zur Seite zu sehen.

Die optimale Strategie

Wenn man vor einer Reihe von Urinalen steht, welches sollte man dann wählen? Der Grundgedanke ist der, dass der Abstand zwischen den Benutzern möglichst groß und gleichzeitig die Gefahr möglichst gering sein sollte, dass ein Neuankömmling einem zu nahe rückt. Das macht das jeweils äußere Urinal zum idealen Zielpunkt. Stellen Sie sich jedenfalls nie zwischen zwei Männer, wenn es sich vermeiden lässt.

Nachfolgend finden Sie Beispielsituationen und die jeweils besten Lösungen, wobei ein ○ für ein freies und ein 🯅 für ein besetztes Urinal steht. Wir gehen davon aus, dass der Ihnen nachfolgende Mann ein freies Urinal nach dem Zufallsprinzip wählt.

1	2	3	4	5	6	
○	○	○	○	○	○	1 und 6 sind optimal – jeder Mann weiß das.
🯅	○	○	○	○	○	6 ist korrekt, aber oft wird 5 gewählt, um nicht paranoid zu erscheinen.
🯅	○	○	○	○	🯅	Urinal 3 und 4 sorgen für maximalen Abstand von den anderen.

● ○ ○ ● ○ ● Urinal 2 bietet einen leichten Vorteil gegenüber der 3.

○ ● ● ○ ○ ● Die richtige Lösung ist Urinal 1.

● ○ ● ○ ● ● Ein unangenehmes Szenario, aber Urinal 2 ist das kleinere Übel.

Urinal-Test

Nachfolgend nun ein Test zu der Frage, wo man sich bei einer Reihe von sieben Urinalen am besten hinstellt. Der Test umfasst alle möglichen Kombinationen mit zwei oder mehr freien Urinalen (ausgenommen reine Spiegelbild-Varianten). Welches ist die optimale Wahl? Die Lösungen finden Sie auf S. 27.

	1	*2*	*3*	*4*	*5*	*6*	*7*
1	○	○	○	○	○	○	○
2	●	○	○	○	○	○	○
3	○	○	○	○	●	○	○
4	○	●	○	○	○	○	○
5	○	○	○	●	○	○	○
6	○	○	○	○	○	●	●
7	○	●	○	●	○	○	○
8	○	●	○	○	○	○	●
9	○	○	○	●	●	○	○
10	○	○	●	○	○	○	●
11	●	○	○	●	○	○	○
12	○	○	●	○	○	●	○
13	●	○	○	○	○	○	●
14	●	○	●	○	○	○	○
15	○	○	○	○	●	●	○
16	○	●	○	○	○	●	○
17	○	○	●	○	●	○	○
18	●	●	●	○	○	○	○
19	●	○	○	○	○	●	●
20	●	○	○	○	●	○	●
21	○	○	●	●	●	○	○
22	○	○	○	●	●	●	○
23	●	●	○	○	○	●	○
24	○	○	●	●	○	●	○
25	○	●	○	●	○	○	●
26	○	●	○	●	○	●	○
27	●	●	○	●	○	○	○
28	○	○	●	○	●	●	○
29	○	●	○	○	●	○	●
30	○	●	●	○	○	○	●
31	●	○	○	●	○	○	●
32	●	○	●	●	○	○	○
33	○	○	●	○	○	●	●
34	○	○	●	○	●	○	●
35	○	●	○	○	●	●	○
36	○	○	●	●	○	○	●
37	○	○	○	●	●	●	●
38	○	○	●	●	●	●	○
39	●	○	●	○	○	●	●
40	●	●	○	○	○	●	●
41	○	●	●	●	○	○	●
42	●	○	●	●	○	○	●
43	●	●	●	○	○	●	○
44	●	●	●	○	○	○	●
45	○	●	○	●	●	○	●
46	●	○	○	●	○	●	●
47	○	●	●	○	●	●	○
48	○	●	●	○	○	●	●
49	○	●	●	○	●	○	●
50	●	●	●	○	●	○	○
51	○	○	●	●	○	●	●
52	●	○	●	●	●	○	○
53	●	○	●	○	●	○	●
54	●	●	○	●	○	●	○
55	○	●	○	●	●	●	○
56	●	●	●	●	●	○	○
57	○	●	●	●	○	●	●
58	●	○	○	●	●	●	●
59	●	●	○	●	○	●	●
60	○	●	○	●	●	●	●
61	●	○	●	○	●	●	●
62	○	●	●	●	●	●	○
63	○	●	●	●	●	○	●
64	●	●	●	○	○	●	●
65	●	○	●	●	○	●	●
66	●	●	●	○	●	●	○
67	●	○	●	●	●	○	●

Formel zur Erschliessung des bestgeeigneten Urinals

N sei die Gesamtzahl aller Urinale, die von links nach rechts mit $k = 1, 2, \ldots, N$ gekennzeichnet und von denen $q + 1$ frei sind. Nehmen wir an, dass während der typischen Dauer der Benutzung des Urinals durchschnittlich ein weiterer Mann hereinkommt und sich zu einem beliebigen freien Urinal begibt (ohne eine spezielle Strategie zu verfolgen). Da er zu irgendeinem Zeitpunkt nach Ihnen hereinkommen kann, beträgt die durchschnittliche Überschneidung seiner und Ihrer Benutzungsdauer ½. Nehmen wir ferner an, dass die Interaktion zwischen Männern nach dem reziproken Quadratgesetz abstoßend ist. Dann ist das optimale freie Urinal k_{opt} das, das unten E(k) minimiert:

$$E(k) = 1/(2q) \sum_{i \neq k} 1/(k-i)^2 + (2q-1)/(2q) \sum_{i \text{ besetzt}} 1/(k-i)^2$$

DIE »KRONJUWELEN«

Hodenhöhe

Zoe: Was machen die Eier?
Bloom: Andere Seite. Komischerweise hängen sie nach rechts. Schwerer, nehme ich an. Kommt unter einer Million bloß einmal vor, sagt mein Schneider Mesias. (James Joyce, *Ulysses*)

Schon den alten Griechen war bewusst, dass die Hoden eines Mannes nicht symmetrisch plaziert sind, sondern üblicherweise der linke etwas tiefer liegt. Diese anatomische Feinheit zeigt sich auch in ihrer Bildhauerei. Von 187 Statuen, die der Psychologe I. C. McManus untersucht hat, besaßen 51 % einen tiefer sitzenden linken, 22 % einen tiefer sitzenden rechten Hoden, während der Rest unauffällig war (»Right-left and the scrotum in Greek sculpture«, *Laterality*, 9, 189 [2004]). Das stimmt mit anderen Studien überein. Chang et al. stellten fest, dass bei 62 % der untersuchten Personen der linke Hoden tiefer sitzt, bei 27 % der rechte. Beim Rest ließ sich kein Unterschied feststellen (*Journal of Anatomy*, 94, 543 [1960]). Die Ursache für diese Tendenz ist nicht bekannt, aber Blooms Erklärung (das Gewicht) kann man getrost verwerfen. Überraschenderweise herrscht gleichwohl die Meinung vor, der *rechte* Hoden sei schwerer und größer als der linke.

Beim Anziehen

Die Kronjuwelen des Mannes neigen dazu, in der Hose entweder ins rechte oder linke Hosenbein zu rutschen. Zu welcher Seite man persönlich neigt, lässt sich am besten im Sitzen feststellen. Wenn ein Anzug maßgeschneidert wird, nähen viele Schneider den Schritt asymmetrisch, um diese Schieflage zu berücksichtigen. Es gibt eine Fülle von Theorien dazu, doch keine davon lässt sich stichhaltig belegen: Die Lage hänge davon ab, ob der Mann Links- oder Rechtshänder ist; es sei die Seite, auf der der Hoden tiefer sitzt (siehe S. 23); es sei eine Auswirkung von zu hoch gezogenen Hosen …

Krampfaderbruch

Dabei handelt es sich um eine normalerweise schmerzlose und harmlose Erweiterung der Adern, durch die das Blut aus den Hoden abläuft. So wie bei Krampfadern bei Frauen handelt es sich auch hier um eine Fehlfunktion, bei der sich Blut in den unteren Venen ablagert und zu einer Erweiterung und Schlängelung der betroffenen

Ader führt. Dieses Phänomen taucht bei ca. 15 % der Männer auf: in der deutlichen Mehrheit der Fälle ist der linke Hoden davon betroffen. Üblicherweise treten keine weiteren Symptome auf, allerdings kann beim Liegen der Eindruck entstehen, dass der Krampfaderbruch verschwindet, weil dann das Blut wieder abfließt.

Beschneidung

Bereits die alten Ägypter praktizierten die Beschneidung, und das Buch Jeremias (9,26) fügt noch die Juden, Edomiter, Ammoniter und Moabiter hinzu. Die alten Griechen hingegen hielten Beschneidung für unschicklich und verbanden sie mit dem Satyr, dem sexuell sehr aktiven Ziegenmenschen, der in den Wäldern zu Hause war. Während das Christentum die Praxis zunächst nur missbilligte, wurde sie im späten Mittelalter verboten: »[Die Heilige Römische Kirche] befiehlt allen, die den Namen Christi preisen, keine Beschneidung zu praktizieren, weder vor noch nach der Taufe, da dies nicht geschehen kann ohne den Verlust des ewigen Heils«, erklärte Papst Eugen IV. in seiner päpstlichen Bulle von 1442.

Die sonderbare Beliebtheit der Beschneidung in der englischsprachigen Welt hat ihren Ursprung in den Vereinigten Staaten gegen Ende des 19. Jahrhunderts, wo man zu dieser Zeit das Entfernen der Vorhaut in vielerlei Hinsicht als heil- und präventivmedizinische Maßnahme ansah. Auch wenn man der Beschneidung heute längst keinen nennenswerten medizinischen Nutzen mehr zuschreibt, werden weltweit aus nichtreligiösen Gründen in den USA, auf den Philippinen und in Südkorea die meisten Männer beschnitten.

Grösse

Viele Dinge sollen angeblich einen Anhaltspunkt dafür bieten, welche Länge das beste Stück eines Mannes hat, unter anderem die Körpergröße, die Länge der Nase, der Abstand zwischen Daumen und Zeigefinger im Winkel von 90° sowie die Schuhgröße. Eine unlängst veröffentlichte Studie der beiden Urulogen J. Shah und N. Christopher lässt an letztgenannter Theorie, die sich am hartnäckigsten hält, zweifeln, nämlich dass es einen Zusammenhang zwischen Schuhgröße und Penislänge gibt (*British Journal of Urology Internationa*l, 90, 586 [2002]). Sie kommen zu dem Schluss: »Die durchschnittliche gestreckte Penislänge der untersuchten Personen betrug 13 cm, ihre durchschnittliche Schuhgröße lag bei 9 (britischen Größe, entspricht der europäischen Schuhgröße 43). Es gab keinen statistisch auffälligen Zusammenhang zwischen der Schuhgröße und der Länge des gestreckten Penis.«

Kavaliersschmerzen

Auch wenn sie gern als Ammenmärchen abgetan werden, sind die sogenannten Kavaliersschmerzen ein bekanntes Phänomen, über dessen Ursachen man bislang wenig weiß und das auch nicht sehr umfangreich dokumentiert ist. Es handelt sich dabei um Schmerzen in den Hoden, verursacht durch lang anhaltende erhebliche sexuelle Erregung, die – wenn auch insgesamt recht selten – bei Heranwachsenden und erwachsenen Männern auftritt. Pathophysiologisch lässt sich das zwar nicht begründen, aber J. M. Chalett und L. T. Nerenberg vermuten, dass in Verbindung mit einer dauerhaften Erweiterung der Adern im Beckenbereich »der Abfluss des Blutes aus den Hoden verlangsamt wird, sich dadurch Druck aufbaut und Schmerzen verursacht werden« (»Blue Balls«, *Pediatric*s,

106, 843 [2000]). Der Schmerz lässt nach, sobald es zur Ejakulation gekommen ist, andernfalls klingt er nach ein bis zwei Stunden von selbst ab.

Der Begriff »Kavaliersschmerzen« dürfte sich wohl so erklären, dass ein Mann, der für sich in Anspruch nimmt, ein Kavalier zu sein, beim Sex seinen eigenen Höhepunkt hinauszögert, bis er Gewissheit hat, dass seine Partnerin ihren Orgasmus erreicht hat.

Lösungen zum Urinal-Test

1.	1, 7	10.	1	20.	3	30.	5	40.	4	50.	7	60.	1
2.	7	11.	7	21.	1, 7	31.	2, 6	41.	1	51.	1	61.	2
3.	1	12.	1	22.	1	32.	7	42.	6	52.	7	62.	1, 7
4.	7	13.	4	23.	4	33.	1	43.	7	53.	2, 6	63.	1
5.	1, 7	14.	7	24.	1	34.	1	44.	5	54.	7	64.	5
6.	1	15.	1	25.	1	35.	1	45.	1	55.	1	65.	2
7.	7	16.	4	26.	1, 7	36.	1	46.	2	56.	7	66.	7
8.	5	17.	1, 7	27.	7	37.	1	47.	1, 7	57.	1	67.	2, 6
9.	1	18.	7	28.	1	38.	1	48.	1	58.	2		
		19.	3	29.	1	39.	4	49.	1	59.	3, 5		

HAARAUSFALL

Angesichts der Tatsache, dass zwei Drittel aller Männer irgendwann in ihrem Leben unter Haarausfall leiden werden, ist es verwunderlich, dass dieses Thema von so viel Fehlinformation, Pseudowissenschaft und Scharlatanerie begleitet wird. Zum Teil hängt dies damit zusammen, dass zu wenige Männer eigentlich wissen, was akuten Haarausfall auslöst – und wie er verhindert werden kann. Der Rest ist dem opportunistischen Marketing der alternativen Medizin und der Quacksalber zuzuschreiben, die es auf leichtgläubige und oftmals verzweifelte Männer abgesehen haben. Fakten von Unsinn zu trennen und zuverlässige, nachvollziehbare Informationen zu diesem Thema zu finden ist und bleibt ein schwieriges Unterfangen.

Gesundes Haarwachstum

Gesundes Kopfhaar hat einen zweistufigen Lebenszyklus: eine Wachstumsphase von zwei bis sechs Jahren, in denen das Haar täglich um etwa 0,3 mm wächst, gefolgt von einer Ruhephase von zwei bis vier Monaten. Danach fällt dieses Haar aus und ein neues wächst aus demselben Follikel. (Haare an anderen Körperpartien haben einen kürzeren Lebenszyklus und werden deshalb nicht so lang.)

Da sich alle Haare jeweils in einem anderen Abschnitt dieses Kreislaufs befinden, fallen an einem Tag nur etwa 50 bis 150 Haare aus, was weniger als 0,1 % aller Kopfhaare entspricht.

Androgenetische Alopezie

Die vorherrschende Form des Haarausfalls bei Männern ist die sogenannte androgenetische Alopezie. Sie folgt in der Regel einem festen Muster: Zunächst bilden sich die Geheimratsecken aus und führen zu einem M-förmigen Haaransatz. Dann erfolgt eine Ausdünnung des gesamten Haaransatzes sowie des Deckhaars. Schließlich nähern sich die einzelnen kahlen Bereiche einander an und es bleibt nur noch ein Haarkranz an den Seiten und am Hinterkopf übrig, der ebenfalls eine Ausdünnung erfahren kann. Im Endstadium führt dies zur vollständigen Glatze. Bei den meisten Männern stoppt der Haarausfall jedoch in einer der vorherigen Phasen.

Die Art und das Ausmaß des Haarausfalls können anhand der Hamilton-Norwood-Skala bestimmt werden. Sie wurde erstmals von James Hamilton aufgestellt und 1975 von O'Tar Norwood überarbeitet. Die Skala reicht von HN 1 (voller Haarschopf, hier nicht aufgeführt) bis HN 7. Je höher die Zahl, desto deutlicher der Haarausfall.

Haarausfall ist kein plötzliches Phänomen, sondern die Folge des allmählich zurückgehenden Nachwachsens einzelner Haare. Zu Beginn bleibt die Anzahl der Haare konstant, und was wie Haarausfall wirkt, wird in Wahrheit dadurch bedingt, dass der Durchmesser der neuen Haare abnimmt und sie langsamer wachsen. Jede weitere Haargeneration wird dünner, kürzer und oftmals auch heller als die letzte. Mit Fortschreiten dieser Entwicklung wird das Haar zunehmend flaumiger, bis es schließlich kaum noch zu sehen ist.

Hamilton-Norwood-Skala

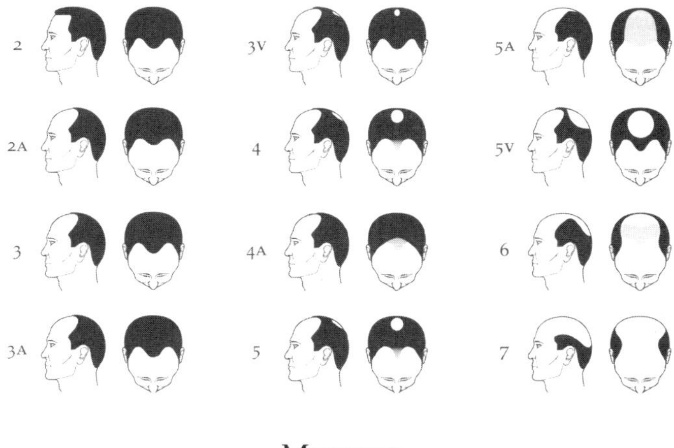

Mythen

Es gibt eine Reihe weitverbreiteter Mythen zum Thema Haarausfall. Eine davon besagt, dass sich das Ausmaß des Haarausfalls ausschließlich nach dem Großvater mütterlicherseits richtet. Zwar kann Haarausfall vererbt werden, aber derzeit kann niemand mit Gewissheit sagen, wer wann davon ereilt werden wird. Eine aktuelle Studie hat wiederum ergeben, dass Männer, deren Väter Haarausfall haben, zwei- bis zweieinhalbmal wahrscheinlicher darunter zu leiden haben als Männer von Vätern mit vollem Haupthaar. Ein anderer Mythos besagt, das Tragen von Hüten, Mützen oder Bandanas fördere Haarausfall, doch dafür gibt es keinen Beleg. Auch wird oft behauptet, Stress oder erhebliche geistige Anstrengung könne Haarausfall auslösen oder beschleunigen, doch die Beweise dafür sind ebenfalls sehr spärlich.

Behandlungsmethoden

Alle Medikamente gegen Haarausfall wirken eher dahingehend, dass sie den Abbau von gesunden Haarfollikeln verhindern. Sie sind hingegen weniger in der Lage, Follikel zu reaktivieren, die nur noch dünnes, flaumiges Haar produzieren. Je früher also Haarausfall behandelt wird, umso mehr Haar wird wahrscheinlich auch erhalten bleiben. Derzeit ist Haarausfall somit leichter zu verhindern, als rückgängig zu machen.

Als wichtiger Faktor beim männlichen Haarausfall wird das androgene Hormon Dihydrotestosteron (DHT) angesehen. Man weiß, dass ein erhöhter DHT-Wert das Wachstum der Haare hemmt. Allerdings gibt es kaum Erkenntnisse über die näheren Umstände. Und ein erhöhter Testosteronwert an sich steht in keinem Zusammenhang mit einer erhöhten Wahrscheinlichkeit für Haarausfall.

Für die Pharmaindustrie darf man es wohl als Glücksfall bezeichnen, dass es kein Medikament gibt, das nach einmaliger Einnahme dem Haarausfall ein Ende setzt. Vielmehr müssen diese Medikamente dauerhaft eingenommen werden, denn sobald man sie absetzt, kehrt das

Tempo, in dem die Haare ausfallen, auf das Niveau vor der Behandlung zurück. Bedenken Sie aber, dass der medizinische Fortschritt einem schnellen Wandel unterliegt. Die heutigen Heilmethoden werden sich daher wohl schon bald als Übergangslösungen erweisen, bis deutlich überlegene und möglicherweise dauerhaft wirkende Medikamente entwickelt werden.

Propecia

Finasterid, das unter dem Handelsnamen Propecia angeboten wird, ist zusammen mit Minoxidil (s. u.) das einzige von der US-Nahrungs- und Arzneimittelaufsicht zugelassene Mittel gegen Haarausfall. Das bedeutet nicht, dass andere Behandlungsmethoden keinerlei Wirkung zeigen würden. Eine behördliche Zulassung ist eine kostspielige Angelegenheit und macht zudem erforderlich, dass die Nebenwirkungen bekannt und nur minimal sind. Propecia wird derzeit als das wirksamste Mittel angesehen – 30–75 % der damit behandelten Patienten berichten von einem konstanten oder zunehmenden Haarwuchs. Das Mittel erzielt seine Wirkung daraus, dass es die Produktion von DHT hemmt. Eingenommen wird es täglich in Form einer Tablette.

Minoxidil

Minoxidil, das in den USA unter dem Namen Rogaine und in den meisten anderen Ländern als Regaine verkauft wird, zeigt bei 25–40 % der Patienten eine Verlangsamung oder einen Stopp des Haarausfalls. Entwickelt wurde es ursprünglich als Mittel gegen Bluthochdruck, das als unerwartete Nebenwirkung verstärkten Haarwuchs auslöste. Trotz des kommerziellen Erfolgs weiß kaum jemand, auf welche Weise es gegen Haarausfall wirkt. Es wird als Flüssigkeit oder Creme direkt auf die betroffenen Stellen aufgetragen, meistens ein- bis zweimal am Tag. Auch wenn Homer Simpson mit Dimoxinil (in »Karriere mit Köpfchen«, *Die Simpsons* Episode 7F02) sofortige Ergebnisse erzielt, zeigen sowohl Propecia als auch Regaine erst nach drei bis sechs Monaten erste deutliche Ergebnisse.

Kahlheit

Trotz der relativen Fortschritte bei der Behandlung von Haarausfall bewundere ich die Männer, die sich rigoros weigern, mit Medikamenten dagegen vorzugehen. Schließlich kann eine noch so hartnäckige Behandlung nichts an einer viel hartnäckigeren genetischen Veranlagung ändern. Wie den meisten Aspekten des männlichen Aussehens muss auch schütterem Haar mit Gelassenheit begegnet werden. Irgendwann kommt ohnehin der Punkt, an dem es nicht mehr möglich ist, kahle Stellen zu kaschieren. Yul Brynner rasierte sich den Schädel und sorgte dafür, dass Kahlheit schick wurde. Zinedine Zidane wusste, wann der Moment für einen radikalen Schnitt gekommen war, und das Gleiche gilt für Andre Agassi. John Malkovich und Sean Connery tragen ihr Haar mittellang, kämmen es aber nie von einer Seite auf die andere.

WACH BLEIBEN

Schlaf ist einer der großartigsten Ausgleichsfaktoren für die Ungerechtigkeiten des Lebens. Nicht etwa, weil er eine Phase der Erholung vom Leben bietet, sondern weil er einen Zeitpuffer darstellt, den die Benachteiligten und die Ehrgeizigen nutzen können, um sich einen Vorteil gegenüber anderen zu verschaffen, indem sie *nicht* schlafen. Es gibt natürlich Grenzen, auf wie viele Stunden der Schlaf reduziert werden kann, bevor negative physiologische Auswirkungen auftreten. Bei den meisten Menschen liegt diese Grenze bei ungefähr fünf Stunden Schlaf. In einer Studie wurde bei Männern, die nur vier Stunden pro Nacht schlafen durften, nach 16 Nächten festgestellt, dass ihr Körper nicht mehr im gewohnten Umfang Kohlehydrate verwerten konnte. Massiver Schlafentzug kann vermutlich tödlich sein. Experimente mit Ratten haben gezeigt, dass mehrere Wochen Schlafentzug die Fähigkeit raubt, die Körpertemperatur zu regulieren, was kurz darauf zum Tod durch septischen Schock führte.

Die Fähigkeit, sich über einen längeren Zeitraum hinweg wach zu halten – üblicherweise aus Gründen, die die Arbeit betreffen –, erzielt man in der Regel durch (a) eine erheblich gesteigerte Motivation oder (b) die Einnahme von Aufputschmitteln. Personen, die Schlafentzug ausgesetzt waren und dann gebeten wurden, eine geistige Anstrengung zu erbringen, zeigten sich erheblich schneller dazu bereit, wenn die Belohnung für eine gute Leistung deutlich angehoben wurde. Die Aussicht auf eine finanzielle Belohnung jeweils im Verhältnis zur Qualität der Leistung ließ die Probanden so handeln, als seien sie erholt und ausgeruht. Das lässt die Vermutung zu, dass Schlafmangel nicht so sehr unsere Konzentrationsfähigkeit mindert, sondern unseren Anspruch an eine Belohnung für eine Leistung erhöht.

Das am weitesten verbreitete Aufputschmittel ist Koffein, das sich in den Samen und Blättern einer ganzen Reihe von Bäumen und Sträuchern findet. Der Koffeingehalt in Tee und Kaffee, den beiden häufigsten Quellen für diese Droge, hängt maßgeblich von Blatt- und Bohnensorte, von der Verarbeitung und der Zubereitung ab (siehe dazu S. 245).

SPORT

»Ich betrachte als wahre Definition der sportlichen Betätigung Arbeiten ohne Erschöpfung.« (Samuel Johnson, in Boswell, *Das Leben Samuel Johnsons*, 1985 [*The Life of Johnson*, 1791])

»Im Namen aller Athleten verspreche ich, dass wir an den Olympischen Spielen teilnehmen und dabei die gültigen Regeln respektieren und befolgen und uns dabei einem Sport ohne Doping und ohne Drogen verpflichten, im wahren Geist der Sportlichkeit, für den Ruhm des Sports und die Ehre unserer Mannschaft.« (Olympischer Eid, zuletzt modifiziert für Sydney 2000)

»Zeige mir einen guten Verlierer, und ich zeige dir einen Loser.« (Vince Lombardi)

»Es gibt nur drei Sportarten: Stierkampf, Autorennen und Bergsteigen. Alles andere sind bloß Spielereien.« (Ernest Hemingway zugeschrieben, aber schätzungsweise abgeleitet aus *Blood Sport* von Ken Purdy, 1957)

»Der Schmerz ist das, was den Champion von jemandem unterscheidet, der kein Champion ist. Es ist das, woran es den meisten Menschen fehlt: der Mut, weiterzumachen und zu sagen, dass man den Schmerz erduldet, ganz gleich, was geschieht. Ich habe keine Angst davor, ohnmächtig zu werden. Ich mache Liegestütze, bis ich umkippe und bewusstlos werde. Na und? Es wird mich nicht umbringen. Fünf Minuten später wache ich wieder auf und alles ist okay. Viele andere Athleten haben davor Angst. Also werden sie auch nicht bewusstlos. Und sie kommen nicht weiter.« (Arnold Schwarzenegger)

»Jede Seite kann gewinnen oder es gibt ein Unentschieden.« (Ron Atkinson)

ÜBUNGEN FÜR DIE EIGENEN VIER WÄNDE

James Bond (siehe S. 296) betreibt in seinem Hotelzimmer gelegentlich Frühsport, um sein Selbstmitleid oder (was öfter vorkommt) seinen Kater zu vertreiben. Zu seiner typischen Routine, wie sie in Ian Flemings *Liebesgrüße aus Moskau* beschrieben wird, gehört folgender Ablauf:

> Bond ließ sich auf die Hände nieder und machte zwanzig langsame Liegestützen. Jedes Mal hielt er so lange aus, dass seine Muskeln gar nicht zur Ruhe kommen konnten. Als er unfähig war, den Schmerz in den Armen länger zu ertragen, rollte er sich auf den Rücken, legte die Arme flach an die Seiten und hob langsam die gestreckten Beine. Er wiederholte die Übung, bis seine Bauchmuskeln rebellierten. Dann stand er auf, berührte bei gestreckten Knien zwanzigmal seine Zehenspitzen und machte anschließend Atemübungen, bis ihm schwindlig war.

Trotz der gegenwärtigen Besessenheit, in einem Fitnessstudio trainieren zu wollen, kann man zu Hause mit ein paar robusten Stühlen und einer Stange oder einem Besenstiel mindestens genauso effektiv trainieren.

LIEGESTÜTZ

Die vielseitigste aller Übungen, die ohne Gewichte auskommen. Platzieren Sie die Hände direkt unter den Schultern, wird vor allem der Trizeps trainiert. Entfernen Sie die Hände vom Körper, dient die Übung den Bauchmuskeln. Die Schwierigkeit der Übung kann gesteigert werden, wenn Sie die Füße höher platzieren, z. B. auf einem Stuhl oder sogar auf der Rückenlehne eines Stuhls. Je weiter der Körper dabei in die Vertikale geht – also in Richtung eines Handstands –, desto näher kommt die Übung einem Military Press, mit dem Unterschied, dass das Gewicht des eigenen Körpers gestemmt wird – kein leichtes Unterfangen. In *The Education of a Bodybuilder* (dt. *Karriere eines Bodybuilders*, 1984) rät Arnold Schwarzenegger: »Lassen Sie nicht zu, dass falscher Ehrgeiz Ihre Fortschritte behindert. Vielleicht hat Ihnen jemand gesagt, Sie sollten 20 oder 50 Liegestütze machen. Vergessen Sie das. … Wichtig ist, dass Sie die Übung richtig ausführen; das ist der entscheidende Punkt.«

Klimmzüge

Dies ist eine der natürlichsten und wirkungsvollsten Übungen und gleichzeitig die schwierigste von all denen, die ohne Gewichte auskommen. »Vermutlich ist das die einzige Übung, die du ohne Fitnessgeräte machen kannst, um einen beeindruckenden Bizeps aufzubauen«, schreibt Schwarzenegger. Für diese Übung benötigt man nur eine erhöhte, fest montierte Stange, an der man sich hochziehen kann. Eine solche Stange kann man beispielsweise in einem Türrahmen befestigen. Eine andere Möglichkeit bietet ein horizontal gewachsener, stabiler Ast eines Baums.

Es gibt zwei Varianten: die Hände nach innen (auch Chin-ups genannt) mit engerem Griff oder die Hände nach außen mit breiterem Griff. Die Hände nach innen trainiert den Bizeps, dann die Seiten und die Brustmuskeln. Mit den Händen nach außen werden zuerst die Seiten, dann der Bizeps trainiert. Wenn Sie drei Sets zu je einem Dutzend Wiederholungen in fünf Minuten schaffen, haben Sie Grund zum Jubeln.

Liegestütz am Stuhl

Exzellent für ein isoliertes Training des Trizeps. Stellen Sie zwei Stühle mit stabiler Rückenlehne so zusammen, dass die Lehnen nur etwas weiter als Ihre Schulterbreite voneinander entfernt sind. Stellen Sie sich dazwischen, legen Sie die Hände auf die Lehnen und heben Sie die Beine angewinkelt an, so dass Ihr ganzes Gewicht auf den Stühlen ruht. Lassen Sie sich so weit sinken, wie es geht, indem Sie die Arme beugen, dann drücken Sie die Arme wieder durch, um Ihr Gewicht zu heben. Halten Sie Kopf und Rücken gerade. Anfangs wird dies eine schwierige Übung sein, bei der Sie aber schnell Fortschritte machen sollten. Nehmen Sie sich Sets von je 20 Wiederholungen vor.

Verkehrte Liegestütz auf der Flachbank

Diese Übung ist gut für den Rücken und ähnlich in ihrer Wirkung wie Ruderzüge im Sitzen. Stellen Sie zwei Stühle mit den Rückenlehnen zueinander im Abstand von 1,20 m auf und legen Sie eine Stange oder einen Besenstiel über die Stuhllehnen. Legen Sie sich auf den Rücken, die Brust unter der Stange. Fassen Sie die Stange mit einem weiten Griff und ziehen Sie sich langsam nach oben. Die Beine sollten gestreckt sein, die Füße sollten als Drehpunkt dienen. Der Kraftaufwand kann erhöht werden, indem Sie die Füße auf einen Stuhl legen und dadurch aus einer geneigten Position heraus beginnen. Der Rücken sollte während des Sets nicht den Boden berühren.

Trizepsstrecken

Diese Übung legt ebenfalls einen Schwerpunkt auf den Trizeps, trainiert aber auch den Rücken und die Seiten. Stellen Sie zwei Stühle in einem Abstand von etwa einem Meter mit der Sitzfläche zueinander hin. Legen Sie die Fersen auf den einen Stuhl, und stemmen Sie die Hände hinter dem Rücken auf die vorderen Ecken der Sitzfläche des anderen Stuhls. Sinn der Sache ist es, Ihre Arme zu benutzen, um Ihren Körper nach unten und nach oben zu bewegen, wobei die Füße an ihrem Platz bleiben und als Drehpunkt dienen. Lassen Sie sich nach unten, so weit es geht, und drücken Sie dann die Arme durch, während Sie den Körper insgesamt so gerade wie möglich halten. Arbeiten Sie auf Sets zu je 30 Wiederholungen hin. Wenn Sie die mit Leichtigkeit hinbekommen, legen Sie sich einige schwere Bücher auf den Schoß.

Sit-ups mit gebeugten Knien

Noch immer eine der besten Übungen für die oberen Bauchmuskeln. Halten Sie die Knie gebeugt und fixieren Sie die Füße, z. B. unter einem Sofa. Legen Sie die Hände an Ihre Seiten oder seitlich an den Hals, um zusätzlichen Widerstand zu bieten. »Sie brauchen nicht so weit zurückgehen, dass Sie flach auf dem Boden liegen – drei Viertel des vollen Bewegungsablaufs reichen aus. Sie sollten sich jedoch sehr gleichmäßig und rhythmisch bewegen. Bei den Bauchmuskeln kommt es nur auf Kontraktion an. Sie gehören übrigens zu den wenigen Muskelgruppen, die wir nicht mit einer vollständigen Bewegung belasten«, erläutert Schwarzenegger.

Wenn Sie diese Übung 50 Mal in einem Zug wiederholen können, drücken Sie sich zusätzlich ein paar Bücher gegen die Brust.

ÜBUNGEN IM FITNESSSTUDIO

Die wirkungsvollste Methode, Gewichte zu heben – und damit ist anaerobes Training mit schweren Gewichten gemeint, das die Muskelmasse ebenso steigern soll wie die Muskelkraft –, besteht darin, nach Möglichkeit freie Gewichte anstelle von Trainingsgeräten zu benutzen. Natürlich kann man bei manchen Übungen auf Geräte nur schwer oder gar nicht verzichten. Aber für die meisten Übungen sollten freie Gewichte oder das eigene Körpergewicht zum Einsatz kommen. Mit ein Grund dafür ist, dass Geräte unweigerlich die Bewegungsabläufe in eine feste Bahn lenken und so alle unterbewussten Bemühungen hinsichtlich Symmetrie und Balance zunichtemachen. Das heißt, dass jene Muskeln, die sonst automatisch aktiv werden, damit die Bewegung nicht aus der Bahn läuft, beim Training vernachlässigt werden. Das Ergebnis ist ein Körper ohne Verbindungen zwischen den Muskelgruppen und ohne Links-rechts-Symmetrie. Ein weiterer praktischer Vorteil ist der, dass freie Gewichte universell sind und in jedem Fitnessclub auf die gleiche Weise benutzt werden können.

Trainingsprogramm

Krafttraining wird üblicherweise mit einer festen Routine trainiert und jede Woche wiederholt:

Trainingseinheit:	Besuch im Fitnessclub	2- bis 6-mal pro Woche
Übung:	Schwerpunkt auf bestimmten Muskeln	6–12 pro Einheit
Satz:	Phase anhaltender Kraftanstrengung	3–5 pro Übung
Wiederholung:	Wiederholung der gleichen Bewegung	7–12 pro Satz

Trainingseinheiten können immer die gleichen Übungen umfassen oder sich im Wechsel auf verschiedene Muskelgruppen konzentrieren, z. B. auf Beine und Bauch in einer Sitzung, auf Arme und Schultern in der nächsten. Anzahl und Intensität der Wiederholungen richten sich nach dem Ziel des Trainings: eine höhere Anzahl von Wiederholungen, um die Kraft aufzubauen, eine geringere Anzahl, um die Muskelmasse aufzubauen.

Das Einzelmaximum

Das Einzelmaximum ist das höchste Gewicht, das jemand individuell drücken, ziehen oder heben kann. Es lässt sich für jede Ihrer Übungen folgendermaßen berechnen: Wenn r die maximale Anzahl an Wiederholungen ist, die Sie mit dem Gewicht w durchführen können, dann ist $C(r) \times w$ Ihr tatsächliches Einzelmaximum, wobei $C(r)$ in der nachfolgenden Tabelle aufgelistet ist:

Wiederholungen r	2	3	4	5	6	7	8	9	10
C(r)	1,062	1,109	1,152	1,191	1,227	1,259	1,287	1,311	1,332

Wenn Sie beispielsweise beim Bankdrücken 60 kg 8-mal bewegen können, dann ergibt sich als Maximum für eine einzelne Bewegung 1,287 × 60 kg = 77,2 kg.

Gewichtheben

Olympische Standardstangen haben in der Mitte einen Durchmesser von einem Zoll. An den Enden, auf die die Gewichtscheiben aufgesetzt werden, besitzen sie einen Durchmesser von zwei Zoll. Die Stange selbst wiegt 20 kg. Die Scheiben sind in den unten aufgeführten Gewichten verfügbar. Als Faustregel gilt, dass ein trainierter Mann in der Lage sein sollte, sein eigenes Gewicht zu stemmen.

Gewichte der Scheiben (in kg): 20 – 10 – 5 – 2,5 – 1,25

Dieses binäre System hat den Vorteil, dass alle Gewichte – von 20 bis 97,5 kg in Intervallen von 2,5 kg – mit nur zwei Scheiben von jeder Größe symmetrisch aufgesetzt werden können. Für jedes dazwischenliegende Gewicht sind die Scheiben in den nachfolgenden Kombinationen aufzusetzen:

Gewicht	*Scheiben pro Seite*				
	20	10	5	2½	1¼
20					
22.5					1
25				1	
27.5				1	1
30			1		
32.5			1		1
35		1	1		
37.5			1	1	1
40		1			
42.5		1			1

Gewicht	*Scheiben pro Seite*				
	20	10	5	2½	1¼
45		1		1	
47.5		1		1	1
50		1	1		
52.5		1	1		1
55		1	1	1	
57.5		1	1	1	1
60	1				
62.5	1				1
65	1			1	
67.5	1			1	1
70	1		1		

Gewicht	*Scheiben pro Seite*				
	20	10	5	2½	1¼
72.5	1		1		1
75	1		1	1	
77.5	1		1	1	1
80	1	1			
82.5	1	1			1
85	1	1		1	
87.5	1	1		1	1
90	1	1	1		
92.5	1	1			1
95	1	1	1	1	
97.5	1	1	1	1	1

Übungen unterteilt nach Muskelgruppen

Nachfolgend werden 30 klassische Gewichtsübungen aufgeführt. Ein durchschnittliches Trainingsprogramm umfasst 3–4 Sätze pro Übung, 8 Übungen pro Trainingseinheit und 3 Einheiten pro Woche. Ein intensives Training besteht aus 10 Übungen pro Einheit und 6 Trainingseinheiten pro Woche. Die 10 wichtigsten Übungen sind mit ★ gekennzeichnet.

Bizeps

★ Langhantel-Curls im Stehen: Eine geschwungene Langhantel funktioniert am besten; halten Sie die Ellbogen ruhig.
Kurzhantel-Curls im Sitzen: Stützen Sie den Ellbogen in die Hand und trainieren Sie abwechselnd einen Arm.
Kurzhantel-Curls auf der Schrägbank: Halten Sie die Oberarme vertikal zum Boden.
Klimmzüge: Die Handflächen zeigen zu Ihnen; der Griff ist eng.

Trizeps

★ Trizepsstrecken: Nehmen Sie den Griff des Kabelzugs über Ihnen; halten Sie die Ellbogen ruhig.
Französisches Bankdrücken: Führen Sie die Ellbogen nach oben, fixieren Sie sie dort und senken Sie die Langhantel zum Hals herab.
Armbeugen und -strecken am Barren: Trainiert isoliert den Trizeps mit dem eigenen Körpergewicht.

Unterarme

★ Handgelenk-Curls: Heben Sie die Langhantel, die Unterarme flach auf der Bank, mit den Händen an.
Verkehrte Handgelenk-Curls: Handgelenk-Curls mit den Handflächen nach unten.

Brust

★ Bankdrücken: Weiterer Griff für Brustmuskulatur, engerer Griff für den Trizeps.
Schrägbankdrücken: Trainiert die oberen Brustmuskeln.
Butterfly-Übung: Legen Sie sich auf die Bank und heben Sie die Kurzhanteln über die Seiten Richtung Brust.
Butterfly an der Maschine: Beginnen Sie, indem Sie die Arme in einen Winkel von etwas mehr als 180° bringen; zum Trainieren der Brustmuskeln.

Schultern

★ Schulterdrücken (auch Military Press genannt): Führen Sie die Kurzhanteln vor oder hinter dem Hals nach oben.

Kurzhantelheben seitlich: Heben Sie im Stehen die Kurzhanteln über die Seiten in die Horizontale.

Ruderzug im Stehen: Heben Sie die Langhantel mit engem Griff zur Brust.

Kabelzüge vorgebeugt hochziehen. Ziehen Sie vorgebeugt zwei Kabelzüge schräg über Kreuz nach oben.

Unterschenkel

Wadenheben im Stehen: Halten Sie die Knie zusammen. Überanstrengen Sie dabei nicht den Rücken.

★ Wadenheben im Sitzen: Verwenden Sie schwere Gewichte. Schaukeln Sie nicht nach vorn oder hinten.

Wadenstrecken auf Beinpresse: Setzen Sie die Fußballen auf die untere Kante der Fußplatte.

Oberschenkel

Beinpresse: Ziehen Sie die Beine bis zu einem Winkel von 70° oder 80° in den Knien an.

★ Kniebeugen: Grundübung für das Trainieren des Quadrizeps.

★ Bein-Curls: Isoliert die Rückseite der Oberschenkel.

Beinstrecken: Konzentriert sich auf die Vorderseite der Oberschenkel und den Teil oberhalb des Knies.

Bauch

★ Sit-ups: Auf einer schräg nach unten ausgerichteten Bank erfordern sie einen deutlich höheren Kraftaufwand.

Bauchpressen: Entweder in Rückenlage auf dem Boden oder auf einer vertikalen Bank.

Beinanheben mit gebeugtem Knie: Heben Sie in Rückenlage die Beine und beugen Sie sie.

Rücken (einschließlich Seitenpartien)

★ Klimmzüge: Mit den Handflächen nach außen. Versuchen Sie es auch mit den Händen hinter dem Kopf.
Vorgebeugt rudern: Heben Sie die Langhantel mit dem Rücken parallel zum Boden bis zur Taille.
Rudern im Sitzen: Benutzen Sie den Kabelzug mit T-Griff; die Handhaltung ist eng.

SPORTKALENDER 2008

Auf den folgenden Seiten finden Sie eine Auswahl der sportlichen Höhepunkte 2008. Veranstaltungen, die bei Redaktionsschluss nicht in Planung waren, wurden nicht berücksichtigt. Bei allen Terminen sind natürlich Änderungen möglich.
Hinweis: Weil 2008 die Olympischen Spiele stattfinden, wurden einige internationale Wettkämpfe mit ihnen zusammengelegt. Einzelheiten zu den Olympischen Spielen finden Sie ab S. 51.

Abkürzungen: nkT = noch kein Termin; nkO = noch kein Ort; nnb = noch nicht bestätigt

American Football

American Football Conference Championship Game, *nkO, USA* 20. Jan.
National Football Conference Championship Game, *nkO, USA* 20. Jan.
Super Bowl XLII (AFC gegen NFC Champions), *Glendale, Arizona, USA* 3. Febr.

Pro Bowl (AFC gegen NFC All-Stars), *Honolulu, Hawaii, USA* 10. Febr.

Badminton

Europameisterschaft, *Herning, Dänemark,* nnb 16.–20. Apr.
Thomas and Uber Cup Finale, *Jakarta, Indonesien* 11.–18. Mai

Basketball

NBA All-Star Game, *New Orleans, Louisiana, USA* 17. Febr.
NCAA Basketball, Halbfinale, *San Antonio, Texas, USA* 5., 7. Apr.
Olympic Test Event, *Peking, China* 19.–25. Apr.
Euro-League, Halbfinale, *Madrid, Spanien* 2.–4. Mai

Bodybuilding

Arnold Classic, *Columbus, Ohio, USA* 29. Febr. – 2. März
Mr. Olympia, *Las Vegas, Nevada, USA, nnb* nkT, Sept.

Bogenschießen

Weltcup, Phase 1, *Dominikanische Republik* 1.–8. Apr.
Weltcup, Phase 2, *Porec, Kroatien* 15.–19. Apr.
Weltcup, Phase 3, *Antalya, Türkei* 27.–31. Mai
Weltcup, Phase 4, *Boe, Frankreich* 23.–29. Juni
World Field Archery Championships, *Llwynypia, Wales* 1.–6. Sept.

Cricket

Triangular One Day International Series (Australien, Indien und Sri Lanka), *versch. Orte,* nnb ab 3. Febr.
Triangular One Day International Series (Bangladesch, Indien und Südafrika), *versch. Orte,* nnb ab März
ICC Champions Trophy, *Pakistan, nnb* nkT, Sept.

Darts

Dart-Weltmeisterschaft, *London, England* 17. Dez. 2007 – 1. Jan.

Dart-Profi-Weltmeisterschaft, *Frimley Green, England*	5.–13. Jan.

Eishockey

NHL All-Star Game, *Atlanta, Georgia, USA*	16. Jan.
DEL All-Star Game, *Dresden, Deutschland*	2. Febr.
Weltmeisterschaft, *Quebec City und Halifax, Kanada*	1.–18. Mai

Fußball

African Cup of Nations, *Ghana*	20. Jan. – 10. Febr.
DFB-Pokal-Finale, *Berlin, Deutschland*	19. Apr.
UEFA-Cup-Finale, *Manchester, England*	14. Mai
Letzter Bundesligaspieltag, *o. O.*	17. Mai
UEFA Champions-League-Finale, *Moskau, Russland*	21. Mai
Europameisterschaft, *Österreich und Schweiz*	7.–29. Juni

Gewichtheben

Panamerikanische Meisterschaften, *Callao, Peru*	18.–22. März
Ozeanien-Meisterschaften, *Auckland, Neuseeland*	26.–29. März
Europameisterschaften, *Rom, Italien*	11.–20. Apr.
Asienmeisterschaften, *Ishikawa, Japan*	27. Apr. – 1. Mai
Afrikameisterschaften, *Johannesburg, Südafrika*	7.–11. Mai

Golf

US Masters, *Augusta, Georgia, USA*	10.–13. Apr.
US Open, *La Jolla, Kalifornien, USA*	12.–15. Juni
British Open, *Southport, England*	17.–20. Juli
US PGA Championship, *Bloomfield Township, Michigan, USA*	4.–10. Aug.
Ryder Cup, *Louisville, Kentucky, USA*	16.–21. Sept.

Leichtathletik

Hallen-Weltmeisterschaften, *Valencia, Spanien*	7.–9. März
World Cross Country Championships, *Edinburgh, Schottland*	30. März

Afrikameisterschaften, *Addis Abeba, Äthiopien*	1.–5. Mai
World Race Walking Cup, *Cheboksary, Russland*	1.–16. Mai
Europacup, *Annecy, Frankreich*	21.–22. Juni
Weltfinale, *Stuttgart, Deutschland*	20.–21. Sept.
World Road Running Championships, *Rio de Janeiro, Brasilien*	nkT, Okt.

Marathonlauf

London Marathon, *London, England*	13. Apr.
Boston Marathon, *Boston, Massachusetts, USA*	21. Apr.
Berlin Marathon, *Berlin, Deutschland*	28. Sept.
Chicago Marathon, *Chicago, Illinois, USA*	12. Okt.
New York City Marathon, *New York City, New York, USA*	nkT, Nov.

Motorsport

Vorläufige Formel-1-Saison:

Großer Preis von Australien, *Melbourne*	16. März
Großer Preis von Malaysia, *Kuala Lumpur*	23. März
Großer Preis von Bahrain, *Manama*	6. Apr.
Großer Preis von Spanien, *Barcelona*	27. Apr.
Großer Preis von Türkei, *Istanbul*	11. Mai
Großer Preis von Monaco, *Monte Carlo*	25. Mai
Großer Preis von Kanada, *Montreal*	8. Juni
Großer Preis von Frankreich, *Magny-Cours*	22. Juni
Großer Preis von Großbritannien, *Silverstone*	6. Juli
Großer Preis von Deutschland, *Hockenheim*	20. Juli
Großer Preis von Ungarn, *Budapest*	3. Aug.
Großer Preis von Europa, *Valencia*	24. Aug.
Großer Preis von Belgien, *Spa*	7. Sept.
Großer Preis von Italien, *Monza*	14. Sept.
Großer Preis von Singapur, *Singapur*	28. Sept.
Großer Preis von Japan, *Fuji*	12. Okt.
Großer Preis von China, *Shanghai*	19. Okt.
Großer Preis von Brasilien, *São Paulo*	2. Nov.

Weitere Rennen:

Daytona 500, *Daytona Beach, Florida*	17. Febr.
Indianapolis 500, *Speedway, Indiana, USA*	25. Mai
24 Stunden von Le Mans, *Le Mans, Frankreich*	14.–15. Juni
Goodwood Festival of Speed, *Goodwood House, West Sussex, England*	nkT, Ende Juni / Anfang Juli
Le Mans Classic, *Le Mans, Frankreich*	11.–13. Juli
British Grand Prix, *Silverstone, England*	11.–13. Juli
London to Brighton Veteran Car Run, *London, England*	2. Nov.

Radsport

Querfeldein-Weltmeisterschaft, *Treviso, Italien*	26.–27. Jan.
Track World Championships, *Manchester, England*	26.–30. März
Giro d'Italia, *Italien*	10. Mai – 1. Juni
BMX-Weltmeisterschaft, *Taiyuan, China*	30. Mai – 1. Juni
Mountain-Bike-Weltmeisterschaft, *Val di Sole, Italien*	16.–22. Juni
Tour de France, *Frankreich*	5.–27. Juli
Mountain Bike Marathon World Championships, *Villabassa, Italien*	6. Juli
Straßenradweltmeisterschaft, *Varese, Italien*	24.–28. Sept.
Indoor Cycling World Championships, *Ballerup, Dänemark*	22.–24. Nov.

Rudern

The Boat Race (Oxford gegen Cambridge), *London, England*	29. Apr.
Weltcup, *München*	9.–11. Mai
Weltcup, *Posen, Polen*	30. Mai – 1. Juni
Weltcup, *Luzern, Schweiz*	20.–22. Juni
Henley Royal Regatta, *Henley-on-Thames, Oxfordshire, England*	2.–6. Juli
Weltmeisterschaft , *Ottensheim, Österreich*	22.–27. Juli
Europameisterschaft , *Marathon, Griechenland*	nkT, Sept.

Rugby

The Varsity Match (Oxford gegen Cambridge),
Twickenham, England 6. Dez. 2007
Six Nations Championship (England, Frankreich, Irland, Italien, Schottland, Wales) 2. Febr. – 15. März
Heineken Cup Final, *Cardiff, Wales* 24. oder 25. Mai
Guinness Premiership Final, *Twickenham, England* 31. Mai
Rugby League Weltcup, *Australien* 2. Okt. – 22. Nov.

Schwimmen

Europameisterschaft, *Eindhoven, Niederlande* (Schwimmen, Kunstspringen, Synchronschwimmen) 13.–24. März
FINA World Short Course Swimming Championships, *Manchester, England* 9.–13. Apr.

Segeln

Barcelona World Race, *Barcelona, Spanien* 11. Nov. 2007 – Febr. 2008
Tornadoboot-Weltmeisterschaft, *Auckland, Neuseeland* 22. Febr. – 1. März
Starboot-Weltmeisterschaft, *Miami, Florida, USA* 7.–18. Apr.
Cowes Week, *Cowes, Isle of Wight* 2.–9. Aug.
Volvo Ocean Race, *Alicante, Spanien* 4. Okt. – 20. Juni 2009

Snooker

The Masters, *London, England* 13.–20. Jan.
Snooker-Weltmeisterschaft, *Sheffield, England* 19. April – 5. Mai

Spiele

Olympische Spiele, *Peking, China* 8.–24. Aug.
Paralympics, *Peking, China* 6.–17. Sept.
Commonwealth Youth Games, *Pune, Indien* 12.–18. Okt.
Pan Pacific Masters Games, *Gold Coast, Australien* 1.–9. Nov.

Squash

British Open, *Liverpool, England*	nkT, Mai
World Open Championships, *Manchester, England*	12.–19. Okt.
World Masters Championships, *Christchurch, Neuseeland*	20.–25. Okt.

Tennis

Australian Open, *Melbourne, Australien*	14.–27. Jan.
French Open, *Paris, Frankreich*	2. Mai – 8. Juni
Wimbledon Championships, *London, England*	23. Juni – 6. Juli
US Open, *New York City, New York, USA*	25. Aug. – 7. Sept.
Davis-Cup-Finale, *nkO*	24.–26. Nov. oder 1.–3. Dez.

Triathlon

Winter-Triathlon-Weltmeisterschaften, *Freudenstadt, Deutschland*	22. Febr.
Triathlon-Weltmeisterschaften, *Vancouver, Kanada*	7. Juni
Long Distance-Triathlon-Weltmeisterschaften, *Almere, Niederlande*	30. Aug.

Wintersport

Alpiner und nordischer Ski-Weltcup, *diverse Orte*	27. Okt. 2007 – 16. März
Cresta Run University Week, *St. Moritz, Schweiz*	7.–9. Jan.
Iditarod Trail Schlittenhunderennen, *Alaska, USA*	1.–16. März
Eiskunstlauf-Weltmeisterschaft, *Göteborg, Schweden*	17.–23. März
Weltmeisterschaft im Männer-Eisstockschießen, *Grand Forks, North Dakota, USA*	5.–13. Apr.

Andere Sportarten

Tischtennis-Weltmeisterschaft, *Guangzhou, China*	24. Febr. – 2. März
Männer-Wasserball, Olympia-Qualifikationstunier, *Oradea, Rumänien*	2.–9. März

WWE WrestleMania 24, *Orlando, Florida, USA*	30. März
Fencing Olympic Test Event, *Peking, China*	18.–20. Apr.
Real Tennis Weltmeisterschaft, *Fontainebleau, Frankreich*	20.–24. Mai
Herrenhockey Champions Trophy, *Rotterdam, Niederlande*	21.–29. Juni
National Rifle Association Imperial Meeting, *Bisley, England*	12.–26. Juli
Major League Baseball All-Star Game, *New York City, New York, USA*	15. Juli
World Ten Pin Bowling Men's Championship, *Bangkok, Thailand*	20.–31. Aug.

Britische Sportarten

Olney Pancake Race, *Olney, Buckinghamshire*	5. Febr.
Scoring the Hales (Shrovetide Football), *Alnwick, Northumberland*	5. Febr.
Cheese Rolling, *Cooper's Hill, Gloucestershire*	26. Mai
Woolsack Race, *Gumstool Hill, Tetbury, Gloucestershire*	26. Mai
World Conker Championships, *Ashton, Northamptonshire*	12. Okt.
Tar Barrel Rolling, *Ottery St Mary, Devon*	5. Nov.
Peter Pan Cup Swimming Race, *Serpentine, Hyde Park, London*	25. Dez.

OLYMPISCHE SOMMERSPIELE 2008

Die Olympischen Sommerspiele 2008, auch die Spiele der XXIX. Olympiade genannt, finden vom 8. bis 24. August in Peking, China, statt. Es gibt 302 Wettkämpfe in 31 Sportarten: 165 Wettkämpfe für Männer, 127 für Frauen sowie 10 gemischte. Gegenüber 2004 wurden 8 Disziplinen aufgegeben, 9 sind dazugekommen – für Männer und

Frauen jeweils BMX-Fahren, 10 km Schwimmen und Tischtennis als Teamwettkampf; für Frauen 3000 m Hindernis, Florett-Team und Säbelteam.

VERANSTALTUNGSKALENDER

Sportart	*Aug.* 9	10	11	12	13	14	15	16	17	18	19	20	21	22	23	24	*Gesamt*
Bogenschießen	•	1	1	•	•	1	1										
Leichtathletik							2	4	6	6	5	3	6	7	7	1	47
Badminton	•	•	•	•	•	•	1	2	2								5
Baseball					•	•	•	•		•	•	•		•	1		1
Basketball	•	•	•	•	•	•	•	•	•	•	•	•	•	•	1	1	2
Boxen	•	•	•	•	•	•	•	•	•	•	•	•		•	5	6	11
Kanu/Kajak			•	2	•	2				•	•	•	•	6	6		16
Radfahren	1	1			2		1	3	1	2	3	•	2	1	1		18
Kunstspringen		1	1	1	1		•	•	1	•	1	•	1	•	1		8
Reiten	•	•	•	2	•	1	•	•	•	1	1		1				6
Fechten	1	1	1	1	2	1	1	1	1								10
Feldhockey		•	•	•	•	•	•	•	•	•	•	•	•	1	1		2
Fußball	•	•		•	•		•	•		•	•		1	•	1		2
Gymnastik	•	•		1	1	1	1	•	4	4	4		•	•	1	1	18
Handball	•	•	•	•	•	•	•	•	•	•	•	•	•	•	1	1	2
Judo	2	2	2	2	2	2	2										14
Moderner Fünfkampf													1	1			2
Rudern	•	•	•	•	•	•		7	7								14
Segeln	•	•	•	•	•	•	•	2	1	2	2	2	2				11
Sportschießen	2	2	2	2	1	2	1	2	1								15
Softball				•	•	•	•	•	•	•		•	1				1
Schwimmen	•	4	4	4	4	4	4	4	4			1	1				34
Synchronschwimmen										•	•	1		•	1		2
Tischtennis					•	•	•	•	1	1	•	•	•	1	1		4
Taekwondo												2	2	2	2		8
Tennis		•	•	•	•	•	•	2	2								4
Triathlon										1	1						2
Volleyball	•	•	•	•	•	•	•	•	•	•	•	•	1	1	1	1	4
Wasserball		•	•	•	•	•	•	•	•	•	•	•	1	•		1	2
Gewichtheben	1	2	2	2	2		2	1	1	1	1						15
Ringen				2	2	3		2	2		2	2	3				18

• = *Vorrunden* *Anzahl = Finale*

Die 302 olympischen Disziplinen

In Klammern die Anzahl der Wettkämpfe

Badminton (5)

Einzel	♂ ♀
Doppel	♂ ♀
Doppel	gemischt

Baseball (1)

8-Team-Turnier	♂

Basketball (2)

12-Team-Turnier	♂ ♀

Bogenschiessen (4)

Einzel	♂ ♀
Team	♂ ♀

Boxen (11)

Halbfliegengewicht	<48 kg	♂
Fliegengewicht	<51 kg	♂
Bantamgewicht	<54 kg	♂
Federgewicht	<57 kg	♂
Leichtgewicht	<60 kg	♂
Halbweltergewicht	<64 kg	♂
Weltergewicht	<69 kg	♂
Mittelgewicht	<75 kg	♂
Halbschwergewicht	<81 kg	♂
Schwergewicht	<91 kg	♂
Superschwergewicht	>91 kg	♂

Fechten (10)

Florett, Einzel	♂ ♀
Degen, Einzel	♂ ♀
Säbel, Einzel	♂ ♀
Degen, Team	♂
Säbel, Team	♂ ♀
Florett, Team	♀

Feldhockey (2)

12-Team-Turnier	♂ ♀

Fussball (2)

16-Team-Turnier	♂
12-Team-Turnier	♀

Gewichtheben (15)

Männer	*Frauen*
<56 kg	<48 kg
<62 kg	<53 kg
<69 kg	<58 kg
<77 kg	<63 kg
<85 kg	<69 kg
<94 kg	<75 kg
<105 kg	>75 kg
>105 kg	

Gymnastik (18)

Kunstturnen

Team	♂ ♀
Einzel	♂ ♀
Boden	♂ ♀
Seitpferd	♂

- Ringe ♂
- Langpferd ♂ ♀
- Barren ♂
- Reck ♂
- Stufenbarren ♀
- Schwebebalken ♀

Rhythmisch

- Einzel ♀
- Gruppe ♀

Trampolin

- Einzel ♂ ♀

Handball (2)

- 12-Team-Turnier ♂ ♀

Judo (14)

Männer	*Frauen*
<60 kg	<48 kg
<66 kg	<52 kg
<73 kg	<57 kg
<81 kg	<63 kg
<90 kg	<70 kg
<100 kg	<78 kg
>100 kg	>78 kg

Kanu / Kajak (16)

Rennsport

- Kajak Einer 500 m ♂ ♀
- Kajak Einer 1000 m ♂
- Kajak Zweier 500 m ♂ ♀
- Kajak Zweier 1000 m ♂
- Kajak Vierer 500 m ♀
- Kajak Vierer 1000 m ♂
- Kanu Einer 500 m ♂
- Kanu Einer 1000 m ♂
- Kanu Zweier 500 m ♂
- Kanu Zweier 1000 m ♂

Slalom

- Kajak Einer ♂ ♀
- Kanu Einer ♂
- Kanu Zweier ♂

Leichtathletik (47)

Laufwettbewerbe

- 100 m ♂ ♀
- 200 m ♂ ♀
- 400 m ♂ ♀
- 800 m ♂ ♀
- 1500 m ♂ ♀
- 5000 m ♂ ♀
- 10 000 m ♂ ♀
- 100 m Hürden ♀
- 110 m Hürden ♂
- 400 m Hürden ♂ ♀
- 3000 m Hindernis ♂ ♀
- Marathon ♂ ♀
- 4 × 100 m Staffel ♂ ♀
- 4 × 400 m Staffel ♂ ♀

Sprung-, Stoß- und Wurfwettbewerbe

- Hochsprung ♂ ♀
- Stabhochsprung ♂ ♀
- Weitsprung ♂ ♀
- Dreisprung ♂ ♀
- Kugelstoßen ♂ ♀
- Diskuswerfen ♂ ♀
- Hammerwerfen ♂ ♀
- Speerwerfen ♂ ♀

Mehrkampf

- Zehnkampf ♂

Siebenkampf ♀

Gehwettbewerbe

20 km Gehen ♂ ♀

50 km Gehen ♂

MODERNER FÜNFKAMPF (2)

Einzel ♂ ♀

RADFAHREN (18)

Bahn

Sprint ♂ ♀

Einzelverfolgung ♂ ♀

Punkterennen ♂ ♀

Keirin ♂

Teamsprint ♂

Teamverfolgung ♂

Zweier-Mannschaftsfahren ♂

Straße

Massenstart ♂ ♀

Zeitfahren ♂ ♀

Mountainbike

Cross-Country ♂ ♀

BMX

Einzel ♂ ♀

REITEN (6)

Springen

Team gemischt

Einzel gemischt

Dressur

Team gemischt

Einzel gemischt

Vielseitigkeit

Team gemischt

Einzel gemischt

RINGEN (18)

Freistil

Männer	*Frauen*
<55 kg	<48 kg
<60 kg	<55 kg
<66 kg	<63 kg
<74 kg	<72 kg
<84 kg	
<96 kg	
<120 kg	

Griechisch-römisch

<55 kg

<60 kg

<66 kg

<74 kg

<84 kg

<96 kg

<120 kg

RUDERN (14)

Einer ♂ ♀

Zweier o. Steuermann ♂ ♀

Doppelzweier ♂ ♀

Vierer o. Steuermann ♂

Doppelvierer ♂ ♀

Achter ♂ ♀

Leichtgewicht

Doppelzweier ♂ ♀

Vierer o. Steuermann ♂

SPORTSCHIESSEN (1)

Gewehr

50 m Kleinkaliber-Gewehr liegend ♂

50 m Kleinkaliber-Gewehr, 3 Stellungen ♂ ♀
10 m Luftgewehr ♂ ♀

Pistole

50 m Kleinkaliberpistole ♂
25 m Schnellfeuerpistole ♂
25 m Sportpistole ♀
10 m Luftpistole ♂ ♀

Wurfscheibe

Trap (Tontauben) ♂ ♀
Doppeltrap ♂
Skeet ♂ ♀

SCHWIMMEN (34)

50 m Freistil ♂
100 m Freistil ♂ ♀
200 m Freistil ♂ ♀
400 m Freistil ♂ ♀
800 m Freistil ♂ ♀
1500 m Freistil ♂
100 m Rücken ♂ ♀
200 m Rücken ♂ ♀
100 m Brust ♂ ♀
200 m Brust ♂ ♀
100 m Schmetterling ♂ ♀
200 m Schmetterling ♂ ♀
200 m Einzel Lagen ♂ ♀
400 m Einzel Lagen ♂ ♀
4 × 100 m Freistil ♂ ♀
4 × 200 m Freistil ♂ ♀
4 × 100 m Lagen ♂ ♀
Marathon 10 km ♂ ♀

SEGELN (11)

Einhand-Dinghi ♂ ♀
Zweihand-Dinghi ♂ ♀
offene Einhand gemischt
offene Zweihand gemischt
Windsurfen ♂ ♀
Kielboot ♂ ♀
Mehrkampf gemischt

SOFTBALL (1)

8-Team-Turnier ♀

SYNCHRONSCHWIMMEN (2)

Duett ♀
Team ♀

TAEKWONDO (8)

Männer	*Frauen*
<58 kg	<49 kg
<68 kg	<57 kg
<80 kg	<67 kg
>80 kg	>67 kg

TENNIS (4)

Einzel ♂ ♀
Doppel ♂ ♀

TISCHTENNIS (4)

Einzel ♂ ♀
Doppel ♂ ♀

TRIATHLON (2)

Olympische Distanz ♂ ♀

TURMSPRINGEN (8)

Einzel Sprungbrett ♂ ♀
Einzel Sprungturm ♂ ♀

Synchron Sprungbrett ♂ ♀
Synchron Sprungturm ♂ ♀

VOLLEYBALL (4)
Indoor
12-Team-Turnier ♂ ♀
Beach
24 Paarungen ♂ ♀

WASSERBALL (2)
12-Team-Turnier ♂
8-Team-Turnier ♀

SPORTLICHE REKORDE

Nachfolgend finden Sie die wichtigsten von Männern aufgestellten Rekorde im Sport. Beim Laufen nimmt die Durchschnittsgeschwindigkeit ab, je länger die zurückgelegte Strecke ist. Ausgenommen davon sind die Distanzen 100 m bis 200 m, bei denen sich die Geschwindigkeit erhöht, weil relativ gesehen weniger Zeit für das Beschleunigen aufgewendet wird.

Disziplin	*Rekord*	*Geschw. (km/h)*	*Name*	*Land*	*Jahr*
LAUFEN					
100 m	9,74 s	36,96	Asafa Powell	Jamaika	2007
200 m	19,32 s	37,3	Michael Johnson	USA	1996
400 m	43,18 s	33,3	Michael Johnson	USA	1999
800 m	1 : 41,11	28,5	Wilson Kipketer	Dänem.	1997
1500 m	3 : 26,00	26,2	Hicham El Guerrouj	Marokko	1998
1 Meile	3 : 43,13	25,9	Hicham El Guerrouj	Marokko	1999
Halbmarathon	58 : 33	21,6	Samuel Wanjiru	Kenia	2007
Marathon	2:04:26	20,7	Haide Gebrselassie	Äthiop.	2007
110 m Hürden	12,88 s	30,7	Liu Xiang	China	2006
400 m Hürden	46,78 s	30,7	Kevin Young	USA	1992

Disziplin	*Rekord*	*Geschw. (km/h)*	*Name*	*Land*	*Jahr*
SPRUNG-, STOSS- UND WURFWETTBEWERBE					
Hochsprung	2,45 m	–	Javier Sotomayor	Kuba	1993
Stabhochsprung	6,14 m	–	Sergej Bubka	Ukraine	1994
Weitsprung	8,95 m	–	Mike Powell	USA	1991
Dreisprung	18,29 m	–	Jonathan Edwards	GB	1995
Diskus	74,08 m	–	Jürgen Schult	DDR	1986
Kugelstoßen	23,12 m	–	Randy Barnes	USA	1990
Hammer	86,74 m	–	Jurij Sedych	UdSSR	1986
Speer	98,48 m	–	Jan Zelezný	Tschech. Rep.	1996
SCHWIMMEN (FREISTIL)					
50 m	21,64 s	8,4	Alexander Popov	Russland	2000
100 m	47,84 s	7,6	P. v. d. Hoogenband	Niederl.	2000
200 m	1 : 43,86	6,9	Michael Phelps	USA	2007
400 m	3 : 40,08	6,6	Ian Thorpe	Austr.	2002
800 m	7 : 38,65	6,3	Grant Hackett	Austr.	2005
1500 m	14 : 34,56	6,1	Grant Hackett	Austr.	2001
RADFAHREN					
Stundenrekord	56,38 km	–	Chris Boardman	GB	1996
Stundenmittel	49,70 km	–	Ondřej Sosenka	Tschech. Rep.	2005
GEWICHTHEBEN					
Reißen	213,5 kg	–	Hossein Reza Zadeh	Iran	2003
Stoßen	263,5 kg	–	Hossein Reza Zadeh	Iran	2004
Bankdrücken	470 kg	–	Ryan Kennelly	USA	2007

FRAUEN

»Sohn, eine Frau ist wie ein Kühlschrank. Beide sind gut eins achtzig groß und wiegen 300 Pfund. Und beide bereiten dir eine Gänsehaut.« (Homer Simpson, *The Simpsons*, Episode 9F06, 1992)

»Ehe, Sir, ist für einen Mann nötiger als für eine Frau, denn er ist weit weniger in der Lage, sich mit häuslicher Bequemlichkeit zu versorgen. ... Ich hatte mich schon oft gefragt, warum junge Frauen heiraten sollten, wo sie doch unverheiratet so viel mehr Freiheit und so viel mehr Aufmerksamkeit genießen.« (Samuel Johnson, in Boswell, *Das Leben Samuel Johnsons*, 1985 [*The Life of Johnson*, 1791])

»Es gibt nur zwei Gründe, um zu heiraten: Liebe oder Geld. Wer aus Liebe heiratet, wird gewiss einige sehr glückliche und vermutlich viele unbehagliche Tage erleben. Wer des Geldes wegen heiratet, wird keine glücklichen und vermutlich keine unbehaglichen Tage erleben.« (Lord Chesterfield, *Briefe an seinen Sohn*, 1983 [*Lord Chesterfield's Letters*, 1776])

»Ich habe noch keine elegant gekleidete junge Frau gesehen. Sie geben sich einfach nicht genug Mühe.« (Hardy Amies)

»Halte vor der Ehe deine Augen offen, danach dann halb geschlossen.« ❧ »Gute Ehefrauen und gute Plantagen sind das Werk guter Ehemänner.« ❧ »Eine ungehorsame Tochter wird sich als widerspenstige Ehefrau erweisen.« ❧ »Dein Dienstmädchen soll loyal, stark und schlicht sein.« ❧ »Es gibt weder hässliche Geliebte noch schöne Gefängnisse.« (Benjamin Franklin, *Poor Richard's Almanack*, 1732–1757)

SCHÖNHEIT

Die Schönheit einer Frau ist bekanntlich schwer zu definieren, da sie auch von nichtkörperlichen Attributen wie Stil und Auftreten geprägt wird. Jacqueline Kennedy und Prinzessin Diana waren keine Schönheiten im klassischen Sinn, trotzdem gehörten beide zu den meistfotografierten Frauen des letzten Jahrhunderts. Selbst bei einer strikt körperlichen Interpretation muss man einräumen, dass die Schönheit einer Frau mit ihren entsprechenden Bemühungen steht und fällt.

Schönheit messen

Ohne den Versuch zu unternehmen, Schönheit zu definieren, können wir sie dennoch quantitativ bestimmen. Als Basis dient uns Helena, Tochter des griechischen Gottes Zeus und der Leda, Ehefrau des Königs von Sparta. Helena, deren Entführung den Trojanischen Krieg auslöste, galt im 12. Jahrhundert v. Chr. als die schönste Frau der Welt. In Christopher Marlowes *Doktor Faustus* lässt Mephistopheles eine Vision von Helena erscheinen, worauf Faustus erwidert:

> War das der Blick, der tausend Schiffe trieb
> In's Meer, der Trojas hohe Zinnen stürzte?

Daraus können wir zwei Dinge ableiten: zum einen Helenas immense Schönheit und zum anderen deren Wirkung. Im 12. Jahrhundert v. Chr. lebten auf der Erde geschätzte 100 Millionen Menschen, womit sie die schönste von rund 50 Mio. Frauen war. Wenn Helenas Schönheit dafür sorgte, dass tausend Schiffe auf den Weg geschickt wurden, dann können wir daraus folgern, dass für die schönste von 50 000 Frauen ein Schiff losgeschickt würde.

Die Kriegsschiffe dieser Zeit waren einfache Galeeren, die von 25 Ruderern auf jeder Seite angetrieben wurden, also insgesamt von 50 Männern. Folglich bringt umgerechnet die schönste von tausend Frauen einen einzelnen Ruderer dazu, sein Leben im Krieg aufs Spiel zu setzen. Eine solche Schönheit erzielt auf einer Skala von 0 bis 10 eine 10 ohne jeden Abzug. Einen einzelnen Punkt auf dieser Skala bezeichnen wir als eine *Helena* (Ha).

Unter tausend Frauen ist Schönheit natürlich nicht gleichmäßig verteilt. Es gibt unweigerlich mehr 8er als 9er, mehr 7er als 8er usw. So wie Erdbeben auf der Richterskala steigert sich auch Schönheit logarithmisch, aber eher zur Basis 2 als zu 32. Wenn sich also die Schönheit einer Frau um eine Helena erhöhen soll, muss sie die schönste von doppelt so vielen Frauen als zuvor sein. Ist eine Frau also die schönste von 2 Frauen, ist der Wert ihrer Schönheit 1 Helena; von 4 Frauen 2 Helenas; von 8 Frauen 3 Helenas; oder allgemein ausgedrückt: von 2^N Frauen N Helenas.

Während also 10 Helenas einen Mann dazu bringen, sein Leben aufs Spiel zu setzen, kann die Schönheit einer Frau gelegentlich die 10 überschreiten, da es keine Obergrenze für dieses Attribut gibt und die Skala damit nach oben offen ist. Die Schönheit von Helena selbst beträgt $\log_2 (50\,000\,000) = 25{,}6$ (50 Millionen sind $2 \times 2 \times 2 \ldots \times 2$, zwischen 25- und 26-mal). Somit definiert sich eine Helena von Troja (H) mit einem Wert von 25,6 Helenas (Ha).

Von einer beliebig großen weiblichen Bevölkerung fällt $^1/_2$ in die Gruppe 0 Ha, $^1/_4$ in die Gruppe 1 Ha, $^1/_8$ in die Gruppe 2 Ha usw. Das steht zwar im Gegensatz zu der gebräuchlicheren, aber weniger systematischen Schönheitsskala, bei der 0 für gewöhnlich, 5 für durchschnittlich und 10 für atemberaubend steht. Aber leider kann man mit Helenas nur Schönheit messen, nicht jedoch Gewöhnlichkeit.

Die Schönheit mancher Frauen

Frau	*Anzahl*	*Ha*	*H*
Die Schönste aus einem Dutzend	12	3,6	0,14
Die schönste der 72 Jungfrauen eines Märtyrers	72	6,2	0,24
Die einen Mann dazu bringt, sein Leben zu riskieren	1,000	10,0	0,39
Die größte Schönheit des Lebens	10^5	16,6	0,65
Helena von Troja	5×10^7	25,6	1,00
Miss World	$3{,}2 \times 10^9$	31,6	1,23
Die schönste Frau, die je gelebt hat	2×10^{10}	34,2	1,34

Komplimente

Es ist eine Sache, eine Frau für schön zu halten, aber es ist ein ganz anderes Thema, das auch auszusprechen. Man schmeichelt am besten dem Mittelmaß, nicht aber den Extremen, so Lord Chesterfield:

> Welche entweder unstreitig schön oder unstreitig hässlich sind, denen schmeichelt man am liebsten wegen ihres Verstandes. Die aber im Mittelmaß sind, denen schmeichelt man mit meistem Erfolg wegen ihrer Schönheit oder wenigstens ihrer Annehmlichkeiten. Denn jede, die nicht schlechterdings hässlich ist, hält sich für schön. Da sie es aber selten zu hören bekommt, ist sie um so viel dankbarer gegen diejenigen, die es ihr sagen. Hingegen eine entschiedne, selbstbewusste Schönheit betrachtet jeden ihrer Gestalt entrichteten Zoll bloß als ihre Gebühr, möchte aber gern vonseiten des Verstandes hervorschimmern und geachtet werden. Welche so hässlich ist, dass sie es weiß, die sieht, dass ihr nichts übrig gelassen ist als ihr Verstand, der ist folglich (wahrscheinlicherweise …) ihre schwache Seite.

Paradoxerweise scheint Schönheit eine Art Sicherungsmaßnahme für Sittsamkeit zu sein. Je mehr eine Frau von Männern bewundert und umschwärmt wird, desto unwahrscheinlicher ist es, dass sie sich zwangloser Leidenschaft hingibt. Dagegen sieht sich eine Frau, deren Schönheit nicht so eindeutig ist, nicht in der Lage, mit der schöneren Frau zu konkurrieren, was sie durch größere Zugänglichkeit wettmacht.

Natürlich hat Schönheit auch ihren Preis. So wie ein Tier, das in Gefangenschaft seinen Instinkt dafür verliert, auf Nahrungssuche zu gehen, weil es täglich sein Essen bekommt, ohne sich dafür abmühen zu müssen, so kann eine schöne Frau, die die ständige Aufmerksamkeit der Männer gewohnt ist, die Fähigkeit verlernen, Aufmerksamkeit durch Liebenswürdigkeit zu erlangen. Vielleicht erklärt das auch Shakespeares Umkehr von Marlowes Zeilen in *Troilus und Cressida:*

> Und ist sie's wert? – Ach, sie ist eine Perle,
> Die mehr als tausend Schiffe zog aufs Meer.

RITTERLICHKEIT

Ritterlichkeit ist weitestgehend aus der Mode gekommen, da sie in vielen Punkten im Widerspruch steht zum modernen Feminismus und zu gesellschaftlich akzeptierten Verhaltensweisen. Sie gründet im Wesentlichen auf der Asymmetrie zwischen den Geschlechtern.

Der Mann als Kavalier

Auch wenn Frauen in allen Dingen gleichberechtigt sind, werden sie in diversen Punkten bevorzugt. Es beginnt damit, dass Männer Frauen vorgestellt werden, z. B. in der Form: »Daisy Buchanan, darf ich Ihnen Jay Gatsby vorstellen«, oder einfacher ausgedrückt: »Marge, das ist Homer.« Es ist auch die Frau, die bei der Begrüßung oder Verabschiedung die Initiative ergreift und damit bestimmt, was geschieht – ein Kuss, ein Händedruck oder nur ein Blick. Frauen wird im Allgemeinen vor den Männern das Essen serviert, auch wird ihnen zuerst eingeschenkt (außer, es handelt sich um einen großen Tisch – in diesem Fall wird der Wein im Uhrzeigersinn ausgeschenkt). Der Mann erhebt sich von seinem Platz, sobald eine Frau eintrifft oder geht. Das Kommen und Gehen eines Mannes macht eine solche Handlung hingegen nicht erforderlich. Ein Mann zündet einer Frau die Zigarette an (siehe S. 225), trägt ihre schweren Taschen und bietet ihr seinen Platz an, wenn die Frau zum Stehen gezwungen ist. Letztere Regel kann man allerdings in geschäftigen Umgebungen wie der U-Bahn außer Acht lassen.

Was man beachten muss, wenn man mit einer Frau zu Fuß unterwegs ist, ist leicht zusammenzufassen: Generell geht der Mann rechts von der Frau, es sei denn, das Paar geht eine Straße entlang. Dann geht der Mann grundsätzlich so, dass er sich zwischen dem Fahrbahnrand und der Frau aufhält. Kommt dem Paar ein anderer Mann entgegen, so bleibt der Mann neben der Frau, so dass der andere gegebenenfalls auf die Straße muss, um Platz zu machen. Kommt ihnen allerdings eine Frau entgegen, dann weicht der Mann auf die Straße aus.

Die Etikette beim Türöffnen richtet sich zunächst nach dem Aufwand, dann nach einer bestimmten Reihenfolge. Wenn sich die Tür nach innen öffnet, hält der Mann sie auf und lässt der Frau den Vortritt. Wenn sich die Tür nach außen öffnet, geht der Mann hindurch und die Frau folgt. Kommen Personen entgegen, hält der Mann im ersten Fall die Tür auf, die anderen erhalten den Vortritt. Im zweiten

Fall dagegen haben zuerst die Frau, dann der Mann den Vortritt. Im Fall einer Drehtür geht der Mann als Erster hindurch.

Der Mann als Ernährer

Einer der natürlichsten Aspekte ritterlichen Benehmens ist die Beschaffung – aber nicht zwangsläufig auch die Zubereitung – von Nahrung. Dabei kann es sich um das tatsächliche Besorgen von Fisch und Fleisch handeln. Es kann aber auch dadurch symbolisiert werden, dass der Mann am Esstisch das Fleisch aufschneidet (siehe S. 242 für die entsprechenden Vorgehensweisen).

Heutzutage geht es indes eher darum, die Rechnung für Speisen und Getränke zu übernehmen. Welche Argumente es auch für getrennte Rechnungen geben mag – eine Frau, die darauf besteht, für ihren Teil des Essens zu bezahlen, hat entweder kein amouröses Interesse oder ist einfach nur nervtötend. In der Anfangsphase einer Beziehung ist es üblich, dass der Mann bezahlt, auch wenn die Frau ein- oder zweimal anbietet, die Rechnung zu übernehmen. Beim dritten Mal jedoch muss der Mann das Angebot annehmen. Ausgefuchste Frauen scheinen sehr interessiert daran zu sein, dass die Männer für die Kosten aufkommen. Französinnen bezahlen nie für ein Abendessen – oder Mittagessen –, allerdings macht sie das nicht weniger begehrenswert. Für den Fall, dass eine Frau das für selbstverständlich hält, dient der beiläufige Vorschlag, die Rechnung zu teilen, eher dem Zweck, sich ein zweites Date zu sichern.

Wer jedoch ständig Frauen zum Essen einlädt, kann sich selbst in den Bankrott treiben. Männer, die jeden Cent zweimal umdrehen müssen, sollten sich den Ratschlag zu Herzen nehmen, nur bei den Frauen die Rechnung zu übernehmen, auf die sie ein Auge geworfen haben. Eine aufmerksame Frau wird eine finanzielle Unausgewogenheit erkennen und nach den ersten Malen ihren Anteil zur Rechnung beisteuern.

Der Wein bleibt eine Männerdomäne, auch wenn die Zahl weiblicher Önologen und Somelières zunimmt. Im Restaurant wählt der Mann den Wein aus. Zwar kann er die Frau um einen Vorschlag bitten, er ist aber nicht verpflichtet, sich daran zu halten. Er schenkt nach, wenn der Inhalt im Glas der Frau zur Neige geht und anschließend immer auch sich selbst, gegebenenfalls rein symbolisch. Eine umsichtige Frau wird eher die Hälfte im Glas belassen, wenn sie genug getrunken hat, anstatt auf die Frage nach dem Nachschenken mit einem Nein zu reagieren.

Der Mann als Beschützer

Die Gewohnheit, eine Frau nach einem gemeinsamen Abend nach Hause zu bringen, trifft grundsätzlich nach wie vor zu, variiert aber in der Praxis abhängig von den jeweiligen Umständen. Es ist üblich, eine Frau zu Fuß oder mit dem Wagen nach Hause zu bringen, sofern sie in der Nähe wohnt. Wohnt sie dagegen weit entfernt, ist es nicht angebracht, ihretwegen einen deutlichen Umweg zu machen, zumal das von der Frau als beunruhigend empfunden werden kann. Besser ist es, sie mit dem Taxi heimkehren zu lassen. Der Mann muss das Taxi nicht bezahlen, es sei denn, er besteht darauf, dass sie besser ein Taxi als beispielsweise den Bus nimmt. Bei einer Gruppe stellen die Gäste insgesamt die oberste Priorität eines Mannes dar, und es liegt in der Verantwortung der Gäste, für eine sichere Heimkehr aller Frauen zu sorgen.

Wann darf ein Mann die Wohnung der Frau betreten, wenn er sie persönlich nach Hause gebracht hat? »Wenn eine Frau nicht möchte, dass der Mann noch mit zu ihr in die Wohnung kommt, dann sollten höfliche, aber unmissverständliche Andeutungen in die Unterhaltung eingeflochten werden«, erklärt John Morgan im *Debrett's New Guide to Etiquette and Modern Manners*. »Wird ein Mann in die Wohnung gebeten, darf er das nicht als Einladung zum Sex ansehen, auch wenn eine Frau sich dann nicht wundern sollte, wenn er das tut.«

Die Freundin oder Frau eines Mannes in dessen Gegenwart anzugreifen gilt stets als grober Verstoß. Der *Code Duello*, das allgemein anerkannte Werk zu Fragen des Duellierens und der Ehre, sagt dazu: »Jede Beleidigung, die an eine Lady gerichtet wird, die sich in der Obhut eines Gentlemans befindet, gilt als schwerwiegender als eine Beleidigung des Gentlemans selbst. Diese Angelegenheit ist dementsprechend zu behandeln.« Angriffe sind in aufsteigender Schwere: eine Beleidigung, eine Verleumdung und Schläge.

DAS ERSTE DATE

Was man sich zunächst einmal in der frühen Phase des Werbens vor Augen halten sollte, ist der Punkt, dass Männer jagen und Frauen gejagt werden. Ein Mann, so Ariost (in *Der rasende Roland*, X,VII), findet daran instinktiv Gefallen:

> Wie nach dem Hasen erst der Jäger glühte
> Bei Hitz' und Frost und, wenn er dann ihn hat,
> Nun den erlegten nicht mehr pflegt zu schätzen,
> Weil's nur erfreut, dem fliehnden nachzusetzen.

Männer jagen, wonach sie verlangen. Intelligente Frauen wissen das und ziehen den Umkehrschluss: Ein Mann, der nicht jagt, verspürt auch kein Verlangen. Der Bestseller *Die Kunst, den Mann fürs Leben zu finden* von Ellen Fein und Sherrie Schneider listet »bewährte Tricks auf, wie man das Herz des Mr. Right gewinnt«, die nachfolgend zusammengefasst sind. Die zentrale Aussage ist die, dass man das Interesse eines Mannes am besten testen kann, indem man sich unnahbar gibt. Die Asymmetrie des Werbens in Form von Jäger und Gejagtem hat nichts mit chauvinistischen Denkweisen zu tun. Vielmehr handelt es sich um ein notwendiges Ritual für eine stabile Beziehung.

Der zweite Punkt ist der, dass Männer sich schneller verlieben als Frauen. Während eine Frau sich Zeit nimmt, um darüber nachzudenken, was echt ist und was nicht, begnügt sich ein Mann mit dem ersten Eindruck und erfindet den Rest so, wie es seiner Fantasie am besten passt. Dies ist berauschend und beängstigend zugleich und führt letztlich dazu, dass Männer Angst vor Frauen bekommen. In Lermontovs *Ein Held unserer Zeit* verrät uns der erfahrene Verführer Pechorin: »Die Frauen sollten wünschen, dass alle Männer sie so gut kennen wie ich, denn ich liebe sie hundertmal mehr, seit ich sie nicht mehr fürchte und ihre kleinen Schwächen erkannt habe.« Daher ist es in der frühen Phase der Eroberung wichtig, sich einer Frau sorglos zu nähern, so wie man es bei einem potenziellen männlichen Freund machen würde. Das erfordert Schauspielkunst, aber die ist nur für kurze Zeit vonnöten – bis Liebe (oder deren Fehlen) das erste Verblendetsein ersetzt hat.

Die Regeln für Frauen

- Sprechen Sie einen Mann nicht zuerst an (und fordern Sie ihn nicht zum Tanzen auf).
- Starren Sie die Männer nicht an und reden Sie nicht zu viel.
- Kommen Sie ihm nicht auf halber Strecke entgegen und machen Sie bei der Rechnung nicht halbe-halbe.
- Rufen Sie ihn nicht an und auch nicht immer gleich zurück.

- Beenden *Sie* die Telefongespräche.
- Nehmen Sie nach Mittwoch keine Einladung mehr für Samstagabend an.
- Beenden immer Sie das Rendezvous.
- Machen Sie mit ihm Schluss, wenn Sie von ihm zum Geburts- oder Valentinstag kein romantisches Geschenk bekommen.
- Treffen Sie ihn nicht öfter als ein-, zweimal die Woche.
- Gönnen Sie ihm bei der ersten Verabredung nicht mehr als einen flüchtigen Kuss.
- Sagen Sie ihm nicht, was er tun soll.
- Überlassen Sie ihm die Führung.
- Erwarten Sie von einem Mann nicht, dass er sich ändert, und versuchen Sie nicht, ihn zu ändern.
- Öffnen Sie sich ihm nicht zu schnell.
- Ziehen Sie nicht zu einem Mann (und lassen Sie keine persönlichen Sachen in seiner Wohnung).
- Lassen Sie sich nicht mit einem verheirateten Mann ein.
- Machen Sie es ihm leicht, mit Ihnen zu leben.

Logistik

Beim ersten Date lädt der Mann die Frau ein und macht einen festen Vorschlag, ohne mit sich handeln zu lassen, wo man sich treffen und was man tun soll. Das erste Date ist dabei nicht der Zeitpunkt, um Originalität unter Beweis zu stellen. Vielmehr sollte es an einem Ort stattfinden, an dem man sich angeregt und unbeschwert unterhalten kann; daher ist es auch üblich, sich an einem Ort in der Öffentlichkeit zu treffen. Ein Abendessen ist ideal: Es ist förderlich für eine Unterhaltung, gibt einem die Möglichkeit, Alkohol zu trinken, und es gibt keinen festgelegten Zeitpunkt, an dem der Abend beendet ist. Wenn Sie nichts für die Zeit nach dem Essen geplant haben – z. B. einen Konzert-, Theater- oder Kinobesuch –, dann empfiehlt es sich, zunächst gemeinsam in einem anderen

Lokal etwas zu trinken. Das verleiht dem Abend ein Gefühl von Bewegung.

Zwar ist es auch heute noch angemessen, eine Frau mit dem Wagen abzuholen, doch inzwischen ist es eher üblich, dass man einen Treffpunkt verabredet, was in einer Großstadt auch deutlich praktischer ist. In einem solchen Fall ist es unerlässlich, dass Sie zehn Minuten vor der vereinbarten Zeit erscheinen. Wenn die Frau eintrifft, sollten Sie bereits am Tisch sitzen, einen Drink vor sich haben und einen dünnen Roman in der Hand halten (etwas von Puschkin oder Turgenjew ist dafür ideal). Reden Sie auf keinen Fall mit anderen Gästen und benutzen Sie auch nicht Ihr Mobiltelefon. Sie können ruhig den Eindruck erwecken, sich für irgendwelche Dinge zu interessieren, keinesfalls jedoch für andere Leute.

Sie sollten in einem Restaurant einen Tisch reserviert haben und Sie sollten wissen, wie Sie zu diesem Lokal gelangen. Das kann einen Erkundungsgang vor dem eigentlichen Treffen erforderlich machen. (Wenn Ihnen absolut kein passendes Lokal einfallen will, wählen Sie spontan unter Anwendung des untenstehenden Algorithmus.) Ein Anfängerfehler ist es, ein zu exklusives Restaurant auszuwählen. Das wird nicht nur ausgesprochen teuer, sondern hat auch eine einschüchternde Wirkung auf die Frau, weil sie glaubt, sie sei Ihnen zu irgendetwas verpflichtet, da Sie die hohe Rechnung bezahlen. Für gewöhnlich hat das genau den gegenteiligen Effekt von dem, was Sie beabsichtigen. (Zur Frage, ob und wann Sie die Rechnung zahlen, siehe S. 65)

Das Ende ist mindestens so wichtig wie der Anfang. Wichtig ist – nicht vergessen, wir reden hier über das *erste* Date! –, dass Sie kein körperliches Interesse an ihr zeigen. Ihr Desinteresse sollte umso ausgeprägter sein, je schöner die Frau in Ihren Augen ist. Eine hübsche Frau hält es für selbstverständlich, von einem Mann bewundert zu werden (siehe S. 63). Ein Mann, der bei der Frau den Eindruck erweckt, er wolle sie nicht auf der Stelle verführen, wird für sie erst dadurch so richtig faszinierend, auch wenn man das Gegenteil vermuten sollte. Danach wird ein zweites Date im Vergleich zum ersten wesentlich direkter ablaufen.

Die Wahl des besten Restaurants

Stellen Sie sich vor, Sie gehen eine Straße entlang und suchen nach einem Restaurant. Zum einen möchten Sie so viele Restaurants wie möglich testen, ehe Sie sich entscheiden. Zum anderen möchten Sie es vermeiden, einen guten Kandidaten auszulassen, nur weil Sie auf einen besseren hoffen. Welche Strategie hilft Ihnen, die Wahrscheinlichkeit zu erhöhen, das beste Restaurant von allen zu erwischen?

Wenn es in einer Straße eine bestimmte Anzahl Restaurants gibt, dann ist die optimale Lösung die, an den ersten 37 % = 1 / e vorbeizugehen und dann das nächste auszuwählen, das besser ist als alle anderen (die eulersche Zahl e = 2,718 ist die Basis des natürlichen Logarithmus). Es handelt sich hierbei um eine universell anwendbare Strategie, die auch für die Annahme eines Angebots, für den Hauskauf und – für Leserinnen – die Annahme eines Heiratsantrags gilt.

Geliebte

Benjamin Franklins Buch *Poor Richard's Almanack* war vor dem Unabhängigkeitskrieg einer der erfolgreichsten Bestseller in New England. Neben astronomischen Daten und einem Jahreskalender enthielt *Poor Richard* u. a. zahlreiche Maximen zur Mäßigung bei der Sünde. Viele davon betrafen die Einschränkung der Sinnlichkeit. Im Privatleben sah er diesen Aspekt allerdings deutlich pragmatischer. In einem Brief an »Meinen lieben Freund« – von dem manche glauben, er sei an seinen Sohn gerichtet gewesen – stellt Franklin die Beziehung zu einer älteren Frau der Beziehung zu einer jüngeren gegenüber.

Gründe, die für eine ältere und gegen eine junge Geliebte sprechen

1. Weil sie mehr Wissen angesammelt haben und ihre Beobachtungsgabe geschärft ist, ist eine Unterhaltung mit ihnen gedeihlicher und über längere Zeiträume angenehm.
2. Wenn Frauen aufhören, attraktiv zu sein, bemühen sie sich, gut zu sein. Um ihren Einfluss auf die Männer zu wahren, ersetzen sie die schwindende Schönheit durch die Betonung ihrer Nützlichkeit … Daher lässt sich kaum einmal eine alte Frau finden, die nicht auch eine gute Frau ist.
3. Es besteht keine Gefahr, dass ungewollt Nachwuchs gezeugt wird, was mit großen Unannehmlichkeiten verbunden ist.
4. Weil sie mehr Erfahrung besitzen, gehen sie bei einer Affäre besonnener und diskreter vor, um nirgends Misstrauen zu wecken. Der Umgang mit ihnen ist daher sicherer, was deinen Ruf angeht. Und sollte die Affäre bekannt werden, dann werden rücksichtsvolle Menschen eher mit Nachsicht reagieren und einer älteren Frau verzeihen, dass sie so gutherzig ist, sich eines jungen Mannes anzunehmen, dank ihrer Erfahrung seine Manieren zum Guten zu beeinflussen und ihn davon abzuhalten, Gesundheit und Vermögen bei Prostituierten aufs Spiel zu setzen.
5. Bei jedem aufrecht gehenden Säugetier macht sich der Mangel der Flüssigkeiten in den Muskeln zuerst in den obersten Körperpartien bemerkbar. Das Gesicht wird schmal und faltig, dann der Hals, danach die Brust und die Arme. Die unteren Körperpartien bleiben dagegen am längsten so üppig wie eh und je. Bedeckt man alle oberen

Partien mit einem Korb und betrachtet nur das, was unterhalb der Taille zu sehen ist, so ist es unmöglich, eine ältere von einer jungen Frau zu unterscheiden. Außerdem sind in der Nacht alle Katzen grau, und die körperlichen Freuden mit einer älteren Frau sind wegen ihrer langjährigen Erfahrung mindestens so gut, oft sogar noch besser als mit einer jungen Frau.

6. Es ist keine ganz so arge Sünde. Eine Jungfrau zu verführen könnte sie ruinieren und für ein Leben lang unglücklich machen.
7. Die Gewissensbisse sind nicht so hartnäckig. Hast du erst einmal eine junge Frau *unglücklich* gemacht, kannst du häufiger von bitteren Erinnerungen geplagt werden, was nie passieren kann, wenn du eine ältere Frau *glücklich* gemacht hast.

   Und schließlich

8. Sie sind *so dankbar!!*

EHE

Hochzeitstage

Die erste weithin akzeptierte Liste von Hochzeitstagsgeschenken erschien 1922 in Emily Posts erfolgreichem Buch *Etiquette*. Darin werden acht Hochzeitstage aufgeführt: 1, 5, 10, 15, 20, 25, 50 und 75. »[Die Geschenke] müssen aber noch nicht von großem Wert sein. Bei der Papier-, Holz- und Zinnhochzeit sind die Geschenke sogar oft eher ein Scherz. Die Kristallhochzeit ist der früheste Zeitpunkt, der von den Schenkenden wirklich ernst genommen wird. Immer ein Anlass für gute Geschenke ist die Silberhochzeit, und die goldene Hochzeit ist ein nahezu heiliges Ereignis.« In späteren Ausgaben ergänzte Post die Liste um die Jahre 1 bis 15 sowie um jeden fünften bis zum 60sten Hochzeitstag. Heute sind das die einzigen Jubiläen, für die es umfassende Gepflogenheiten gibt. Eine gewisse Freiheit in der Wahl der Geschenke ist gestattet, indem man zwei oder drei Präsente überreicht, die in ihrer Summe dem jeweiligen Jubiläum entsprechen. Also kann man zum zehnten Hochzeitstag statt Zinn auch Baumwolle und Bronze schenken.

1	Papier	7	Wolle	13	Spitze	35	Korallen
2	Baumwolle	8	Bronze	14	Elfenbein	40	Rubin
3	Leder	9	Keramik	15	Kristall	45	Saphir
4	Leinen	10	Zinn	20	Porzellan	50	Gold
5	Holz	11	Stahl	25	Silber	55	Smaragd
6	Eisen	12	Seide	30	Perlen	60	Diamant

Anmerkung: In Deutschland gilt je nach Region der 65., 70. oder 75. Hochzeitstag als Eiserne Hochzeit.

Verlobungsringe

Üblicherweise wird einer Frau kurz nach dem Vorschlag einer Verlobung der entsprechende Verlobungsring überreicht. Inwieweit die Frau bestimmen darf, wie dieser Ring auszusehen hat, daran scheiden sich die Geister. Der Autor dieses Buches jedenfalls hegt Bewunderung für die Männer, die ohne größere Vorwarnung einer Frau die Verlobung antragen und den Ring in diesem Moment schon dabeihaben.

Auch hinsichtlich der Preislage eines Verlobungsrings herrschen unterschiedliche Ansichten – beginnend von einem halben Monatsgehalt bis hin zu zwei Monatsgehältern. In Großbritannien soll ein Verlobungsring üblicherweise zwei Drittel eines Monatsgehalts kosten.

Der Verlobungsring wird meist von einem der fünf Hauptedelsteine geziert: Amethyst, Diamant, Smaragd,

Rubin oder Saphir (wobei der Amethyst seit der Entdeckung größerer Amethyst-Vorkommen in Brasilien spürbar an Wert verloren hat).

Wen man nicht heiraten sollte

Blutsverwandtschaft hat schon immer die Anzahl der potentiellen Heiratskandidaten eingeschränkt. Laut dem *Book of Common Prayer* darf ein Mann folgende Personen nicht heiraten:

seine Mutter
seine Tochter
seine Schwester
die Mutter seines Vaters
die Mutter seiner Mutter
die Tochter seines Sohns
die Tochter seiner Tochter
die Tochter seines Vaters
die Tochter seiner Mutter
die Mutter seiner Ehefrau
die Tochter seiner Ehefrau
die Ehefrau seines Vaters
die Ehefrau seines Sohns
die Schwester seines Vaters
die Schwester seiner Mutter
die Tochter seines Bruders
die Tochter seiner Schwester
die Ehefrau seines Großvaters väterlicherseits
die Ehefrau seines Großvaters mütterlicherseits
die Mutter seines Schwiegervaters
die Mutter seiner Schwiegermutter
die Tochter des Sohns seiner Ehefrau
die Tochter der Tochter seiner Ehefrau
die Ehefrau des Sohns seines Sohns
die Ehefrau des Sohns seiner Tochter

Entgegen der landläufigen Meinung darf ein Mann seine Cousine heiraten, und in den meisten Ländern ist es legal, seine Cousine ersten Grades zu heiraten. Anderslautende Gesetze datieren in aller Regel aus der Zeit vor der modernen Genforschung; allerdings muss gut die Hälfte aller US-Bundesstaaten diese Gesetze erst noch aufheben.

Wann man heiraten sollte

Die am weitesten verbreitete Faustregel für das ideale Alter Ihrer Braut nimmt als Grundlage die Hälfte Ihres eigenen Alters plus 7 Jahre. (Für Leserinnen lautet die Formel [Ihr Alter – 7]×2.) Somit ist für einen Mann von 30 Jahren eine 22-jährige Braut ideal, für einen 40-Jährigen eine Braut von 27. Die Formel gleicht die bei Frauen vergleichsweise fortgeschrittenere emotionale Stärke aus und passt den Fruchtbarkeitszeitraum der Frau (14–47) an den des Mannes (14–80) an. Befürworter sind zudem der Ansicht, dass so die Gefahr späterer Untreue seitens des Mannes geringer ist. Oder um es mit Errol Flynn zu sagen: »Ich mag meinen Whisky alt und meine Frauen jung.«

Alter des Mannes bei der Hochzeit (a)	16	24	32	40	48	56	64	72
Alter der Frau bei der Hochzeit ($\frac{1}{2}$a + 7)	15	19	23	27	31	35	39	43

Eine alternative Orientierung zur Feststellung des Heiratsalters, die auch zu nicht so stark voneinander abweichenden Ergebnissen führt, kombiniert die Fibonacci-Zahlen (*F*; 1+2 = 3; 2+3 = 5; 3+5 = 8 …) mit den Lucas-Zahlen (*L*; 1+3 = 4; 3+4 = 7; 4+7 = 11 …, siehe S. 305). Diese Zahlenfolgen geben jeweils die maßgeblichen Phasen im Leben eines Mannes und einer Frau an, wobei davon ausgegangen wird, dass mit zunehmendem Alter die Zeit schneller zu verstreichen scheint als in jungen Jahren, so dass eine subjektiv gleichlange spätere Lebensphase objektiv mehr Jahre umfasst als eine frühere.

Alter des Mannes bei der Hochzeit (F_n)	21	34	55	89
Alter der Frau bei der Hochzeit (L_{n-1})	18	29	47	76

James Bond und die Frauen

James Bonds (siehe S. 296) Einstellung zur Liebe ist eine der ihn kennzeichnenden prägenden Eigenschaften, von der wir freilich nur ein vordergründiges Bild gezeigt bekommen. Bonds Verhältnis zu Frauen spiegelt recht präzise das seines Schöpfers Ian Fleming wider, der im Jahr 2008 seinen 100. Geburtstag feiern würde. Flemings Einstellung zu den Frauen ist (im Gegensatz zu der seiner Romanfigur) umfassend dokumentiert.

Schon in jungen Jahren begründete Fleming seine lebenslange Angewohnheit, Frauen »wie ein Glas Champagner« zu betrachten, welches da sei, um ausgetrunken zu werden: Nachdem er Sandhurst verlassen hatte und ein Jahr in der Schweiz lebte, verlobte sich Fleming mit Monique Panchaud de Bottomes, der ersten und einzigen Liebe seines Lebens (aus ihr wurde später Bonds schweizerische Mutter Monique Delacroix). Flemings Mutter war mit dieser Verbindung nicht einverstanden und drohte, ihn zu enterben, so dass Fleming sich gezwungen sah, die Verlobung aufzulösen. »Von nun an werde ich völlig rücksichtslos sein, was Frauen angeht«, schrieb er. »Ich werde mir nehmen, was ich will, und dabei keinerlei Skrupel haben.«

Fleming entwickelte eine berüchtigte Haltung in Sachen Liebe und wechselte rücksichtslos von einer Affäre zur nächsten. Jede Frau, die von ihm eine langfristige Bindung erwartete, wurde schnell eines Besseren belehrt, und es gibt keinen Hinweis, dass die Frauen in seinem Leben ihn in irgendeiner Weise geprägt haben. So wie Bond in *Im Geheimdienst Ihrer Majestät* heiratete Fleming schließlich, wenn auch nur widerstrebend. Die Frau war Lady Ann O'Neill, die von ihm schwanger war. Die Ehe war vom Anfang bis zum Ende von beiderseitiger Untreue geprägt – und dazu gehörten wahrscheinlich Bodage-Praktiken, sicher aber Sadomasochismus. »Ich liebe es, für dich zu kochen und neben dir zu schlafen und von dir ausgepeitscht zu werden. … Ich sehne mich nach dir, auch wenn du mich auspeitschst, denn ich liebe es, wenn du mir wehtust und mich anschließend küsst«, schrieb Ann in einem frühen Brief an Fleming. Vivienne Michel, Heldin und Erzählerin aus *Der Spion, der mich liebte*, spiegelt Flemings Einstellung wider, wenn sie sagt: »Alle Frauen lieben den Ansatz einer Vergewaltigung. Sie wollen genommen werden. Es war [Bonds] köstliche, gegen meinen wunden Körper gerichtete Brutalität, die es so eindringlich machte, von ihm geliebt zu werden.«

Auf der Suche nach »etwas, was mich von meinem Schock ablenken konnte, nachdem ich im lächerlichen Alter von 43 Jahren zum ersten Mal geheiratet hatte«, begann Fleming mit seinem ersten Bond-Roman *Casino Royale*. Darin erleben wir Flemings Einstellung zu den Frauen. Sie zeigt sich in Bonds »konventioneller Parabel« der Verführung: die »Empfindung, die Berührung durch die Hand, der Kuss, der leidenschaftliche Kuss, der Höhepunkt im Bett, mehr Zeit im Bett, dann weniger Zeit im Bett, die Langeweile, die Tränen und schließlich die Verbitterung …«. Für Bond wie für Fleming waren die Jagd auf eine Frau und die Befriedigung der fleischlichen Begierde interessant, auch wenn Letzteres im Fall von Bond für gewöhnlich das Ende der Beziehung darstellte. »Frauen erfüllen ihren Zweck darin, angestaute Anspannung abzubauen und einen für kurze Zeit aus der Einsamkeit zu holen. Der einzige Zeitpunkt, an dem Menschen nicht allein sind, ist kurz, nachdem sie Sex hatten«, schrieb Fleming in einem Brief und definierte so präzise Bonds düstere Einstellung zur Romantik.

KLEIDUNG

»An welchem Orte du auch bist, trage stets große Sorge, dich wie andere vernünftige Leute deines Alters zu kleiden, von deren Anzug niemals weder auf die eine noch die andere Art geredet wird, als ob er entweder zu nachlässig oder zu gesucht wäre.« (Lord Chesterfield, *Briefe an seinen Sohn*, 1983 [1776])

»Jeeves zog meine lila Socken aus der Schublade, als wäre er ein Vegetarier, der eine Raupe aus seinem Salat fischt.« (P. G. Wodehouse, *Death at the Excelsior*, 1914)

»Ein Mann sollte so aussehen, als habe er seine Kleidung mit Verstand gekauft und mit Sorgfalt angezogen und dann völlig vergessen, dass er sie trägt.« (Hardy Amies, *ABC of Men's Fashion*, 1964)

»Die größte Herausforderung beim Ankleiden besteht darin, zu wissen, wie man elegant und zugleich leger aussieht.« (Umberto Angeloni)

»Sie können die Vergangenheit nicht wiederholen. – Nicht wiederholen? Wieso, natürlich kann ich!« (F. Scott Fitzgerald, *Der große Gatsby*, 1953 [The Great Gatsby, 1925])

»Alles, was ein modischer Mann an seinem Körper trägt, muss getragen sein, nichts darf neu erscheinen.« (August v. Kotzebue, 1804)

»Wenn sich Hinz und Kunz nach dir umdrehen, dann bist du nicht gut angezogen, sondern entweder zu steif, zu knapp oder zu modisch.« (George Bryan »Beau« Brummell)

»Ich versuche lediglich, mich gut zu kleiden – mal gelingt es, mal nicht.« (Franz Kafka)

»Die einzige Regel ist: Sei nicht langweilig und zieh dich süß an, egal wohin du gehst.« (Paris Hilton)

SCHUHE

Es gibt den Spruch, dass man am besten erkennen kann, ob ein Mann gut angezogen ist, indem man nach unten schaut. Hardy Amies, Hofschneider von Queen Elizabeth II., pflichtet dem bei: »Es ist völlig unmöglich, in billigem Schuhwerk gut gekleidet zu sein. Kaufen Sie das Beste, was sie sich leisten können, ja auch darüber hinauszugehen, ist nicht extravagant.«

Die Pflege erfordert nur wenig Anstrengung: Regelmäßiges Polieren (siehe S. 138) und die Benutzung eines Schuhanziehers sind der Schlüssel dazu. Außerdem lässt sich die Lebensdauer eines Schuhs deutlich erhöhen, wenn man nicht das gleiche Paar zwei Tage in Folge trägt.

Ein paar Worte dazu, welche Schuhe man wozu trägt: schwarze Schuhe zu schwarzen, blauen und grauen Hosen, braune Schuhe zu allem außer schwarzen Hosen. Alle andersfarbigen Schuhe zeugen eher von einem fragwürdigen Geschmack, ausgenommen Sportschuhe und Schuhe aus weißem Segeltuch. Kümmern Sie sich nicht um das Diktum, braune Schuhe solle man nicht zu einem blauen Anzug tragen. Viele der bestangezogenen Männer, vor allem Italiener, tragen seit jeher braune Schuhe zu ihren blauen Anzügen. Wichtiger ist da schon die Frage, ob man schwarze Schuhe zu legerer Kleidung wie Jeans-, Stoff- oder Cordhosen tragen sollte. Von schwarzen Halbschuhen abgesehen zeugt dies von schlechtem Geschmack.

SCHUHGRÖSSEN

Schuhgrößen gehören mit zu den am wenigsten standardisierten Maßeinheiten. Das liegt vor allem daran, dass bei jeder Größe die Länge des Fußes und die Länge der Leiste nicht identisch sind. (Die Leiste ist die Form, um die herum ein Schuh hergestellt wird.)

Die am weitesten verbreiteten Maßeinheiten sind der Pariser Stich (2/3 cm) und der Barleycorn (1/3 Zoll). In Europa wird die Länge der Leiste in Pariser (oder französischem) Stich berechnet, in England ist es die Länge der Leiste in Barleycorn abzüglich der Konstante 25,25. Das Gleiche gilt für die USA, allerdings abzüglich der Konstante 24,75. Der Vergleich zwischen europäischen, britischen und amerikanischen Schuhgrößen hat also nur annähernden Charakter.

Leiste (cm)	Leiste (Zoll)	Größe Europa	Größe England	Größe USA
26,0	10,25	39	5 1/2	6
26,7	10,42	40	6	6 1/2
26,7	10,58	40	6 1/2	7
27,3	10,75	41	7	7 1/2
28,0	10,92	42	7 1/2	8
28,0	11,08	42	8	8 1/2
28,7	11,25	43	8 1/2	9
29,3	11,42	44	9	9 1/2
29,3	11,58	44	9 1/2	10
30,0	11,75	45	10	10 1/2
30,0	11,92	45	10 1/2	11
30,7	12,08	46	11	11 1/2
31,3	12,25	47	11 1/2	12
31,3	12,42	47	12	12 1/2
32,0	12,58	48	12 1/2	13
32,7	12,75	49	13	13 1/2

Schnürsenkel

Es gibt viele verschiedene Möglichkeiten, einen Schuh zu schnüren, und ihre Zahl wird umso größer, je mehr Ösen ein Schuh hat. Laut einer mathematischen Studie von B. Polster (»What is the best way to lace your shoes?«, *Na-*

ture 420, 476 [2002]) gibt es für zwei Paar Ösen drei, für vier Paar 1080 und für sechs Paar 43 200 Varianten.

Unten finden Sie einige interessante Schuhschnürmethoden. Laut Polster sind die Varianten *Kreuzschnürung* und *Schuhgeschäft* die stabilsten, während die *Fliege* die kürzeste darstellt – besonders nützlich, wenn die Schnürsenkel zu kurz sind. Die Methoden *Europäisch gerade, Fliege* und *Römisch* eignen sich besonders gut für Schuhe, die zum Anzug getragen werden. *Gitter, Doppelt rückwärts* und *Doppelt über Kreuz* weisen ein Webmuster auf und sind nicht nur dekorativ, sondern auch hilfreich, wenn die Schnürsenkel zu lang sind. Weitere Schnürmöglichkeiten finden sich unter www.fieggen.com / shoelace und unter www.hostian.net / schuhe / index.php.

Was das eigentliche Binden der Schnürsenkel angeht, ist der Reffknoten (siehe *Knoten*, S. 165) die Standardmethode, auch wenn viele Männer irrtümlich den Altweiberknoten anwenden.

Acht Möglichkeiten, um Schuhe zu schnüren

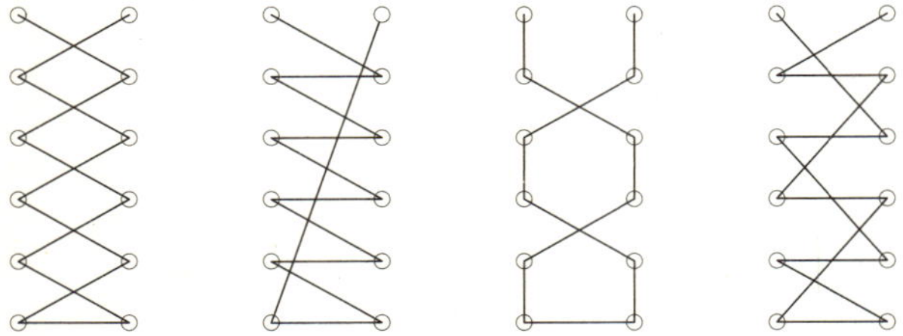

Kreuz-Schnürung — Schuhgeschäft- oder Zickzack-Schnürung — Fliege — Europäisch gerade

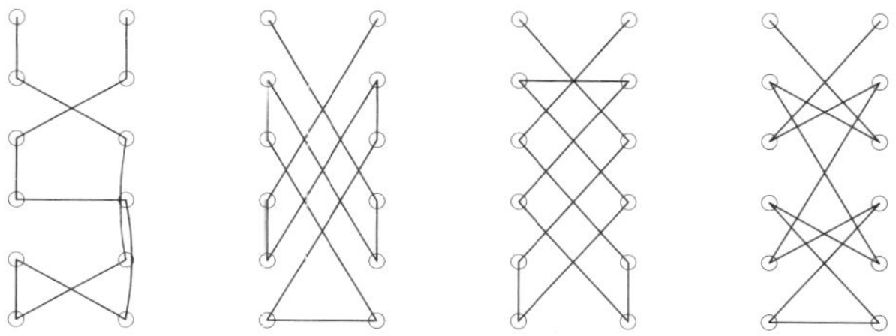

Römisch | Gitter | Doppelt rückwärts | Doppelt über Kreuz

HEMDEN

Der ursprüngliche Zweck des Hemds war der, den teuren und nur schwierig zu reinigenden Anzug vor dem Körper zu schützen. Das erklärt auch die Beliebtheit von Baumwolle – leicht zu waschen und angenehm auf der Haut. Seide ist nach wie vor eine Leidenschaft, Wolle eine Demütigung. Heute wird ein Hemd (und hier beschränken wir uns auf Hemden mit Knöpfen) für zweierlei verwendet: entweder als Unterkleidung zum Anzug oder Jackett oder als alleinige Oberbekleidung.

Mit Jackett

Zum Anzug getragen sollte das Hemd einen deutlichen Kontrast zum dunklen Anzugstoff darstellen und demzufolge hell sein – beispielsweise weiß, hellblau oder rosa. Karo oder Streifen auf hellem Untergrund sind sehr beliebt. Eine Brusttasche sollte ein Hemd nicht aufweisen und eingestickte Initialen sollten nie sichtbar getragen werden.

Kurzärmelige Hemden trägt man beim Barbecue oder am Strand, aber ein kurzes Hemd zu einem Anzug ist eine

Todsünde, auch wenn Ian Fleming stets diese Kombination getragen hat. Das Hochkrempeln der Ärmel dagegen ist zu befürworten, sowohl bei Knopfmanschetten als auch bei Umschlagmanschetten. Gentlemen krempeln die Ärmel bis unterhalb des Ellbogens auf, echte Kerle bis zum Oberarm.

Von besonderer Bedeutung sind Kragen und Manschetten eines Hemds, denn unter einem Jackett getragen sind sie fast das Einzige, was man von einem Hemd sehen kann. Kragen gibt es in vielen Varianten. Zum Haifischkragen passen Knoten aller Breiten, weniger breit gespreizte Kragenenden erfordern schmälere Knoten. Manschetten sollten immer zu sehen sein, also gut einen Zentimeter aus dem Jackettärmel herausschauen. Umschlagmanschetten (auch bekannt als Französische Manschetten, obwohl die Franzosen sie nur selten tragen) sind formeller als Knopfmanschetten, werden aber manchmal auch leger zu Jeans getragen.

Ohne Jackett

Ohne Jackett wird aus dem Hemd die Oberbekleidung, weshalb man manchmal sehen kann, dass Unterhemden darunter getragen werden, vor allem bei Amerikanern und Italienern. Eine Brusttasche ist praktisch, wenn auch nicht besonders schön. Sie übernimmt die Funktion der Jackentaschen. Auf die Krawatte wird üblicherweise verzichtet, und die Knöpfe des Hemdkragens, der nicht länger den Krawattenknoten einrahmt, können geschlossen sein. Die beiden obersten Knöpfe (früher nur der oberste) werden automatisch offen getragen, so dass ein Teil der Brust zu sehen ist. Ein offener Knopf ist unbedenklich, zwei Knöpfe deuten Sorglosigkeit an, drei sind bereits ziemlich weit oben auf der Proletenskala. Legerere Kleidung, kräftigere Farben und auch die von Amerikanern bevorzugten kräftigen Karomuster sieht man ebenso wie die eher gemäßigten Farben der Hemden, die man zum Anzug trägt.

Die Mindestanzahl an Hemden

Die Mindestanzahl an Hemden und Hosen, die man (zusätzlich zur Kleidung, die man bereits trägt) auf eine Reise mitnimmt, berechnet sich wie folgt auf der Grundlage der Anzahl an Tagen, die diese Reise dauert (in Tagen):

Hemden = $\sqrt{\text{Tagen}}$
Hosen = $\sqrt[3]{\text{Wurzel aus Tagen}}$

Also sollte man für 1, 2, 3, 4, … 365 Tage 1, 1, 2, 2, … 19 Hemden sowie 1, 1, 1, 2, … 7 Hosen einpacken. Kombiniert man beides, dann ergibt sich für die einzupackenden Hemden und Hosen folgendes Verhältnis:

Hemden : Hosen = 2 : 3

Ein Mann mit 3 Hosen sollte 5 Hemden, mit 6 Hosen 15 Hemden und mit 9 Hosen 27 Hemden einpacken.

Unverzichtbare Hemden

Laut der obenstehenden ersten Regel benötigt ein Mann ein Minimum von 19 Hemden für 365 Tage. Eine ideale Garderobe sollte sich wie folgt zusammensetzen:

Für jede Gelegenheit

w	Popeline	Ein schlichtes, weißes Hemd ist absolut unverzichtbar.
w	Twill-Gewebe	Eine schwere, diagonal gerippte Webart.

b	Popeline	Das formellste blaue Hemd überhaupt.
b	End-on-End (oft Fil-à-fil genannt)	Aus blauen und weißen Fäden gewebt.
b *oder* p	Twill-Gewebe	Am besten, wenn Schussfaden und Kettfaden blau oder pink & weiß sind.
bw	Streifen	Streifen in unterschiedlicher Breite.
bw	Kleines Karo	Eines der am vielseitigsten einsetzbaren Hemden.
bw	Großes Karo	Gingan- oder Windowpane-Karo.
pw	Kleines Karo	Vorbei sind die Zeiten, in denen Pink von echten Männern nicht getragen wurde.

Formell

w	Piqué	Mit Umlegekragen zum Smokingjackett.
w	Piqué	Mit abnehmbaren Stehkragen zum Frack.
bw	Kleines Karo	Mit weißem Umlegekragen zum Cut.
w	schlichte Seide	In gebrochenem Weiß, wie Bonds Hemden.

Zwanglos

w	Oxford	Ein strapazierfähiger, zwangloser Stoff.
b *oder* p	Oxford	Am besten zu Jeans oder Khakihose zu tragen.
b	Chambray	Ein grober, rauer Stoff für das Land.
w	Leinen	Ein unverzichtbares Hemd für den Sommer und tropische Gefilde.
b	Leinen	Wird zur Baumwollhose oder zum Leinenanzug getragen.
beliebig	Karo	Pastellfarbene Karos auf weißem Untergrund, zu Tweed.

Abk. w = weiß, b = hellblau, p = pink, bw = blau & weiß
pw = pink & weiß

JEANS

Auch wenn die exakte Herkunft der Arbeitskleidung aus Denim umstritten ist, erfuhr sie in der zweiten Hälfte des 19. Jahrhunderts erstmals weite Verbreitung. Die Erfindung der Jeans geht jedoch unbestreitbar auf die Einführung der mit Kupfernieten verstärkten Nähte von Jacob Davis und Levi Strauss im Jahr 1873 zurück. Erst in den 50er-Jahren des 20. Jahrhunderts kam die Jeans dann allgemein in Mode und wurde nicht mehr nur als Arbeitskleidung getragen. Jeans zu tragen galt als Aufbegehren gegen das Establishment und sollte eine Verbrüderung mit dem Proletariat suggerieren.

Heute sind Jeans ein so fester Bestandteil der Populärkultur, dass es schwierig ist, ihren Symbolgehalt objektiv zu sehen. Die ursprüngliche Motivation, eins zu werden mit dem gemeinen Mann, gilt teilweise immer noch. Heute besteht der Reiz zum Teil darin, dass Jeans das Formale des gesamten Erscheinungsbilds unterstreichen und sie es den Trägern so erlauben, sich ungestraft elegant zu kleiden. Andy Warhol war nicht mal der Erste, der Jeans mit Anzugjacke und Krawatte kombinierte, aber er machte den Kontrast populär. Heute erregt niemand mehr Aufmerksamkeit, der einen Blazer oder ein Nadelstreifenjackett zu einer Jeans trägt. Es vermittelt Spontaneität – und nicht zum ersten Mal erleben wir den Wunsch nach zur Schau gestellten Lässigkeit.

Definition

Zusammen mit dem anderen unverzichtbaren Kleidungsstück des Mannes, dem Anzug, sind Jeans der am weitesten verbreitete gemeinsame Bestandteil der männlichen Garderobe in der westlichen Welt. Jeder weiß, was eine Jeans ist, aber nur wenige verstehen, was es tatsächlich mit ihr auf sich hat. Eine zutreffende Definition lautet *eng anliegende blaue Denimhose,* was wir uns einmal Stück für Stück ansehen wollen.

Trotz der kurzzeitigen Beliebtheit sehr weit geschnittener Modelle in den 90er-Jahren sind Jeans grundsätzlich *enganliegende* Hosen. Der enge Sitz ist fester Bestandteil des Designs: Jeans haben keine Bügelfalten; sie sitzen eher auf den Hüften, nicht an der Taille; die ansonsten vertikal geöffneten Hosentaschen sind bei einer Jeans horizontal. Jeans passen sich dem Körper an, sie schmücken ihn nicht, weshalb sie auch nicht gebügelt werden müssen. Der knappe Schnitt betont die breiten Schultern und die Muskeln eines Mannes. »So passt der enge Schnitt, der die Beine betonte, zu dem ›Edwardian Look‹ der modernen Dandys und der bescheideneren ›Teddy Boys‹«, schreibt Hardy Amies. »Der Schnitt folgte selbstverständlich dem aller Hosen, die mit Gürtel knapp über den Hüftknochen getragen wurden.«

Die überwältigende Mehrheit aller Jeans ist *blau.* Schwarze und weiße Jeans tauchen alle zehn Jahre in der Mode auf, allerdings in so kleinen Mengen, dass man sie getrost außer Acht lassen kann. Es dürfte wohl kein Zufall sein, dass Blau die vorherrschende Farbe ist, denn zum Färben wird Indigo verwendet, ein natürlicher Farbstoff aus der Indigopflanze, bzw. sein synthetisches Äquivalent. Der Schlussfaden wird blau eingefärbt, während der Kettfaden weiß belassen wird. Es ist übrigens ein weitverbreiteter Irrglaube, dass das Ausbleichen der Jeans durch eine Abnutzung beim Tragen entsteht. Dass der weiße Unterfaden hervortritt, kommt nur dann vor, wenn die Jeans extrem strapaziert wird. Das Ausbleichen liegt in Wahrheit daran, dass der Indigo-Farbstoff sehr schlechte Hafteigenschaften besitzt. Winzige Indigo-Fragmente werden in den Baumwollfasern eingeschlossen, anstatt sich mit ihnen zu verbinden. Reibung sorgt dafür, dass diese Partikel sich lösen und verloren gehen, was dann durch Waschen und Tragen zum Ausbleichen des Denimstoffs führt.

Denim ist ein Überbleibsel aus den Worten *serge de Nîmes*: Nîmes ist eine Stadt in Südfrankreich; »Serge« bezeichnet eine gerippte Stoffart und wird heute vorwiegend benutzt, um Wollstoffe zu beschreiben (James Bond trug am liebsten Anzüge aus blauem Serge, siehe S. 298). Der Stoff neigt außerdem zum Einlaufen, üblicherweise 3 % in den ersten Jahren, was bei einer Jeans mit einem 34er Bund einen Verlust von einem Zoll ergibt. *Denim* schrumpft noch stärker zusammen, wenn er bei hohen Temperaturen getrocknet wird (was aber durch das normale Tragen weitestgehend rückgängig gemacht werden kann). Aus diesem Grund empfiehlt es sich, Jeans zum Trocknen aufzuhängen.

Stil

Im Gegensatz zu den meisten anderen Kleidungsstücken sind Anzeichen von Benutzung und Verschleiß bei Jeans nicht nur weithin akzeptiert, sondern sogar erwünscht. Das ist keine neue Entwicklung; schon 1844 schrieb Jules Barbey d'Aurevilly über Modenarren, die die Oberfläche ihrer eben erst erstandenen Kleidung mit Schmirgelpapier bearbeiteten: »Sie waren mit ihrer Unverschämtheit am Höhepunkt angelangt, weiter konnten sie einfach nicht mehr gehen. ... Sie hatten ihre Kleidung gequält, bevor sie sie anzogen, und zwar den ganzen Stoff ...«

Heute wird dieser getragene Look bereits fertig geliefert, wobei die Jeans in den unterschiedlichsten Varianten der Abnutzung erhältlich sind. Wie abgenutzt eine Jeans sein darf, damit sie noch akzeptiert wird, ändert sich allerdings von Jahr zu Jahr. Der zuletzt aktuelle Look extrem abgewetzter und ausgefranster Jeans mit sehr ausgebleichten Beinen ist inzwischen verdrängt worden von gemäßigteren Modellen mit einheitlicherer Farbgebung.

Der schmeichelndste Schnitt einer Jeans ist der mit geradem Bein, wobei ein stiefelgerechter Schnitt (aber keine ausgestellten Hosenbeine) eine akzeptable und manchmal auch praktische Alternative darstellt. In jedem Fall ist es sehr wichtig, dass eine Jeans etwas länger getragen wird als eine übliche Hose.

Marken

Die ältesten Jeans-Fabrikanten Levi's, Lee und Wrangler sind nach wie vor die erfolgreichsten, aber in städtischer Umgebung trifft man vor allem auf die Marke Levi's. Deren gerade geschnittene und schnörkellose Jeans ist womöglich das einzige Kleidungsstück mit eingetragenem Warenzeichen, das man als wirklich egalitär bezeichnen kann. Der gravierendste Wandel in der Art, wie man Jeans trägt, wurde natürlich durch die massiv gestiegene Beliebtheit von Luxus-Jeans (wie zum Beispiel von Diesel und True Religion) eingeleitet. Designer widmen sich in einem nie dagewesenen Maß der Passform und den Details, behalten aber unverrückbar das proletarische und zweckmäßige Aussehen bei.

Bemerkenswert ist dabei, dass die Marke längst nicht so wichtig ist wie Schnitt und Stoffart, weshalb man auch keinen Vergleich zu dem vor zwanzig Jahren stattgefundenen Designerjeans-Hype ziehen kann. Die heutige Situation erinnert vielmehr an die der traditionellen Herrenkleidung, bei der nüchterne Details und vor allem die Passform alles andere in den Hintergrund rücken lässt und die Marke zu einem allenfalls zweitrangigen Thema macht. Wird man schon bald überall maßgeschneiderte Jeans angeboten bekommen?

ANZÜGE

Die gesamte westlich zivilisierte und ein Großteil der östlichen Welt hat die englische Nationalkleidung übernommen. Im Jahr 1649 wurde König Charles I. hingerichtet und mit ihm verschwanden Wams und Strumpfhose. Die Geschichte des Anzugs – in seiner frühesten Form ein knielanger Mantel, Weste und Hose – nimmt mit der Restauration ihren Lauf. Anders als in Frankreich, wo die Aristokratie am Hof versammelt war, fand sich der englische Adel über das gesamte Land verstreut. Sport spielte eine entscheidende Rolle bei der modischen Formgebung, und im späten 18. Jahrhundert wurde der Gehrock gekürzt, damit man besser reiten konnte. Weitere hundert Jahre später wurden die Frackschöße komplett weggelassen – der Anzug in seiner modernen Form war geboren.

Beschreibung

Der Anzug ist vornehmlich ein Kleidungsstück für Männer, das schlicht geschnitten ist und den männlichen Körperbau betont. Der Stoff in seinen dezenten Farben bildet den Hintergrund, vor dem die Farben und die Eleganz der Frauenkleider noch stärker betont werden. Die V-Form von den eng zulaufenden Hosenbeinen bis zu den Schulterpolstern des Jacketts unterscheidet den Mann deutlich von der Frau.

Das Jackett gibt es in zwei Varianten: einreihig und zweireihig. Einreihige Jacketts haben fallende Revers und üblicherweise zwei, drei oder vier Knöpfe, wobei zwei Knöpfe veraltet und vier angeberisch wirken. Nur der oberste bzw. der mittlere bzw. die beiden mittleren werden zugeknöpft, da dies jeweils der natürlichen Taille des Trägers und dem schmalsten Punkt des Jacketts entspricht. Zweireihige Jacketts haben steigende Revers, und die beiden Hälften überlappen sich deutlich, wobei nur die obersten Knöpfe benutzt werden. Die Anzahl der Schlitze ist vor allem eine Geschmacksfrage, allerdings haben einreihige Jacketts üblicherweise keine oder nur einen, zweireihige keine oder zwei Schlitze.

Bei den Hosen gibt es wenig Spielraum für Variationen, wenn man von Umschlägen absieht, die durchaus annehmbar, gegenwärtig aber nicht in Mode sind. Sind sie vorhanden, haben sie eine Höhe von knapp vier Zentimetern. Gürtel sind angemessen, wenn Jackett und Hose unterschiedliche Farben aufweisen. Bei einem einheitlichen Anzug dagegen stört ein Gürtel das Gesamtbild. Stattdessen sollte man seitlichen Verschlüssen oder Hosenträgern der Vorzug geben. Üblich sind vertikale Hosentaschen, eine Gesäßtasche.

Eine Weste besteht aus dem gleichen Stoff wie der Anzug, ausgenommen beim Cut (siehe S. 98). So wie das Jackett sollte sie ein steigendes Revers aufweisen. Traditionell wird der unterste Knopf der Weste nicht zugeknöpft.

Beim Anzugkauf

So wie die Architektur und die Typographie baut ein Anzug auf minimalen Variationen von bestehenden Weisheiten auf. Kleinere Abweichungen lenken sofort die Aufmerksamkeit auf sich. »Verlass in Deiner Kleidung nie ganz den allgemein herrschenden Geschmack«, rät Bulwer-Lytton. »Die Welt betrachtet die Exzentrizität im Großen als Genie, im Kleinen als Narrheit.«

Ihre ersten Anzüge sollten dunkelblau oder dunkelgrau sein. Schwarze Anzüge – ausgenommen Abendkleidung, Kleidung des Klerus und Kleidung bei Beerdigungen (selbst dann ist an einem dunkelblauen Anzug nichts auszusetzen) – sehen billig aus. Gewöhnen Sie sich zunächst einmal daran, einen schlichten dunkelblauen Anzug zu tragen, dazu ein weißes Hemd und eine dunkelblaue Krawatte, was gar nicht so einfach ist, wie es sich liest. Wenn Sie erst einen Blick für das Wesentliche entwickelt haben, können Sie sich anderen Stoffen und Mustern zuwenden – Nadelstreifen, Karo, Glencheck, Tweed, Cord, ja sogar Samt.

Ein hoher Preis ist keine Garantie dafür, dass Ihnen ein Anzug steht. Tatsächlich ist es sogar so, dass die teuersten Anzüge oft unvorteilhaft sind und schlecht sitzen, wenn man bei ihrer Wahl keinen geübten Blick besitzt. Es gibt eine ganze Reihe von Details, an denen man einen gut geschneiderten Anzug erkennt: Pattentaschen; eingenähtes statt aufgebügeltes Futter; eine Knopfleiste anstelle eines Reißverschlusses; seitliche Verschlüsse anstelle von Gürtelschlaufen; Manschetten zum Knöpfen; passendes Innenfutter in den Taschen und im Jackett; eine Schlaufe hinter dem Knopfloch am linken Revers, um einem Blütenstil Halt zu geben.

Das Allerwichtigste bei einem Anzug ist sein Sitz. Beginnen Sie stets bei den Schultern. Hier sollte der Anzug passgenau geschnitten sein, so dass möglichst wenig Platz ist, damit sich der Stoff nicht an den Armen einbeult. Der Kragen darf im Nacken nicht abstehen. Die Ärmellöcher sollten hoch angesetzt und die Ärmel schmal geschnitten sein. Das Jackett sollte lang genug sein, um Ihre Rückseite vollständig zu bedecken. Eng anliegender Stoff an den Beinen war schon immer wichtig, die männliche Statur zu definieren, zunächst in Form der Strumpfhose, später dann in Form der Hose. Dementsprechend sollte eine Hose an Gesäß und Oberschenkeln eng anliegen und im Höchstfall eine, aber nicht zwei Falten an der Vorderseite aufweisen.

Ein Anzug vom Schneider

Während die meisten Herrenanzüge von der Stange gekauft werden, bietet ein Anzug vom Schneider die Möglichkeit eines besseren Sitzes; zudem kann man Stoff, Futter, Schlitze sowie Platzierung der Taschen und der Knöpfe frei wählen. Beim Anzug vom Schneider unterscheidet man zwischen zwei Varianten: zugeschnitten und maßgeschneidert. Ein zugeschnittener Anzug kostet etwa die Hälfte mehr als ein Anzug von der Stange. Der Anzug wird nach einem festgelegten Muster geschnitten, aber an die eigenen Maße von Brust, Taille, Arme, Beine und Rücken angepasst. Nach diesen Angaben wird der Anzug genäht. Sobald der fertige Anzug da ist, sind nur noch minimale Änderungen möglich, z. B. an der Taille oder an der Länge der Hosenbeine. Ein maßgeschneiderter Anzug dagegen wird in mehreren Phasen im Verlauf einer Reihe von Anproben angefertigt und kostet doppelt so viel wie ein zugeschnittener Anzug. Der Blick fürs Detail ist hier von größter Wichtigkeit, und der Schneider setzt alles daran, dass der Anzug tadellos sitzt. Aber nehmen Sie sich in Acht vor dem Blick des Schneiders für jeden körperlichen Makel, denn nur wenige Männer entsprechen dem Bild des idealen Mannes (siehe S. 11), und der Schneider wird jede Abweichung erkennen und unerbittlich Anpassungen vornehmen.

Vergessen Sie nie, dass ein Schneider nur so anspruchsvoll ist wie sein Kunde. Von daher ist es wichtig, auf alle Details zu achten. Wenn man sich einen Anzug schneidern lässt, lernt man aus seinen Fehlern. Daher wird Ihr erster nie Ihr Lieblingsanzug sein. Es ist also ratsam, zunächst einen preisgünstigeren Schneider aufzusuchen. Die deutlichsten Erkennungsmerkmale für einen Anzug vom Schneider sind das Fehlen eines Etiketts und die Wahl des Futters, das üblicherweise kräftigere Farbtöne aufweist als bei einem Anzug von der Stange. Burgund ist die traditionelle Farbe, elegant wirken aber auch Purpur, Lachsrosa und Orange (bei blauen Anzügen) oder Flaschengrün, Marineblau und Elfenbein (bei grauen Anzügen). Hell- und Königsblau neigen zu einem Farbkonflikt mit blauen Hemden.

Die ideale Garderobe

Wie viele Anzüge braucht ein Mann? Hugh Holland, Schneider bei Kilgour (www.kilgour.eu), schlägt folgende Zusammenstellung vor:

Anzüge aus schwerem Stoff

Verwendung	Frosttage in London, New York und Moskau. Hält fröstelnde kühl kalkulierende Geschäftsleute warm.
Merkmale	Äußerst unanfällig für Knitterfalten, kaschiert hervorragend, sehr langlebig.
Design	Nadelstreifen (auf blauem und grauem Untergrund), anthrazitgrauer Flannel, schlichtes Marineblau.
Ausführung	Einreiher (zwei Knöpfe sichtbar), Zweireiher (sechs Knöpfe sichtbar).
Menge	Idealerweise vier Anzüge dieser Art.
Material	100 % reines Wollkammgarn sowie Flanell.
Gewicht	370 bis 450 Gramm.

Anzüge aus mittelschwerem Stoff

Verwendung	Der perfekte Allzweckanzug für Temperaturen von 10–15° Celsius, einsetzbar in allen Umgebungen vom Büro (Standardmaterialien) bis hin zur Oper (Luxusstoffe).
Design	Große Auswahl an Mustern.
Menge	Wir raten zu fünf Anzügen aus Standardmate-

	rialien für das Geschäftliche und fünf aus besseren Stoffen für besondere Anlässe. Zusätzliche Hosen sind empfehlenswert.
Material	Wollkammgarn (Stoff von diesem Gewicht fällt wunderschön, wenn er im englischen Stil geschnitten ist).
Gewicht	280 bis 340 Gramm.

Leichte Anzüge

Verwendung	Für den warmen Frühling und den Sommer.
Design	Wählen Sie hellere Stoffe, die zur Jahreszeit passen. Beige und Vanille sind besonders beliebt.
Menge	Auch hier sollten es fünf Anzüge aus Standardmaterialien und fünf aus besseren Stoffen wie Seide, Mohair und leichter Schurwolle sein.
Gewicht	200 bis 250 Gramm.

Mäntel

Verwendung	Für die kalte Jahreszeit.
Design	Kamelfarben, dunkelgrau oder marineblau.
Menge	Drei sollten genügen.
Material	Wollkammgarn, reines Kaschmir und Kaschmir / Wolle-Mischungen.
Gewicht	450 bis 740 Gramm.

Sportjacketts und Blazer

Verwendung	Dieses halb zwanglose Kleidungsstück kann bei einer Reihe von Anlässen getragen werden. Der »Dress down«-Freitag bedeutet für viele Büroangestellte, zum Sportjackett greifen zu können. Blazer, die durchaus nicht dunkelblau sein müssen, werden gern zu Clubanlässen getragen.
Menge	Keine Grenze nach oben!
Material	Seide und Kaschmir, reine Seide, Wollstoffe, Tweed und Cheviot.

Hosen

Verwendung	Immer dann, wenn Shorts unpassend sind!
Design	Wir bevorzugen schlichte Farben in allen Farbnuancen.
Menge	Mindestens 20 Hosen pro Saison.
Material	Feine Schurwolle, Baumwolle, Flanell, Twill und Kord.

Formelle Kleidung

Smokingjackett und -hose	Schwarzer Barathea (einmal 280 Gramm, einmal 340 Gramm), mitternachtsblaues Wollkammgarn.
Dinnerjackett	Weißes Wollkammgarn, dazu schwarze Hose. Das Jackett kann ein Einreiher oder Zwei reiher sein mit steigendem Revers und Standardkragen oder Schalkragen.
Kummerbund	Aus schwarzer Seide, passend zu den Seidenaufschlägen des Jacketts.
Hausrock	Marineblaue, grüne oder kastanienfarbene Samtseide zu passender Hose.
Cut (auch Tagesfrack)	Schwarze Jacke, beigefarbene Weste und grauschwarz gestreifte Hose. Auch Jacke, Weste und Hose in aufeinander abgestimmtem Grau.
Frack	Schwarze Jacke mit Seidenaufschlägen und passender schwarzer Hose, dazu eine Weste aus weißem Piqué.

WAS MAN ZUR HOCHZEIT TRÄGT

Entgegen der amerikanischen und zum Teil auch europäischen Gepflogenheit, zur Hochzeit einen Smoking zu tragen, ist der Cut oder notfalls auch ein normaler Anzug die korrekte Form der Bekleidung. Einen echten Frack oder Smoking trägt man erst am Abend ab 18 Uhr. Aber sogar in den USA sieht man manchmal den Cut bei traditionellen Hochzeiten: John F. Kennedy trug ihn ebenso wie Arnold Schwarzenegger.

Der Cut als die formellste Kleidung für den Tag wird auch bei förmlichen Gartenpartys und beim Pferderennen im englischen Ascot getragen. Die einzige korrekte Alternative dazu ist ein gewöhnlicher Anzug. Dem Anzug haben wir uns bereits auf S. 91 gewidmet – hier konzentrieren wir uns auf den Cut und seine Accessoires.

Falls Sie doch einen normalen Anzug bei einer Hochzeit tragen wollen, dann bitte nur den allereinfachsten in Dunkelblau oder Dunkelgrau, dazu ein Hemd mit Umschlagmanschetten und einfachem Umlegekragen.

Jackett und Hose

Der Cut hat natürlich Schöße, aber er besitzt nicht die Form eines Fracks. Er ähnelt einem Gehrock, bei dem man die Ecken weggeschnitten hat, so dass die Linie vom Revers bis zum Rockschoß nur Rundungen aufweist; das erklärt auch den Namen Cut (= Schnitt). Cuts gibt es in zwei Farben: in Grau, zu dem man eine passende graue Hose trägt, oder in Schwarz, üblicherweise mit Fischgrätenmuster; dazu passt eine Hose mit grauen und schwarzen Streifen oder mit schwarzweißem Hahnentrittmuster. Schwarz ist das Jackett eleganter, erinnert es doch an den Regency-Gehrock und die Kniehose, von denen er abstammt.

Anders als der Frack besitzt der Cut kein seidenes Revers. Die Hosen sollten mit Hosenträgern getragen werden und keine Umschläge besitzen.

Hemd und Weste

Ein weißes Hemd, eine taubengraue Weste und eine schwarzweiße Fliege sind zwar korrekt, wirken aber uninspiriert. Viel attraktiver ist es, Farben einzubeziehen, zumal das den Eindruck überspielt, es handele sich um geliehene Kleidung. Unifarbene, karierte und gestreifte Hemden eignen sich in jeder hellen Farbe, aber es ist nie verkehrt, mit Blau anzufangen. Der Kragen jedoch sollte weiß und vorzugsweise gestärkt sein. Ein gestärkter Umlegekragen wird mit losen Kragenknöpfen befestigt. Es ist nicht ganz einfach, eine Krawatte durch diesen Kragen zu ziehen.

Ein farbiges Hemd verlangt nach einer farbigen Weste – in Senfgelb, cremefarben, blassem Blau und sogar in Rosa –, vorzugsweise aus Leinen. Die Weste sollte ein Revers haben; ob sie ein- oder zweireihig ist, ist lediglich eine Geschmacksfrage. Seit der Hochzeit von Prince Charles und Camilla Parker Bowles sind Zweireiher wieder ein wenig mehr in Mode gekommen. Sowohl das Hemd als auch die Weste werden mit konventionellen Knöpfen geschlossen, nicht mit herausnehmbaren Hemdknöpfen.

Ein farbiges Hemd oder eine farbige Weste bedeutet auch, dass man bei der Auswahl der Krawatte etwas mehr Freiheiten hat. Sie können beispielsweise eine dunkelblaue oder weinrote anstatt einer schwarzen oder weißen Krawatte wählen. Sie sollte aus schwerer Seide und, falls sie nicht einfarbig ist, gewebt und nicht bedruckt sein. Sie wird mit einer Krawattennadel am Hemd befestigt.

Es ist auch akzeptabel, ein Halstuch anstelle einer Krawatte zu tragen. Dieses wird zu einem Überhandknoten gebunden und mit einer Nadel festgesteckt. Dennoch, eine Krawatte wirkt nicht so gekünstelt und zudem eleganter. Sie schafft eine Verbindung zwischen dem Cut und dem modernen Anzug, ohne die ein Cut Gefahr läuft, wie ein Maskenballkostüm auszusehen. Ein Mann sollte sich in formeller Kleidung schließlich ebenso wohl fühlen wie in anderer Kleidung.

Zylinder

Obwohl ein Zylinder nicht zu den unerlässlichen Dingen gehört, wird er gerne mitgeführt oder gar getragen – in Grau oder vorzugsweise Schwarz. In *Anzug und Gentleman* gibt Hardy Amies Ratschläge, wie man einen Zylinder selbstbewusst trägt:

> Sie können ihn wie eine Krone hoch auf dem Kopf tragen anstatt tief auf den Ohren wie einen Kerzenlöscher. Wollen Sie sich einen Zylinder leihen, achten Sie darauf, dass Sie ihn etwas über die Nase neigen, nie in die Richtung des Hinterkopfes. Er sollte eher etwas zu klein als zu groß aussehen. Die grauen Zylinder, die heutzutage in vielen Geschäften angeboten werden, haben einen niedrigen »Kopf« – und lassen Sie wie den Portier eines provinziellen Hotels in Holland aussehen, wenn Sie nicht aufpassen. Der feinste Zylinder ist zweifellos der aus schwarzer Seide. Allerdings ist er schwer zu pflegen; es lässt sich kaum verhindern, dass seine Oberfläche im Laufe der Zeit Schaden nimmt. Man kann ihn meiner Ansicht nach das ganze Jahr über tragen, ein grauer Zylinder sieht dagegen im Winter etwas albern aus.

Worauf es noch ankommt

Schuhe sollten eine polierte Spitze haben. Auch eine Taschenuhr können Sie tragen. Wenn Sie auf eine Gelegenheit gewartet haben, das Knopfloch zu nutzen, dann ist sie jetzt gekommen. Achten Sie aber darauf, dass es sich um eine einzelne Blume handelt, nicht um ein ganzes Blumenarrangement, wie es bei amerikanischen Ansteckssträußchen der Fall ist.

Vergessen Sie aber die Vorgabe, die wichtigsten männlichen Mitglieder der Hochzeitsgesellschaft müssten sich alle gleich kleiden, vermutlich in die Welt gesetzt von den Anzugverleihern, die gern mehrere ihrer Stücke liefern möchten.

Tatsächlich ist das Gegenteil der Fall, denn die begrenzten Freiheiten zu nutzen, die der Cut bietet, ist eine seiner wichtigsten Annehmlichkeiten. Die besten Hochzeiten sind die, bei denen man eine große Bandbreite an pastellfarbenen Hemden und Westen sieht und jeder eine andere Krawatte trägt.

Wenn die Anschaffung eines neuen Cuts Ihre finanziellen Möglichkeiten bei weitem übersteigt, können Sie sich nach makellosen Exemplaren aus zweiter Hand umsehen, die nur wenig mehr kosten als die Leihgebühr. Wenn Sie dennoch zum Verleiher gehen wollen, wählen Sie das schlichteste Design aus und versuchen Sie, eine senfgelbe Weste zu bekommen. Tragen Sie dazu Ihr eigenes farbiges Hemd mit Krawatte.

ABENDGARDEROBE

Die formelle Herrenbekleidung hat ihre Wurzeln im Sport und im Militär. Zunächst war sie nur als Kleidung für den Tag akzeptiert, später dann auch als Abendkleidung. Das Smokingjackett ist übrigens entgegen weitverbreiteter Meinung nicht aus dem Abendfrack entstanden, sondern aus einer viktorianischen Form des Straßenanzugs, der sich im späten 18. Jahrhundert großer Beliebtheit erfreute.

Das kurze Jackett wurde später als informelle Abendkleidung getragen, um 1920 machte der Prince of Wales es zu einer modischen Alternative zum Frack. Heutzutage wird Abendkleidung getragen, wenn der Anlass etwas formeller ist und ein normaler Anzug nicht genügt. Ein Smoking wird in den USA auch als *Tuxedo* bezeichnet.

Jackett

Smokingjacketts gibt es in drei Varianten: einreihig mit spitz aufsteigendem Revers; einreihig mit Schalkragen und zweireihig, dann immer spitz auslaufend. Anders als ein schwarzer Anzug hat ein Smokingjackett nie ein fallendes Revers. Ein genauerer Blick ergibt, dass die seidenen Aufschläge des Revers und des Kragens in eine von zwei Kategorien fallen: *Satin*, ein glatter, glänzender Stoff, oder *Grosgrain*, ein mattseidenes, grob geripptes Gewebe. Beide sind für alle drei Jackett-Typen zulässig, mit Ausnahme des Zweireihers, bei dem man heutzutage zum Grosgrain neigt.

Smokingjacketts sind natürlich schwarz, manchmal aber auch mitternachtsblau, das unter Kunstlicht noch dunkler wirkt, während echtes Schwarz im Vergleich dazu einen grünlichen Stich haben kann.

Ein weißes Smokingjackett sollte man nicht tragen – auch nicht im Sommer oder am Meer.

Hose

Die Hose ist aus dem gleichen Stoff wie das Jackett; an der Außennaht des Beins verläuft eine seidene Borte. Sie sollte eng anliegen, ein gerades Bein und keine, maximal eine Bundfalte aufweisen. Als formelle Kleidung sollte das Hosenbein keinen Umschlag haben und der Saum hinten etwas länger sein als vorn, damit er bis zum Schuhabsatz reicht. Normalerweise werden dazu Hosenträger getragen, ansonsten seitliche Verschlüsse. Gürtel sind tabu und die Hose selbst sollte auch keine Gürtelschlaufen aufweisen.

Weste oder Kummerbund

Formelle Kleidung macht es erforderlich, dass die Stelle bedeckt ist, an der Hose und Hemd aufeinandertreffen. Das ist Aufgabe der Weste, die ebenfalls schwarz ist. Alternativ kann auch ein schwarzer Kummerbund – ursprünglich eine um die Taille getragene indische Schärpe *(kamar-band)* – getragen werden, wobei die eingearbeiteten Falten nach oben weisen. Eine Weste ist gleichermaßen korrekt, wenn auch eine Spur förmlicher, und weist im Idealfall einen tiefen Ausschnitt auf, der viel Hemd zeigt. Kummerbund oder Weste sollten schlicht geschnitten und schwarz sein. Farbige oder gemusterte Varianten sind beim Abschlussball in der Schule schon fragwürdig, bei jeder anderen Gelegenheit sind sie ein Fauxpas.

Hemd

Ein Smokingjackett trägt man mit einem weißen Piqué-Hemd oder im Notfall mit schlichter Baumwolle. Hemden mit Plisseefalten werden zwar manchmal getragen, wirken aber veraltet. Der ungestärkte Kragen sollte umgelegt sein, auch wenn Stehkragen in letzter Zeit wieder verstärkt zu beobachten sind. Frack- und Manschettenknöpfe trägt man gewöhnlich in Schwarz oder Silber. Die Manschettenknöpfe sollten auf beiden Seiten eine breite Fläche haben.

Fliege

Die Fliege wird in drei Formen angeboten (siehe S. 117). Ihre Webart spiegelt die seidenen Aufschläge des Jacketts wider: Satin, wenn das Revers aus Satin ist, und Barathea, wenn das Revers aus Grosgrain ist. Die Fliege sollte von Hand gebunden werden. Für Tollpatschige gibt es Fliegen mit abnehmbarem Band, die man zunächst um das Bein gelegt bindet. Wie Hardy Amies in *Anzug und Gentleman* ausführt, sollte eine Fliege schlicht und schwarz sein:

> In diesem Punkt muss ich nun streng zu der Jugend sein. Man kann einfach keine scharlachroten Satin-Fliegen tragen. Farbige oder gemusterte Fliegen sind ebenfalls völlig unpassend. Auf Einladungskarten wird europaweit nachdrücklich die ›schwarze Fliege‹ verlangt. Farbenblindheit ist kein Entschuldigungsgrund. Und die älteren Herren müssen ihren ›Butterfly‹-Krawatten aus Samt entsagen. Man kann eine Mode mit 100 Jahren auf dem Buckel wiederaufleben lassen, aber zehn Jahre reichen nicht.

Et cetera

Die Schuhe sind natürlich schwarz, wobei Schnürschuhe aus Glanzleder oder mit schwarzer Spitze korrekt sind, schwarze Halbschuhe dagegen weniger. Slipper (ob mit Quaste oder Trense) zeugen von schlechtem Geschmack. Die Strümpfe sollten lang genug sein, um den Unterschenkel zu bedecken. Taschentücher sind unverzichtbar und sollten aus Seide sein. Farbe ist hier ideal, aber wenn es Weiß sein soll, dann lieber gebrochenes als strahlendes Weiß. Tragen Sie nie einen weißen Seidenschal.

Nur wenige Dinge leiden mehr unter schlechtem Sitz als die Abendkleidung. Smokingjackett und Frack aus zweiter Hand (siehe *Secondhandkleidung*, S. 127) passen oft am besten, wohl weil sie von Hand genäht wurden. Aber hüten Sie sich vor den dazu gehörigen Hosen – wenn diese vor 1950 geschneidert wurden, dürften sie sehr weit geraten sein – ein schnitttechnisches Kapitalverbrechen.

FRACK

Der Frack, den man heutzutage nicht mehr oft zu Gesicht bekommt, ist die formellste Abendkleidung, die ein Mann tragen kann. Er entwickelte sich aus der zweireihigen Reitjacke und lässt sich vorne nicht schließen. Dennoch besitzt er nach wie vor zwei Knopfreihen.

Jacke und Hose

So wie beim zweireihigen Smoking läuft auch beim Frack das Revers – üblicherweise aus Grosgrain – spitz zu. Die Vorderseite des Fracks sollte eben den Hosenbund bedecken, während die Frackschöße bis zu den Kniekehlen reichen.

Frackhosen unterscheiden sich in zwei Punkten von Smokinghosen. Wichtig ist erstens, dass sie der natürlichen Taille entsprechend getragen werden. Das hängt damit zusammen, dass die weiße Weste den Hosenbund bedecken muss, ohne dabei tiefer zu reichen als die Vorderseite des Fracks, der darüber getragen wird. Zweitens finden sich an der Frackhose aus Tradition zwei Borten aus Strickseide an der Außennaht jedes Beins, bei der Smokinghose dagegen nur eine.

Hemd, Weste und Fliege

Das Hemd ist hergestellt aus Piqué oder – eher seltener – schlichter Baumwolle, Vorderseite und Manschetten sind sehr gestärkt. Die besten Hemden verfügen über eine Schlaufe, die man an der Hose festmachen kann, damit es nicht herausrutscht. Ein steifer Kragen ist unverzichtbar, was bedeutet, dass er abnehmbar sein muss – es ist sehr schwierig, einen Kragen, der fest mit dem Hemd verbunden ist, so sehr zu stärken. Der Kragen sollte mindestens 4,5 cm hoch sein, auch wenn schmalere Typen vorherrschen. So wie das Hemd ist auch die Weste aus weißem Piqué geschneidert und wird ebenfalls gestärkt getragen. Sie weist einen tiefen Ausschnitt aus und wird nur tief unten mit Piqué-Knöpfen geschlossen. Die Weste kann ein Rückenteil haben – üblicherweise aus Satin –, muss aber nicht. In diesem Fall wird sie von einem verstellbaren Band über dem Rücken gehalten. Manschetten- und Frackhemdknöpfe sind traditionell aus Gold oder Perlmutt, zum Teil auch aus wertvollen Edelsteinen. Die Fliege aus Piqué wird wie jede andere Fliege gebunden.

Et cetera

Die Schuhe sind aus Glanzleder, entweder zum Schnüren oder (eher selten) mit gerippter Satinschleife. Die Socken sind heute in der Regel schwarz, Taschentücher gebrochen weiß, auch wenn ein Mann, der sich mit den Regeln auskennt, etwas Farbe zur Schau stellen darf. Es ist nicht prahlerisch, eine Taschenuhr zu tragen, wobei die Kette in einem eigens dafür vorgesehenen Loch der Weste festgemacht wird. Tragen Sie eine Taschenuhr, wird die Armbanduhr abgelegt. Auszeichnungen werden angelegt, wenn ein Mitglied einer königlichen Familie anwesend ist oder wenn auf der Einladung darauf hingewiesen wird.

UNTERWÄSCHE

Es gibt drei Arten von Unterwäsche für Männer: Unterhosen, die den Lendenbereich bedecken und mit einem elastischen Saum am Ansatz des Oberschenkels enden; Boxershorts – auch kurz Shorts genannt –, die weit geschnitten sind und ein Stück weit den Oberschenkel bedecken; außerdem eine Mischform aus beidem, eine Unterhose mit enganliegenden, längeren Beinen. Die Geschichte aller drei Varianten ist recht kurz, wie Hardy Amies erklärt:

> Alle Unterwäsche, dies behalten wir im Hinterkopf, dient zunächst dazu, den Anzug vor dem Körper, nicht nur der Männlichkeit, zu schützen. Anzüge waren Wertgegenstände und für die weniger Wohlhabenden Erbstücke, die man an die nächste Generation weitergab. Sie ließen sich nicht waschen und selbstverständlich gab es keine chemische Reinigung. Slips oder Shorts kannte man, da wenig nützlich, um den Anzug zu schützen, auch Anfang dieses Jahrhunderts noch nicht. Erst in den 20er-Jahren brachte der klassische Anzug (›Lounge Suit‹) die langen Unterhosen in Schwierigkeiten, zumindest im Sommer.

Boxershorts kontra Unterhosen

Ein unendliches Thema unter Männern ist die Frage, ob Boxershorts oder Unterhosen vorzuziehen sind. Aus dem modischen Blickwinkel betrachtet, ist der größte Unterschied zwischen beiden der, dass eine Unterhose mehr von dem erkennen lässt, was sich unter dem Stoff verbirgt. Macht sie das attraktiver? Bedenken Sie dabei, dass Herrenbekleidung im Gegensatz zu Damenbekleidung nie darauf aus war, Haut zu entblößen: Shorts bescheren einem Mann nicht mehr Sex-Appeal als eine lange Hose. Das Interesse an knappen Unterhosen scheint sich zum Teil von einer irrigen Analogie zur Damenunterwäsche abzuleiten, wo weniger üblicherweise mehr ist. Das häufigste Argument zugunsten von Unterhosen lautet, dass sie »Halt« geben. Es ist jedoch nicht klar, ob das von der Natur so beabsichtigt ist. Allgemein ist bekannt, dass die Hoden eine niedrigere Temperatur aufweisen als der restliche Körper. Stören Unterhosen diesen Temperaturunterschied, indem sie die Hoden an den Körper drücken? Eine wissenschaftliche Untersuchung dieser Frage wurde von R. Munkelwitz und B. R. Gilbert durchgeführt (»Are boxer shorts really better? A critical analysis of the role of underwear type in male subfertility«, *The Journal of Urology*, 160, 1337 [1998]). Die Autoren stellen fest:

> Die durchschnittliche Hodentemperatur plus / minus einer Standardabweichung betrug 33,8 + / – 0,8 °C in der Gruppe der Träger von Boxershorts und 33,6 + / – 1,1 °C in der Gruppe der Träger von Unterhosen (die Körpertemperatur beträgt 37,0 °C). Es gab keine nennenswerten Temperaturunterschiede zwischen den einzelnen Gruppen. Vergleiche zwischen Körper- und Hodentemperatur und Spermaparameter wiesen ebenfalls keine nennenswerten Unterschiede auf … Es ist also eher unwahrscheinlich, dass die Art der Unterwäsche eine spürbare Auswirkung auf die Zeugungsfähigkeit eines Mannes hat.

KRAWATTEN

So wie die meisten Elemente der Herrenbekleidung in der westlichen Welt hat auch die Krawatte ihren Ursprung in England. Hardy Amies jedenfalls ist sich sicher: Wenn überhaupt eine Nation die Erfindung der Krawatte für sich beanspruchen könne, dann die Briten.

Die früheste Aufzeichnung über eine Krawatte in ihrer modernen Form findet sich Mitte des 19. Jahrhunderts in England, wo sie von jungen Männern als sportliches Accessoire getragen wurde. Dieser Stil entwickelte sich schnell zu einer Mode, die sogar die zu der Zeit beliebten Halstücher und Halsbinden übertraf. Viel wurde bereits über den bevorstehenden Untergang der Krawatte geredet und in den letzten hundert Jahren sagte man etliche Male ihren baldigen Tod voraus. Man sollte aber bedenken, dass ein geknoteter Stoff um den Hals schon seit rund 350 Jahren zum Kleidungsstandard der Männer gehört, und selbst wenn die Krawatte völlig aus der Mode kommen sollte, wird sie fast sicher durch einen anderen geknoteten Stoff um den Hals ersetzt.

Unverzichtbare Krawatten

Wir werden hier nicht über die Farbe oder das Muster einer Krawatte reden, aber zu jeder Garderobe eines Mannes sollten zwei Krawatten gehören: eine dunkelblaue aus gewebter Seide und eine schwarze aus gewebter oder gestrickter Seide. Mit einer dunkelblauen Krawatte liegt man nie falsch, ob sie nun zum Cut, zum Blazer oder zu einer Jeans getragen wird. Schwarze Krawatten werden zwar in jüngerer Zeit fast ausschließlich mit Beerdigungen in Verbindung gebracht, sind aber bei Italienern (und bei James Bond) unverändert beliebt.

Krawattengrösse

Die ideale Breite liegt bei 7 bis 8 cm, womit sie in einem natürlichen Verhältnis zum typischen Herrenanzug steht. Zwar sind die meisten heute erhältlichen Krawatten breiter als dieses Maß, aber die besten Krawattenhersteller wie z. B. Hermès und viele Hersteller aus der Londoner Jermyn Street produzieren nach wie vor Krawatten in der Idealbreite.

Wenn die Krawatte gebunden ist, sollte sie so lang sein, dass die Spitze des breiten Endes sich in einem Bereich von ca. 2 bis 3 cm über oder unter dem Hosenbund befindet. Wenn das schmale Ende länger gerät als das kurze, gibt es verschiedene Methoden, um das zu korrigieren. Eine Möglichkeit ist die, einen breiteren Knoten zu wählen (siehe *Krawattenknoten*, S. 113), alternativ kann man das schmale Ende aber auch zwischen dem zweiten und dritten Hemdenknopf ins Hemd schieben. Eine dritte Methode wird nachfolgend unter *Etikett* beschrieben.

Dimple

»Wenn der Krawattenstoff es zulässt (wenn es sich zum Beispiel um Twillseide oder eine geschmeidige Jacquard-Seide handelt), lässt sich ein schöner Effekt erzielen, indem man mit dem Zeigefinger eine leichte Beule gleich unterhalb des Knotens in den Stoff drückt. Die Franzosen nennen das *cuillère*, was so viel wie Löffel oder Kelle bedeutet« – dies erklärt François Chaille in *The Book of Ties*. Dieses Grübchen nennt man im Englischen »Dimple«; es eignet sich am besten für Krawatten, die am Hals – also gleich unter dem Knoten – recht breit sind. Während ein »Dimple« elegant ist, wirken zwei davon affektiert und machen den ganzen Effekt zunichte.

Etikett

Auf der Rückseite des breiten Endes findet sich ein Etikett, das den Namen des Herstellers angibt und im Fall einer hochwertigeren Krawatte aus dem gleichen Stoff besteht wie die Krawatte selbst. Zwar schieben die meisten Männer das schmale Ende hinter das Etikett, damit es einen sicheren Halt hat, dennoch ist es unbestritten besser, es locker hinter dem breiten Ende zu tragen. Ist das schmale Ende zu lang, kann man es von unten durch das Etikett schieben, so dass das Ende von oben über das Etikett hängt.

Die Krawatte als Einstecktuch

Wenn Sie sich nicht entscheiden können, ob Sie eine Krawatte tragen sollen oder nicht, können Sie sich die Möglichkeit offenhalten, indem Sie sie in die Brusttasche Ihres Jacketts stecken, wo sie die Funktion eines Einstecktuchs übernimmt. Dazu eignen sich am besten Krawatten in kräftigen Farbtönen. Die Krawatte wird dafür jeweils dreimal in der Mitte gefaltet.

Die Krawatte als Gürtel

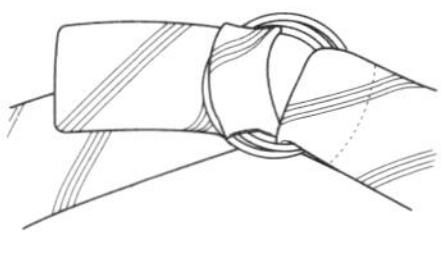

Aus einer wirklich verschlissenen oder ungeliebten Krawatte lässt sich mit wenig Aufwand ein Gürtel machen. Sie schneiden das breite Ende so ab, dass die Krawatte immer noch einige Zentimeter mehr aufweist als Ihre Taillenweite. Das abgeschnittene Ende nähen Sie um zwei identische Metallringe herum zu, die einen Durchmesser von rund 4 cm und eine Stärke von etwas weniger als 4 mm haben sollten. Der Gürtel wird »geschnallt«, indem man das andere Ende wie nebenan abgebildet durch die Ringe führt. Zieht man an dem Ende, wird der Gürtel enger.

Aufbewahrung

Krawattenexperten sind sich uneins über die beste Methode, um eine Krawatte aufzubewahren. Einige sagen, man sollte sie am schmalen Ende beginnend aufrollen, wenn man sie nicht braucht, während andere der Ansicht sind, man solle sie einfach über einen Bügel oder die Kleiderstange hängen. In jedem Fall sollte man eine Krawatte nicht gebunden lassen, wenn man sie nicht trägt, weil das zu schweren Falten führt. Man kann natürlich eine Krawatte einmal binden und den Knoten nie wieder lösen, das heißt aber auch, dass man immer den gleichen Knoten tragen muss, unabhängig vom Anlass, vom Kragen und der Stimmung.

Reinigen

Es wird oft behauptet, man sollte Krawatten nicht in die Reinigung geben, aber so allgemein kann man das nicht sagen. Das Reinigen ist nämlich nicht das Problem, sondern vielmehr das anschließende Glätten, das einer Krawatte am meisten zusetzt. Letzteres lässt sich natürlich vermeiden, wenn man bei der Abgabe in der Reinigung darauf hinweist. Abgesehen davon gibt es aber auch keinen Grund, eine Krawatte reinigen zu lassen, wenn sie nicht gerade sichtbare Flecken aufweist.

Der Tod einer geliebten Krawatte tritt dann ein, wenn die unteren Kanten am breiten Ende auszufransen beginnen – was übrigens einsetzt, lange bevor irgendein anderer Teil der Krawatte Verschleißerscheinungen zeigt. Die Lösung ist ganz einfach: Man lässt die Krawatte um einen Zentimeter kürzen. Die meisten Änderungsschneider werden das auch machen, wenn man sie darauf anspricht. Es ist zwar eine recht knifflige Arbeit, aber wenn sie sorgfältig erledigt wird, kann das die Lebensdauer einer Krawatte verdoppeln.

KRAWATTENKNOTEN

Von den 85 Methoden, eine Krawatte zu binden (die ich zusammen mit Yong Mao in einem Buch beschrieben habe), sind die nachfolgenden 15 von besonderem Interesse:

Oriental	Cavendish	St. Andrew	Viktoria
Nicky	Grantchester	Christensen	Plattsburgh
Halber Wind-	Four-in-Hand	Hanover	Windsor
sor	Pratt-Knoten	Kelvin	Balthus

Sie folgen dabei einem System, das sich mit diesen Symbolen darstellen lässt: *L, R* und *M* stehen für Links, Rechts und Mitte, während ⊙ vom Hemd weg und ⊗ zum Hemd hin bedeuten (quasi die Spitze und das Ende eines Pfeils). Die einzigen Regeln sind die, dass ⊙ und ⊗ sich abwechseln müssen und dass nie zweimal der gleiche Buchstabe in Folge auftauchen darf. (*L*⊙ und *L*⊗ ist z. B. nicht möglich.) *T* bezeichnet den abschließenden Vorgang, bei dem man das aktive Ende der Krawatte durch die entstandene vordere Schleife zieht.
Die vier beliebtesten Knoten werden nachfolgend beschrieben.

Four-in-Hand

Nummer: 2 *Aufwand*: 4 Schritte
Reihenfolge: *L*⊗ – *R*⊙ – *L*⊗ – *M*⊙ – *T*
Der Four-in-Hand ist heute der am häufigsten getragene Krawattenknoten überhaupt. Eingeführt wurde er gleichzeitig mit der Krawatte um 1850. Bei einem gewöhnlichen Seidenschal präsentiert er sich als ein kleiner Knoten mit einer charakteristisch langen, asymmetrischen Form. Bei einem dickeren Stoff kann er ein trügerisch großes Aus-

sehen annehmen (siehe beim Windsor-Knoten rechts). »Four-in-Hand« bezieht sich nicht nur auf den hier beschriebenen Knoten, sondern auch auf die moderne Krawatte an sich. Es gibt eine Reihe von möglichen Erklärungen für den Namen: Die Kutscher des Vierspänners banden ihre Schals mit diesem Knoten, die Zügel dieser Kutsche wurden auf die gleiche Weise geknotet oder die Mitglieder des mittlerweile aufgelösten Four-in-Hand-Clubs trugen diesen Knoten. Sicher ist dabei nur, dass der Name nicht von den vier Schritten abgeleitet wurde, die nötig sind, um ihn zu binden.

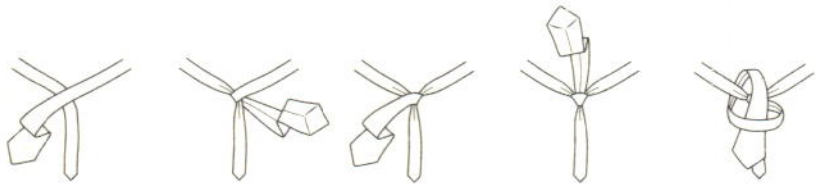

Nicky

Nummer: 4 *Aufwand*: 5 Schritte
Reihenfolge: *L*⊙ – *M*⊗ – *R*⊙ – *L*⊗ – *M*⊙ – *T*
Der Nicky liegt in der Größe zwischen dem Four-in-Hand und dem Halben Windsor; er weist eine kompakte, symmetrische Form auf und ist die logische Wahl für jeden, der einen symmetrischen Knoten von dezenter Größe tragen möchte. Anders als die übrigen hier beschriebenen Knoten beginnt der Nicky damit, dass er mit der Unterseite nach oben um den Hals gelegt wird. Die ungerade Anzahl an Schritten ist erforderlich, damit das breite Ende mit der Oberseite nach vorn gelangt.

Halber Windsor

Nummer: 7 *Aufwand*: 6 Schritte
Reihenfolge: *L*⊗ – *R*⊙ – *M*⊗ – *L*⊙ – *R*⊗ – M⊙ – *T*
Dieser symmetrische Knoten ist von mittlerer Größe und hat die Form eines gleichseitigen Dreiecks. Sein Ursprung ist nach wie vor rätselhaft. Auch wenn der Name darauf anspielt, dass er aus dem Windsor-Knoten abgeleitet wurde, gibt es für diese Behauptung wenig stichhaltige Belege. Nicht halb so groß wie der Windsor, besteht er aus sechs (gegenüber acht) Schritten, und die beiden Schrittfolgen lassen keinerlei Übereinstimmungen erkennen. So wie der Nicky ist er ein vielseitig einsetzbarer Knoten, der zu den meisten Kragengrößen und -breiten getragen werden kann.

Windsor

Nummer: 31 *Aufwand*: 8 Schritte
Reihenfolge: *L*⊗ – *M*⊙ – *R*⊗ – *L* ⊙ – *M*⊗ – *R* ⊙ – *L*⊗ – *M*⊙ – *T*
Der Windsor ist ein großer und wulstiger, dreieckiger Knoten. In Ian Flemings Romanen findet James Bond, der Windsor-Knoten sei »das Zeichen für einen ungehobelten Kerl«. Heute ist er der bevorzugte Knoten (ehemaliger) Kommunistenführer und diktatorisch agierender Machthaber: Hugo Chávez, Wladimir Putin und die chinesischen Präsidenten Jiang Zemin und Hu Jintao sind alle Fans dieses Knotens (allerdings auch Arnold Schwarzenegger). Entgegen dem weit verbreiteten Glauben wurde der Knoten nicht vom Herzog von Windsor erfunden. In seinen Memoiren *A Family Album* erklärt der Herzog, dass

es nichts mit einem komplizierten Knoten zu tun hatte, sondern dass der Effekt durch seinen speziellen dicken Krawattenstoff zustande kam, dass nämlich

> der so genannte Windsorknoten in der Krawatte zu einem späteren Zeitpunkt in Amerika eingeführt [wurde]. Ich glaube, er war während des Krieges für G. I.s vorgeschrieben, und zu dieser Zeit übernahmen ihn auch amerikanische College-Studenten. Doch damit hatte ich nicht das Geringste zu tun. Der Knoten, den die Amerikaner nach mir benannten, war ein doppelter Knoten in einer schmalen Krawatte – ein ›Slim Jim‹, wie er manchmal genannt wird. Es stimmt, dass ich immer einen großen Knoten bevorzugt habe, weil er schöner aussieht als ein kleiner. So erfand ich in den Zwanzigerjahren zusammen mit Mr. Sandford eine breite Krawatte, die durch ein besonders dickes Futter verstärkt wurde, um diesen Effekt zu erzeugen. Soweit ich weiß, wurde dieser besondere Stil in Amerika und anderen Ländern nicht übernommen.

FLIEGE & CO.

Obwohl die Fliege eine längere Geschichte hat als die Krawatte, wird sie heute so gut wie ausschließlich zu formeller Kleidung getragen. Einige Männer lassen sich nicht davon abbringen, eine Fliege zum Jackett oder zum Anzug zu tragen, aber vor dem Hintergrund der üblichen Kleidung des modernen Mannes wirkt eine Fliege gekünstelt oder gar exzentrisch. Sie bewirkt auch, dass die Autorität eines Mannes herabgesetzt wird. Die Kleidung eines Mannes wird nur dadurch bemerkenswert, dass es ihr an allem Störenden fehlt. Auffällige Unauffälligkeit ist die Grundregel und die Fliege lenkt zumeist die Aufmerksamkeit auf sich. »Wenn Sie darauf beharren, zu geschäftlichen Anlässen eine Fliege zu tragen – und Fliegenträger sind wirklich ein stures Völkchen –, dann schlage ich auch die passenden Accessoires dazu vor«, schreibt John Molloy in *Dress for Success*. »Eine rote Nase und einen Clownshut mit Propeller.«

Fliegen, die man zum Smoking oder Frack trägt, sind aus schwarzer Seide oder weißer Baumwolle. Es gibt drei Formen: Schmetterling, Fledermausflügel und Einhänder (siehe unten v. l. n. r.). Alle Fliegen werden auf die gleiche Weise gebunden.

Wie man eine Fliege bindet

Im Gegensatz zur Krawatte kann man bei einer Fliege beide Enden benutzen, um einen Knoten zu binden, was die Fliege grundsätzlich viel komplizierter macht als die Krawatte. Der einzige bekannte Knoten, den man mit einer normalen Fliege binden kann, ist der übliche Kreuzknoten unten (siehe S. 165). Der Altweiberknoten bewirkt, dass die gebundene Fliege mehr vertikal als horizontal sitzt. Es mag noch andere Knoten geben, jedoch wurden sie bislang noch nicht entdeckt. (Der Autor freut sich über jeden Kandidaten für neue Knoten – oder über einen Beweis, dass diese anderen Knoten wirklich unmöglich sind.)

Natürlich sollte man seine Fliege selbst binden, anstatt eine fertig gebundene Fliege zu nehmen. »Die weiße Fliege ist selbstverständlich von zentraler Bedeutung. Zusammen mit dem steifen Eckenkragen geht sie direkt auf Beau Brummells gestärkte Halsbinden zurück. Mit dem Binden hatte er so seine Schwierigkeiten. Es überrascht etwas, dass die aufsteigende Mittelschicht damit zurechtkam. … Ich kann also den Männern schlecht vorwerfen, fertig gebundene Fliegen zu kaufen, allerdings kommt es dem Sündenfall gleich, sie zu tragen«, schreibt Hardy Amies.

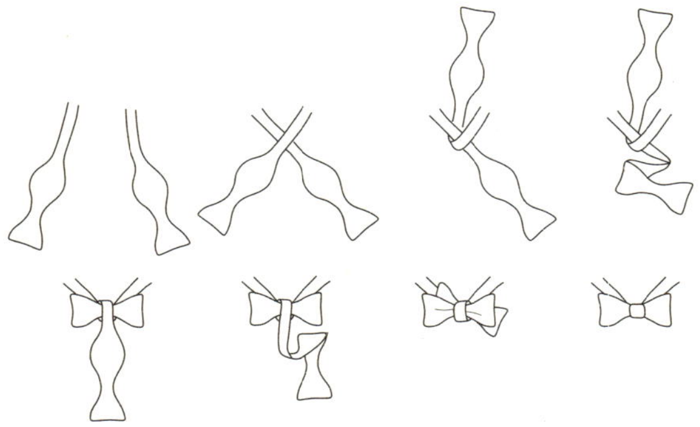

Die gebundene Fliege besteht aus vier Lagen Stoff, die zu beiden Seiten des Knotens hervorschauen; drei davon bilden die Fliege selbst (siehe unten), die vierte liegt um den Hals des Fliegenträgers.

An einer dieser drei Lagen zu ziehen, hat unterschiedliche Effekte, die alle dazu dienen, den Sitz des Knotens zu optimieren:

A Zieht man hier, wird eine Seite der Fliege länger, während die andere Seite um die Hälfte verkürzt wird.
B Zieht man hier, wird eine Seite der Fliege länger, während der Knoten fester gezogen wird.
C Zieht man hier, wird eine Seite der Fliege länger, während die andere Seite um die Hälfte verkürzt wird.

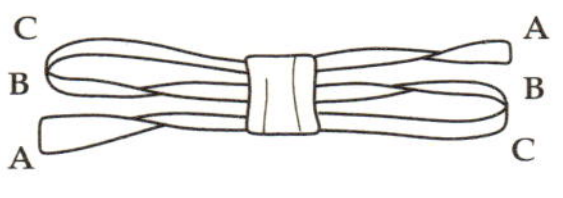

Halstuch und Ascot

Das moderne Halstuch ist ein langes, rechteckiges Tuch, das in der Mitte gefaltet wird, um einen schmalen Streifen zu bilden. Es besteht aus Seide und ist meist mit Punkten, einem Paisley- oder Foulard-Muster bedruckt. Auch wenn es der direkte Nachfahre des schlichten weißen Leinentuchs von Beau Brummell ist, findet man selten einfarbige Exemplare. Kontinentaleuropäer tragen es oft lässig um den Hals gelegt und in ein Hemd mit geöffnetem Kragen gesteckt. Diese Handhabung hat sich in Großbritannien nicht durchsetzen können, wo Halstücher nur zum Cut bei Hochzeiten getragen werden. Ein Halstuch bindet man wie folgt:

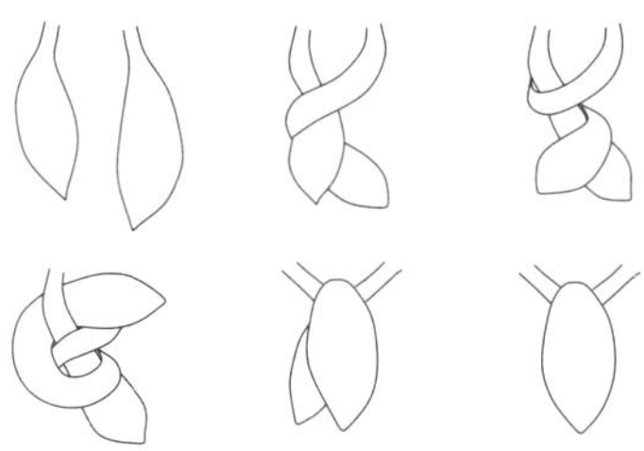

Von den schmäleren Flügeln abgesehen, besteht der größte Unterschied zwischen Ascot und Halstuch im Knoten. Er wird zu einem Kreuzknoten (siehe S. 165) gebunden, beide herabhängenden Flügel haben die gleiche Länge, liegen genau übereinander und werden mit einer Nadel befestigt. Meistens trägt man ihn zum Cut bei Hochzeiten und bei dem Pferderennen, dem der Ascot seinen Namen verdankt.

ACCESSOIRES

Taschentücher

Entgegen einem weitverbreiteten Irrglauben haben Taschentücher keine ästhetische, sondern eine nützliche Funktion. Seit Jahrhunderten sind sie ein zweckmäßiges Accessoire: wenn man niesen muss, eine Flasche öffnen möchte oder um Tränen zu trocknen. Während des Ersten Weltkriegs wurde das Taschentuch in den Jackenärmel geschoben, da die Uniformtaschen mit Knöpfen geschlossen waren, seitdem ist es aber wieder in die Brusttasche zurückgekehrt, wo es auch hingehört – ob man es nun sehen kann oder nicht.

»Ein Taschentuch, und dies ist die wichtigste Regel, muss aussehen, als würde es gebraucht, mehr noch: Sie müssen es benutzen. Zwei Taschentücher mit sich zu führen, eins zur Zierde und eins zum Gebrauch, wirkt spießig oder, um einen wundervollen englischen Begriff zu benutzen, ›naff‹, will heißen: schlechter Stil, gewöhnlich, etwas dümmlich, durchschnittlich, leblos, vulgär« – so Hardy Amies in *Anzug und Gentleman*. Die zweitwichtigste Regel lautet, dass es nicht nach einer Origami-Arbeit aussehen darf. Formen, die an Dreizack, Muscheln oder Vögel erinnern, sollten vermieden werden. Wenn es in eine Form gebracht werden soll, dann unbedingt mit betonter Gleichgültigkeit wie bei Prince Charles oder einfach gefaltet wie bei seinem Vater.

Abgesehen davon, dass es quadratisch ist und die Kanten umgenäht sind, kann ein Taschentuch aus jedem Stoff bestehen: Seide, Leinen, sogar aus Baumwolle. Die Rückenteile ausgemusterter Hemden sind eine ergiebige Quelle. Selbstredend sollte es nicht zur Krawatte passen, sondern einen Kontrast dazu bieten: Leinen oder Baumwolle zu Seidenkrawatte, Seide zu mattseidenen oder wollenen Krawatten. »Natürlich hat es etwas Extravagantes, sich die Nase mit einem Seidentaschentuch zu putzen, aber wir sprechen über Stil, nicht von Sparsamkeit«, meint Amies dazu. »Heute sind auch zahlreiche schöne Baumwolltaschentücher auf dem Markt ... im Bandana-Stil ... [sie] sind vorzüglich dazu geeignet, Sie ein wenig wie einen Gutsherrn aussehen zu lassen.«

Knopflöcher

So wie die meisten Details beim Herrenanzug dient auch das Knopfloch am linken Revers nicht lediglich als Dekoration. Sein Ursprung ist ein echtes Knopfloch, ein Überbleibsel des bis weit nach oben schließenden Revers im 18. Jahrhundert. Die Knöpfe wurden mit der Zeit tiefer angesetzt, lediglich das Knopfloch blieb zurück. Dabei ist es nichts Neues, dass ein Knopfloch zu anderen Zwecken benutzt wird als zum Zuknöpfen. Im frühen 18. Jahrhundert wurden die Enden der zu jener Zeit beliebten Spitzenhalstücher durch das Knopfloch gezogen, ein Stil, der als »Steinkerk« bekannt war. Heute dient dieses Knopfloch vor allem dem Zweck, eine Blume unterzubringen, aber auch ein Efeuzweig ist nicht verkehrt. Bei gut geschneiderten Anzügen findet sich unter dem Revers eine Schlaufe, damit der Stiel der Blume Halt finden. Es zeugt nicht von gutem Stil, sich eine Blume ans Revers zu klemmen, wenn es kein Knopfloch aufweist. Ein Schneider kann problemlos nachträglich für ein Knopfloch sorgen. Die einzige Ausnahme ist der Smoking mit Schalkragen, bei dem das Revers nie zugeknöpft wird.

Die Blume im Knopfloch sollte so aussehen, als stamme sie aus Nachbars Garten, nicht so, als hätte ein Florist sie arrangiert. Elegant sind kleine Nelken und Disteln. Orchideen wirken eher af-fektiert. In England trägt man am Georgitag und am Remembrance Sunday Papiermohnblumen im Knopfloch. In den USA ist es seit kurzem eine unter Politikern beliebte Sitte, eine Miniaturflagge zu tragen.

Gürtel und Hosenträger

Anders als Frauen haben Männer keine betonten Hüften, deshalb muss bei ihnen eine Hose an der Taille »festgemacht« werden. Das geschieht mithilfe von Gürteln, Hosenträgern oder seitlichen Verschlüssen. Den Gürtel trifft man am häufigsten an, er ist aber zugleich die jüngste und formloseste Mode. Bei einem Anzug wird ein Gürtel zwar akzeptiert, aber nicht angeraten, während er bei formeller Kleidung ein Fauxpas ist. Der Gürtel wird entgegen dem Uhrzeigersinn durch die Gürtelschlaufen gezogen, eine Frau zieht ihn im Uhrzeigersinn durch die Schlaufen. Ein Ledergürtel sollte zu den Schuhen passen: schwarzer Gürtel zu schwarzen Schuhen, brauner Gürtel zu braunen Schuhen usw. Weniger formelle Gürtel können auch aus Baumwolle oder Seide gefertigt sein.

Wie man aus einer Krawatte einen Gürtel macht, erfahren Sie auf S. 111. Im Notfall kann das Gürtelende auch als Schuhanzieher benutzt werden.

Hosenträger halten die Hose fest, ohne dass diese eng anliegen. Sie fassen den Hosenbund links und rechts an der Vorderseite sowie mittig an der Rückseite. Sie sollten nie mit Clips, sondern immer an Knöpfen festgemacht werden, die innen oder außen am Hosenbund angenäht sind. Hosenträger werden manchmal zum Anzug, vor allem aber zu formeller Kleidung getragen. Die beliebteste und bestaussehende Variante sind schlichte, farbige Modelle aus Filz.

Seitliche Verschlüsse sind verstellbare Bänder zu beiden Seiten des Hosenbunds, die benutzt werden können, um die Bundweite um ca. 2–3 cm zu verstellen. Bei besseren Anzügen finden sie sich regelmäßig. Sind sie vorhanden, sollte es keine Gürtelschlaufen geben.

Bandanas

Das Wort »Bandana« leitet sich ab aus dem indischen Begriff *badhnu*, der eine Methode bezeichnet, Stoff zu färben, der zuvor zusammengeknotet wurde. Inzwischen meint man damit aber ein quadratisches Tuch aus Baumwolle oder Seide, das mit einfachen Mustern wie Paisley oder Punkten bedruckt ist. Bandanas sind größer als Taschentücher, ihre Kantenlänge beträgt meist rund 55 cm gegenüber 40 cm beim Taschentuch. Getragen werden sie in der Brust- oder der Hosentasche. Tragen Sie sie nicht in der Gesäßtasche, wenn Sie nicht mit dem »Taschentuchcode« der Schwulenszene vertraut sind.

Verwendungsmöglichkeiten für Bandanas: z. B. Kopftuch, Verband, Barbie-Fallschirm, Gürtel (zwei zusammengeknotete Bandanas), Latz, Augenbinde, Katzencape, Einwickeltuch für Käse, Kaffeefilter, kalte Kompresse, Halstuch, Tischtuch, Hundehalsband, Atemschutzmaske gegen Staub, Knebel, Zeichen einer Gangzugehörigkeit, Garotte, Geschenkpapier, Brillenputztuch, Stirnband, Proviantbeutel, Schalldämpfer, Serviette, Windel, Origami, Kissenbezug, Piratenkostüm, Untersetzer, Scheuerlappen, Topflappen, Umschlag, Schal, Schuhputztuch, um Insekten zu verscheuchen, um darauf zu sitzen, Schleuder, Atemschutzmaske gegen Rauch, Armschiene, Sieb, Schweißband, um einen Pferdeschwanz zusammenzubinden, Waschlappen, Aderpresse, Peitsche, Wildwestkostüm, um Zerbrechliches einzuwickeln …

SCHMUCK

Der Schmuck eines Mannes sollte so sein wie seine Kleidung: schlicht, männlich und auffällig unauffällig. Er sollte sich auf einige wenige funktionale Objekte beschränken, also ausdrücklich zweckmäßige Dinge wie eine Uhr oder Manschettenknöpfe oder als Zeichen für einen bestimmten Status dienen, wie beispielsweise der Ehering. Schmuck zu tragen, der lediglich schmücken soll – also Halsketten, Armbänder, Ohrringe sowie Piercings –, ist im Wesentlichen eine rein weibliche Angelegenheit.

Ringe

Eheringe Von Land zu Land handhaben Männer das Tragen des Eherings unterschiedlich. In Amerika tragen die meisten verheirateten Männer ihren Ring, in Großbritannien weniger als die Hälfte, das europäische Festland rangiert irgendwo dazwischen. Der Ring selbst sollte aus Gold sein und ein schlichtes Design aufweisen. Getragen wird er je nach Land am Ringfinger der rechten oder linken Hand.

Siegelringe Diese werden traditionell von Männern getragen, deren Familien ein eigenes Wappen haben. Das Wappen ist in das Metall oder den Halbedelstein des Rings eingraviert und diente ursprünglich dem Zweck, Dokumente zu beglaubigen. Siegelringe werden üblicherweise am kleinen Finger getragen, je nach Land an der linken beziehungsweise der rechten Hand.

Armbanduhren

Armbanduhren für Männer sind insofern etwas Ungewöhnliches, als sie das einzige Objekt am Körper eines Mannes darstellen, das wegen des Wiedererkennungswerts der Marke getragen wird. Im Gegensatz dazu wirbt ein Anzug nie nach außen sichtbar für seinen Hersteller. Der Anzug muss allein nach Stoff, Schnitt und Sitz beurteilt werden. Gerade aus diesem Grund zeugt es von wenig Fantasie, wenn man viel Geld für Armbanduhren ganz bestimmter Hersteller ausgibt. Es kostet nicht viel, eine geschmackvolle, exakte und robuste Uhr herzustellen, deshalb sollte man die Uhr tragen, die einem gefällt, ganz gleich, von welchem Hersteller sie kommt. Was das Design angeht, so sind flache Uhren gefälliger als klobige, Lederarmbänder sehen eleganter aus als Bänder aus Metall, ein schwarzes Armband ist einem braunen vorzuziehen und Minimalismus auf dem Zifferblatt ist besser als eine komplexe Anzeige. Während die meisten Armbanduhren von Zeit zu Zeit abgenommen werden müssen, spricht einiges für eine Uhr, bei der man sich keine Gedanken machen muss, wenn man spontan ins Wasser springt oder auf einen Baum klettert.

Hardware

Vor allem die formelle Kleidung eines Mannes bedient sich einer Reihe von Verschlüssen, Nadeln und ähnlichen Objekten, die hier unter dem Begriff Hardware zusammengefasst sind.

Manschettenknöpfe Eines der einfachsten und zugleich elegantesten Modelle besteht aus zwei metallenen Ovalen, die mit einer Kette verbunden sind. Es gibt unzählige andere Varianten, von denen einige ein ausgeklügeltes Design aufweisen. Aber der Grat zwischen Eleganz und Affektiertheit ist schmal, und wer unerfahren ist, der ist gut beraten, sich am schlichtesten Design zu orientieren. Es ist durchaus akzeptabel, den Manschettenknopf aus einer Seite der Manschette zu nehmen und den Ärmel aufzukrempeln. Seien Sie aber bei Manschettenknöpfen mit nur einer breiten Fläche vorsichtig, da die recht häufig herausrutschen.

Eine *Krawattenspange* wird verwendet, um die Krawatte am Hemd zu halten, üblicherweise aus formellen oder Sicherheitsgründen. Es handelt sich dabei um ein Stück in der Form einer Haarnadel, hergestellt aus Metall oder anderen Materialien, das auf die Krawatte und unter die Knopfleiste des Hemds geschoben wird, um damit die Krawatte festzuhalten.

Krawattenklammern funktionieren ähnlich, besitzen aber eine Sprungfeder. Beide Modelle sind hoffnungslos überholt.

Krawattennadeln dagegen erleben derzeit einen neuen Höhenflug, vor allem zum Cut. Sie bestehen aus einer Nadel, die mit einem runden Metallplättchen unter dem Hemd die Krawatte festhält. Ein kleiner Steg wird zusätzlich zur Absicherung in ein Knopfloch geschoben.

Ein *Kragensteg* ist ein Stück Metall, das beide Enden des Kragens fasst und dabei den Knoten der Krawatte nach vorn drückt.

Kragenstäbchen werden in den Kragen eingesetzt, damit sich die Spitzen des Kragens nicht aufrollen. Üblicherweise sind sie aus Plastik, manchmal auch aus Metall. Die besten von allen aber sind aus Knochen.

Frackhemdknöpfe (auch *Steckknöpfe)* verschließen die Front eines formellen Hemds anstelle von angenähten Knöpfen. Dabei erinnern sie an kleine hantelförmige Manschettenknöpfe und können nur an Hemden getragen werden, die auf beiden Seiten mit Knopflöchern versehen sind. Zum Smoking (siehe S. 97) nimmt man sie in Silber oder Silber und Schwarz (Onyx), zum Frack (siehe S. 105) in Gold oder Gold und Weiß (Perlmutt). Steckknöpfe für Frackwesten zum Cut sind aus schlichtem Perlmutt.

Kragenknöpfe sind nicht sichtbar und befestigen einen abnehmbaren Kragen am Hemd. So wie Steckknöpfe weisen sie eine Hantelform auf, aber das eine Ende ist schmal, das andere breit und flach. Zwei Kragenknöpfe werden benutzt, um einen Kragen zu befestigen: ein kurzer für den Nacken und ein langer für die Vorderseite, wo er zugleich den Platz des obersten Hemdenknopfs übernimmt.

SECONDHANDKLEIDUNG

Was Mode angeht, ist die Kleidung eines Mannes recht unkompliziert. So wie Architektur oder Typographie stellt sie eine Mischung aus viel System und ein wenig Trend dar. Sie baut auf einer Hierarchie aus Formvorschriften auf, wobei sich jede Ebene in einem Tempo weiterentwickelt, das im umgekehrten Verhältnis zu ihrer Ernsthaftigkeit steht. Freizeitkleidung, wie man sie auf den Straßen von London, New York, Berlin und Tokio sieht, entwickelt sich am schnellsten weiter, die Veränderungen sind hier im Jahresrhythmus zu beobachten. Bei Jacketts verläuft der Wandel deutlich langsamer. So entwickeln sich Samtjacketts derzeit allmählich zum Mainstream und es werden mehr zweireihige Jacketts produziert. Anzüge entwickeln sich sogar noch langsamer weiter, so dass im Verlauf eines Jahrzehnts Änderungen nur an den Details wie Schultern, Schlitzen oder Knöpfen zu erkennen sind. Am behäbigsten läuft die Veränderung formeller Kleidung wie dem Smoking oder dem Cut ab. Hier gibt es zwar auch eine Weiterentwicklung, aber eine *sehr* langsame.

Die gute Nachricht für Männer ist die, dass Jacketts, Anzüge und Abendgarderobe aus zweiter Hand heute genauso begehrenswert sind wie zu der Zeit, als sie gemacht wurden. Oftmals sind diese Kleidungsstücke edler und eleganter als das, was man heutzutage kaufen kann. Zum Teil hängt es damit zusammen, dass vieles maßgeschneidert und handgenäht ist, zum Teil liegt es aber auch daran, dass man noch vor einigen Jahren mehr Wert auf einen tadellosen Sitz gelegt hat. Es gibt in Großstädten einige Geschäfte, die sich auf gute Kleidung aus zweiter Hand spezialisiert haben. Oft werden auch Retro-Objekte wie bedruckte Krawatten aus den 50er-Jahren und hochgeschlossene Nadelstreifenjacketts angeboten.

Um das Kleidungsstück zu finden, das wirklich gut sitzt, sollte man alles in der eigenen Größe sowie in der Größe darüber und darunter anprobieren. Viele maßgeschneiderte Stücke weisen kein Etikett auf, so dass sie üblicherweise nach Augenmaß in den Größen einsortiert werden, die aber nicht zwangsläufig zutreffend sein müssen. Mit kleinen Änderungen lassen sich viele Probleme lösen, aber es ist ratsam, dafür einen guten Änderungsschneider aufzusuchen, anstatt es an Ort und Stelle erledigen zu lassen.

PELHAMS MAXIMEN

Edward Bulwer-Lyttons Roman *Pelham oder die Abenteuer eines Gentleman*, der erstmals 1828 erschien, enthält in Teil II, Kapitel VII eine Reihe von Regeln zum Thema Kleidung, die heute als *Pelhams Maximen* bekannt sind. Hier die wichtigsten:

> Verlass in Deiner Kleidung nie ganz den allgemein herrschenden Geschmack. Die Welt betrachtet die Exzentrizität im Großen als Genie, im Kleinen als Narrheit.

Erinnere Dich immer, dass Du Dich andern und Dir selbst zu Gefallen kleidest.

Die Neigung der Gebieterin Deines Herzens zu gewinnen – erscheine in Deinem Anzug nachlässig; um sie Dir zu erhalten – sorgfältig! Jenes ist ein Beweis von der Leidenschaft der Liebe, das Zweite von ihrer Ehrerbietung.

Ist der bedeutende Mann, den Du gewinnen willst, ein Stutzer, so gehe zu ihm in einer Weste, wie er sie trägt. »Nachahmung«, sagt der Verfasser des *Lakon*, »ist die aufrichtigste Schmeichelei«.

Wer schön ist, mag sich glänzend kleiden; der alltägliche Mensch soll sich nur bestreben, jeden Tadel zu vermeiden; gerade wie man an großen Männern etwas zum Bewundern sucht; gewöhnlichen Menschen will man nur nichts zu verzeihen haben.

Das Studium des Anzugs gehört ebenso gut für den älteren als für den jungen Mann. Unachtsamkeit ist für jenen so unziemlich als für diesen; wir können den Geschmack, der sich für jeden von beiden eignet, durch die Betrachtung bestimmen: dass der junge Mann geliebt, der ältere geachtet werden will.

Der empfehlungswürdigste Grundsatz für den Anzug ist – Zierlichkeit! Der gemeinste – Genauigkeit.

Vermeide zu viele Farben und suche durch eine vorherrschend sanfte die andern zu mildern. Apelles gebrauchte nur vier Farben und dämpfte immer noch die zu lebhaften mit einem dunkleren Firnis.

Ein wahrhaft wohlwollender Mann wird die Gefühle anderer nie durch ein Übermaß in Nachlässigkeit oder Prunk verletzen; man darf daher die Menschenliebe eines liederlich Gekleideten und eines Zierbengels bezweifeln.

Erfindungen die Kleidung betreffend stimmen mit Addisons Bezeichnung der guten Schreibart zusammen und bestehen »in Feinheiten, welche natürlich sind, ohne einem einzufallen«.

Wer Lappalien um ihrer selbst willen hoch anschlägt – ist ein Laffe; wer sie schätzt um der Schlüsse willen, die sich daraus ableiten, oder der Vorteile wegen, die sich auf sie gründen lassen, ist ein Philosoph.

STADTLEBEN

»Wenn man nicht wohlhabend ist, nützt es einem nichts, ein reizender Kerl zu sein.« (Oscar Wilde, *Der Modellmillionär*, 1982 [*The Model Millionaire, 1904*])

»Alle Menschen sind gleich – das heißt, alle Menschen, die einen Regenschirm besitzen.« (E. M. Forster, *Howards End*, 1949 [1910])

»Es gibt wenig Betätigungen, denen ein Mensch in größerer Unschuld nachgehen kann als dem Geldverdienen.« (Samuel Johnson, in Boswell, *Das Leben Samuel Johnsons*, 1985 [*Life of Johnson*, 1791])

»Nichts ist süßer als Honig, nur Geld.« ❧ »Hüten Sie sich vor jungen Ärzten und alten Barbieren«. ❧ »Es gibt drei gute Freunde: eine alte Ehefrau, ein alter Hund und Bargeld.« (Benjamin Franklin, *Poor Richard's Almanack*, 1732–1757)

»Erfolgreich zu sein, genügt nicht. Andere müssen scheitern.« (Gore Vidal)

»Wer daran denkt, vor Mitternacht ins Bett zu gehen … der ist ein Schurke.« (Samuel Johnson, in Hawkins, *The Life of Samuel Johnson*, 1787)

»London umfasst jeden Wunsch und jedes Wort, das je gesprochen, jede Handlung oder Geste, die je vollzogen, jede abfällige oder ehrende Erklärung, die je abgegeben wurde. Es ist grenzenlos.« (Peter Ackroyd, in *London: The Biography*, 2000)

GENTLEMEN'S CLUBS

Ein Gentlemen's Club ist ein Club für Privatmitglieder, der Männern die Möglichkeit bietet, zu speisen, zu trinken, sich die Zeit zu vertreiben und mit Gleichgesinnten zu reden. Ein Club ist eine zweite Heimat – und in aller Regel eine solche ohne Frauen. Das galt zumindest bis vor kurzem noch, als Frauen der Zutritt in die meisten Clubs verwehrt wurde. Noch heute sind die besten Clubs für Frauen tabu, was natürlich mit ein Grund für ihre Existenz ist: Ein Club ist ein Ort, an dem Männer das tun, was sie in Abwesenheit von Frauen tun. Ähnlich dem Paradox von Schrödingers Katze hört ein »Gentlemen's Club« auf, einer zu sein, sobald Frauen ihn betreten.

Es ist eine unbestreitbare Tatsache, dass sich die besten Clubs der Welt in London befinden. George Augustus Sala liefert dazu folgende Erklärung:

> Die Engländer sind das einzige richtig gesellige Volk auf der ganzen Erde. Der angemessene Club für den Franzosen ist das Café, denn wären die Frauen nicht in der Lage, ihn zu bewundern – und von ihm bewundert zu werden –, könnte Monsieur nicht existieren. Der Russe hat schon mehr von diesem geselligen Element in sich, doch in Moskau werden Clubs so lange keine Chance haben, wie ein Mann im Ungewissen darüber ist, ob die Anekdote, die er seinem Nachbarn erzählt, nicht vielleicht doch beim Polizeichef landet.

In den USA und in Japan ist »Gentlemen's Club« auch die Bezeichnung für ein teures Striplokal oder eine Go-go-Bar. Da aber die Öffentlichkeit Zutritt bekommt, sobald sie Eintritt bezahlt, trifft die Bezeichnung »Club« auf diese Etablissements eigentlich nicht zu.

Nachfolgend eine Übersicht über die traditionellen Gentleman's Clubs in London.

Gentlemen's Clubs

Club	Adresse (London)	☎ (004420)	besteht seit	Frauen-zutritt
Army & Navy	36 Pall Mall, SW1	7930 9721	1837	♀
Arts	40 Dover St, W1	7499 8581	1863	♀
Athenaeum	107 Pall Mall, SW1	7930 4843	1824	♀
Authors'	40 Dover St, W1	7499 8581	1891	♀
Beefsteak	9 Irving St, WC2	7930 5722	1876	(♀)
Boodle's	28 St James's St, SW1	7930 7166	1762	–
Brooks's	St James's St, SW1	7493 4411	1764	(♀)
Buck's	18 Clifford St, W1	7734 2337	1919	(♀)
Caledonian	9 Halkin St, SW1	7235 5162	1891	♀
Canning	4 St James's Sq., SW1	7827 5757	1910	♀
Carlton	69 St James's St, SW1	7493 1164	1832	♀
Cavalry & Guards	127 Piccadilly, W1	7499 1261	1893	♀
East India	16 St James's Sq., SW1	7930 1000	1849	(♀)
Garrick	15 Garrick St, WC2	7379 6478	1831	–
Junior Carlton	69 St James's St, SW1	7493 1164	1832	♀
Lansdowne	9 Fitzmaurice Place,W1	7629 7200	1935	♀
National Liberal	Whitehall Place, W1	7930 9871	1883	♀
Naval	38 Hill St, W1	7493 7672	1919	♀
Naval & Military	4 St James's Sq., W1	7827 5757	1862	♀
Oriental	11 Stratford Place, W1	7629 5126	1824	♀
Oxford & Cambridge	71–77 Pall Mall, SW1	7930 5151	1821	♀
Pratt's	14 Park Place, SW1	7493 0397	1857	(♀)
RAC	89 Pall Mall, SW1	7930 2345	1897	♀
RAF	12 Piccadilly, SW1	7499 3456	1922	♀
Reform	104 Pall Mall, SW1	7930 9374	1841	♀
St James's	728 Park Place, SW1	7629 7688	1857	♀
St Stephen's	34 Queen Anne's Gate, SW1	7222 1382	1870	♀

Savage	1 Whitehall Place, SW1	7930 8118	1857	–
Savile	69 Brook St, SW1	7629 5462	1868	(♀)
Travellers'	106 Pall Mall, SW1	7930 8688	1819	–
Turf	5 Carlton House Terrace, SW1	7930 8555	1861	♀
White's	37 St James's St, SW1	7493 6671	1693	–

Andere Clubs

Club	Adresse (London)	☎ (004420)	besteht seit	Frauen-zutritt
Alpine	55 Charlotte Rd, EC	7613 0755	1857	♀
Anglo-Belgian	60 Knightsbridge, SW1	7235 2121	1942	♀
City of London	19 Old Broad St, EC2	7588 7991	1832	♀
City University	50 Cornhill, EC3	7626 8571	1895	♀
Groucho	45 Dean St, W1	7439 4685	1984	♀
Hurlingham	Ranelagh Gardens, SW6	7736 8411	1869	♀
MCC	St John's Wood Rd, NW8	7289 1611	1787	♀
New Cavendish	44 Great Cumberland Place, W1	7723 0391	1909	♀
Portland	69 Brook St, W1	7499 1523	1816	♀
Roehampton	Roehampton Lane, SW15	8480 4205	1901	♀
Royal Thames Yacht	60 Knightsbridge, SW1	7235 2121	1775	♀

Zeichenerklärung: Frauen haben:
♀ = umfassenden Zutritt
(♀) = eingeschränkten Zutritt
– = keinen Zutritt

Anmerkungen

Athenaeum Eher ein Club für gewichtige denn für geistreiche Persönlichkeiten; vielen erscheint das intellektuelle Klima nicht mehr so beeindruckend, wie es einmal war. Wenig Clubatmosphäre, aber Speisen und Getränke sind in den letzten Jahren deutlich besser geworden.

Beefsteak Grässliches Essen an einem einzigen großen Tisch, an dem man plaziert wird, dafür gibt es die beste Gesellschaft und Konversation. »Das Beefsteak ist ein angenehmer kleiner Club. Die einzige Aufnahmebedingung ist die, dass man entweder ein Ebenbürtiger ist, der lesen und schreiben kann, oder ein Journalist, der Tischmanieren gelernt hat.« (Earl of Kintore)

Boodle's Churchill war hier Mitglied, ebenso Ian Fleming, der es dem White's vorzog, weil dort »zu viel gefaselt« wurde. In Flemings *James Bond*-Romanen ist M's Club Blades nach dem Vorbild des Boodle's geschaffen. »M sah aus wie jedes gewöhnliche Mitglied in jedem beliebigen Klub in St. James Street: dunkelgrauer Anzug, gestärkter weißer Kragen, die beliebte dunkelblaue Krawatte mit weißen Punkten, ziemlich lose gebunden … das offene Seemannsgesicht und die scharfen, klaren Seemannsaugen.« (Ian Fleming, *Mondblitz* [*Moonraker*], 1967)

Brooks's Der schönste der noch verbliebenen Regency-Clubs, der in seinen frühen Tagen ein Außenposten der Liberalen war. Trevelyan beschrieb ihn als den »berühmtesten politischen Club, der jemals in London existiert hat«.

Buck's Nach eigener Darstellung kommt dieser Club der Vorstellung von P. G. Wodehouse' Drones Club am nächsten. Dort wurde der Drink Buck's Fizz erfunden: 1 Teil Orangensaft und 1 Teil Champagner.

Caledonian Ein traditioneller Club, grundsätzlich nur für Schotten. Mitglieder müssen »mindestens einen schottischen Eltern- oder Großelternteil vorweisen können oder eng mit Schottland verbunden sein«.

Carlton Was früher fast schon das Parteibüro der Konservativen war, ist nach wie vor fest in der Hand der Torys. In *The Gentlemen's Clubs of London* schreibt Anthony Lejeune: »Zweifellos der berühmteste politische Club der Neuzeit, der eine Zeit lang vielleicht noch einen direkteren Einfluss auf die Politik ausübte als früher das Brooks's.«

East India Das East India weist eine große Bandbreite an unterschiedlichen Mitgliedern auf. Es ist besonders bei jungen Leuten, die zum ersten Mal Mitglied in einem Club werden wollen, beliebt.

Garrick Einst für seine Beliebtheit bei Theaterschauspielern bekannt, zieht das Garrick heute Anwälte in Scharen an. Geboten werden eine lebhafte Konversation und eine fragwürdige Clubkrawatte, auf die manche Mitglieder unerklärlich stolz sind. Die Wartezeit für eine Mitgliedschaft beträgt derzeit über fünf Jahre. »Im Jahr 1861 wurde ich Mitglied im Garrick Club. Bis dahin hatte ich nur wenig Zeit unter Männern verbracht, ich wusste nichts über Clubs, und selbst als Junge war ich von jedem gesellschaftlichen Beisammensein ausgeschlossen. Deshalb war ich zuerst unendlich begeistert von der Fröhlichkeit, die im Garrick herrschte. Für mich war es ein Festtag, dort zu speisen – was ich auch tatsächlich machte, wenngleich eher selten.« (Anthony Trollope)

Groucho Gegründet als ein »Gegenmittel« gegen die traditionellen Clubs, ist er absichtlich schlicht gehalten und bietet exzellente Speisen und Getränke. Mitglieder stammen vor allem aus der Medienbranche.

Hurlingham Mehr ein amerikanischer Country Club als ein traditioneller Club. Er half, Wasserball populär zu machen. Sehr beliebt, vor allem wegen des großzügig bemessenen Geländes und der hervorragenden Sporteinrichtungen.

Lansdowne Hier sind Frauen schon seit langem gleichberechtigte Mitglieder, der Club begrüßt gern Familien und Ehepaare. Als Folge davon herrscht dort weit weniger ausgeprägte Clubatmosphäre. Swimmingpool und Sporteinrichtungen stehen auf dem Gelände zur Verfügung. Seit kurzem werden dort regelmäßig Bälle für junge Leute organisiert.

Oxford & Cambridge Der in einem edlen Gebäude untergebrachte Club hat eine nur schwer einzuordnende Mitgliederschaft, ist aber nach wie vor ein passender Club, wenn man zum ersten Mal Mitglied in einem solchen werden will. 1996 wurde per Abstimmung beschlossen, Frauen als Vollmitglieder aufzunehmen.

Pratt's Ein intimer Club, der so wie das Beefsteak nur über einen einzigen Tisch verfügt, an dem bis spät am Abend gute Hausmannskost serviert wird. Bis vor kurzem hatte er die längste Warteliste aller Clubs.

RAC Sir John Betjeman sagte einmal, das Schöne am RAC sei, dass man dort den ganzen Nachmittag sitzen kann, ohne auch nur einen einzigen Gentleman zu sehen. Es verfügt über ein erstklassiges türkisches Bad und einen Swimmingpool.

Reform Ursprünglich eine Brutstätte für die Progressiven, tummelt sich heute die alte Garde von legendären Liberalen und Beamten im Reform. Phileas Fogg machte sich von diesem prachtvollen Gebäude aus auf den Weg, um in 80 Tagen um die Welt zu reisen.

Savage Das Savage wurde gegründet vom viktorianischen Journalisten George Augustus Sala und seinem literarischen Kreis. Es ist ein Mix aus Vornehmheit und

Boheme – einer der Londoner Clubs, die mehr Wärme ausstrahlen als andere.

Travellers' Dieser Club wurde über Jahre hinweg durch den Stammgast Monsignore Alfred Gilbey beehrt, der ein Regal in eine winzige Kapelle umfunktionierte, die immer noch dort ist. Der Club zieht viele junge Modebegeisterte an, manche von unbestimmbarem Geschlecht. »Dort gibt's eine erlesene Bibliothek … ein exzellentes Kaminfeuer, Kaffee, Spielkarten, Billardtische, tausend Möglichkeiten, um für zwölf Francs schlecht zu essen, usw. Ich esse dort nicht … aber ich treffe mit ernster Miene dort ein und nehme meinen Hut auf die englische Art ab – was bedeutet, dass ich eine Miene mache, als würde mir jemand den Hut vom Kopf reißen.« (Louis de Vignet)

White's Von den Tagen, als Beau Brummell vom berühmten Erker aus seine Kommentare abgab, bis zur Gegenwart blieb das White's der prächtigste Club der Welt – »eine Oase der Zivilisation in einer Wüste der Demokratie. Ich wusste, ich konnte weder ein Ritter des Hosenbandordens noch ein Mitglied des White's sein – die zwei einzigen Dinge, über die ein Engländer nicht bestimmen kann.« (Benjamin Disraeli)

SCHUHE POLIEREN

Es gibt drei häusliche Fertigkeiten, die jeder Mann beherrschen sollte: Schuhe polieren, Hemd bügeln (siehe S. 140) und Braten aufschneiden (siehe S. 242). Alle anderen Aufgaben können mehr oder weniger delegiert werden, doch diese drei Fähigkeiten werden sich irgendwann im Leben eines Mannes als unverzichtbar erweisen.

Schuhpolitur

Schuhe richtig zu polieren erfordert Hartnäckigkeit, denn es ist nicht die einmalige Politur, die das Erscheinungsbild eines Schuhs bestimmt, sondern deren Häufigkeit über einen langen Zeitraum hinweg. Der Trick besteht darin, leicht, aber oft zu polieren, weil so die Poren und andere Unebenheiten auf der Oberfläche des Leders ausgeglichen werden. Da schwarze Schuhe keine eigene Farbe haben, sollten sie das Licht reflektieren und demzufolge auf Hochglanz poliert sein. Schuhe mit glänzend schwarzer Kappe werden insgesamt mit einem gemäßigten Glanz versehen, wogegen man die Kappen extrem gründlich poliert (das sogenannte »Spit Shine«, siehe unten). Bei braunen Schuhen sollte nicht der Glanz, sondern die Patina hervorgehoben werden, was sich mit dem Faktor Zeit erreichen lässt sowie dadurch, dass man eine Politur verwendet, die etwas heller ist als der Schuh selbst. Die Kombination aus Politur und normaler Abnutzung führt zu einem komplexen Zusammenspiel aus Farben und Schattierungen.

Schuhe aus weichem Leder sollten mit einer Politur auf Wachsbasis behandelt werden. Wildleder- und Nubuklederschuhe werden gebürstet, nicht poliert. Nur ein paar Farben sind notwendig: Schwarz, Braun, verschiedene lohfarbene Töne (hell, mittel und dunkel) sowie eine Mischung aus Weinrot und Braun.

Es gibt zwei grundlegende Methoden, um Schuhe zu polieren:

Standard Shine Diese Methode wird auf der Rückseite der Politurdose aus dem Hause Kiwi beschrieben: »Tragen Sie die Politur mit einem Tuch oder einer Bürste auf. Lassen Sie sie ein paar Minuten einwirken, und bürsten Sie die Schuhe dann so lange, bis die Oberfläche glänzt. Für mehr Glanz tragen Sie eine zweite, dünne Lage auf, etwas Wasser daraufsprenkeln und mit einem weichen Tuch verreiben.« Mit einem Tuch lässt sich die Politur gleichmäßiger auftragen, nach dem Gebrauch kann man es wegwerfen. Mit einer Bürste geht es dagegen schneller und man gelangt besser in die Falten des Schuhs, dafür muss man die Bürste anschließend aber mit Wasser und Seife reinigen. Die Bürste, mit der der getrockneten Politur Glanz verliehen wird, sollte eine gesonderte, größere Bürste aus Rosshaar sein. Der Glanz kann verstärkt werden, indem man einen Poliergang mit einem Nylonstrumpf vornimmt.

Spit Shine Eine aufwendigere Methode – das sogenannte »Spit Shine« – wird angewandt, um den spiegelnden Glanz zu erreichen, der vor allem bei schwarzen Schuhen besonders begehrt ist. Das Obermaterial ist viel angenehmer als bei Glanzleder, dessen Glanz von einer Plastikschicht herrührt. Bei dieser Technik kommen keine Bürsten zum Einsatz, stattdessen wird ausschließlich mit einem Tuch gearbeitet, das man um die Finger wickelt und stets feucht hält (aber nicht nass), indem man es kurz in Wasser taucht. Mit diesem Tuch wird eine geringe Menge Politur auf einer kleinen Fläche des Schuhs aufgetragen und leicht, aber gründlich eingerieben, bis die Politur nicht mehr matt ist. Wiederholen Sie diesen Vorgang einige Dutzend Male, bis das Leder einem schwarzen Spiegel zu ähneln beginnt.

HEMDEN BÜGELN

Beim Bügeln geht es weniger um die korrekte Methode (viele verschiedene Methoden führen zum gleichen Ergebnis), sondern um eine zügige und effiziente Arbeitsweise. Worauf man zuallererst achten muss, ist die Tatsache, dass unterschiedliche Fasertypen bei unterschiedlichen Temperaturen verbrennen. Die meisten Bügeleisen verfügen über eine Temperaturwahl, die die verschiedenen Stoffe auflistet. Die empfohlenen Standardeinstellungen sind:

110 °C	(230 °F)	Acetat, Acryl, Modacryl, Nylon, Elasthan
150 °C	(302 °F)	Polyester, Kunstseide, Seide, Triacetat, Wolle
200 °C	(360 °F)	Baumwolle, Leinen

Die Fünf-Minuten-Methode

Mit Dampf und ein wenig Übung kann ein Hemd innerhalb von fünf Minuten gebügelt werden. Alternativ zum Dampfbügeleisen kann auch eine Sprühflasche benutzt werden, um das Hemd während des Bügelns zu befeuchten, aber dann dauert es länger. Denken Sie daran, dass dunkle Stoffe auf links gebügelt werden sollten, um Glanzstellen zu vermeiden.

Kragen Halten Sie den Kragen flach (Sie müssen keine Falte an der Stelle in den Kragen bügeln, an der er nach unten knickt). Bügeln Sie zuerst die Unterseite, dann die Außenseite. Bewegen Sie sich jeweils von den Spitzen zur Mitte, um zu verhindern, dass an den Rändern Falten entstehen. (25 Sek.)

Manschetten Bügeln Sie zuerst die Innenseite, dann die Außenseite, und achten Sie darauf, dass Sie sich von den Rändern nach innen bewegen. Umschlagmanschetten sollten flach gebügelt werden – auch hier ist es nicht erforderlich, eine Falte einzubügeln. (45 Sek.)

Passe Dieser Teil des Hemds bedeckt die Schultern und stellt den schwierigsten Teil der Arbeit dar. Benutzen Sie dafür das schmale Ende des Bügelbretts. (25 Sek.)

Ärmel Fangen Sie an der Schulter an und bewegen Sie sich bis zur Manschette. Bügeln Sie dort in die Falten des Stoffs hinein. Die meisten Ärmel haben eine Bügelfalte, aber es gibt keinen Konsens darüber, ob das auch so sein sollte. Bügelfalten vermeiden Sie, indem Sie das spezielle schmale Bügelbrett (Ärmelbrett) verwenden, das in den Ärmel geschoben wird. (90 Sek.)

Rücken Trotz seiner Größe lässt sich dieses einzelne Stück Stoff mit am schnellsten bügeln. Denken Sie daran, dass der untere Teil in die Hose gesteckt wird und nicht gebügelt werden muss. (45 Sek.)

Vorderseite Der untere Teil kann vernachlässigt werden, da er in die Hose gesteckt wird. Um die Knöpfe herum muss nicht perfekt gearbeitet werden, weil die Leiste nicht zu sehen ist, wenn das Hemd zugeknöpft ist. (70 Sek.)

Wenn die Zeit drängt und man über dem Hemd einen Pullover oder ein Jackett trägt, kann man die Zeit auf gut zwei Minuten verkürzen, indem man nur Kragen, Manschetten und Vorderseite bügelt.

Zum Frack (siehe S. 105) und manchmal auch zum Smoking (siehe S. 97) wird ein gestärktes Hemd getragen. Das Stärken erfolgt üblicherweise in der Reinigung. Notfalls kann man das aber auch zu Hause erledigen, indem man mehrere Lagen Sprühstärke aufträgt und nach jeder Lage das Hemd auf links bügelt (um ein Vergilben zu vermeiden). Gestärkt werden nur Vorderseite, Kragen und Manschetten.

Abnehmbare Kragen selbst stärken zu wollen ist ein hoffnungsloses Unterfangen. Das sollte man den Profis überlassen.

REGENSCHIRME

Männer greifen zu zwei Arten von Regenschirmen: dem kleinen, zusammenschiebbaren Modell und dem (i. d. R. 90 cm) langen Stockschirm mit geschwungenem Griff. Beide sind schwarz. Der kleine Schirm wird in die Jackentasche oder in eine Aktentasche gesteckt, während der Stockschirm am Arm geschwungen wird.

Vier-Schritt-Rhythmus

Der vorwiegend anzutreffende Schirmrhythmus wiederholt sich alle vier Schritte. Der Schirm wird dabei in der rechten Hand gehalten und berührt den Boden beim ersten Schritt mit dem linken Fuß, verlässt den Boden unmittelbar vor dem rechten Schritt, befindet sich während des zweiten linken Schritts in der Luft und nähert sich direkt nach dem zweiten rechten Schritt wieder dem Boden. (Als Schritt gilt der Moment, wenn der gesamte Fuß den Boden berührt.) Auf dem Weg nach unten gleitet der geschwungene Griff durch die Hand. Ideal für den Einsatz in der Stadt.

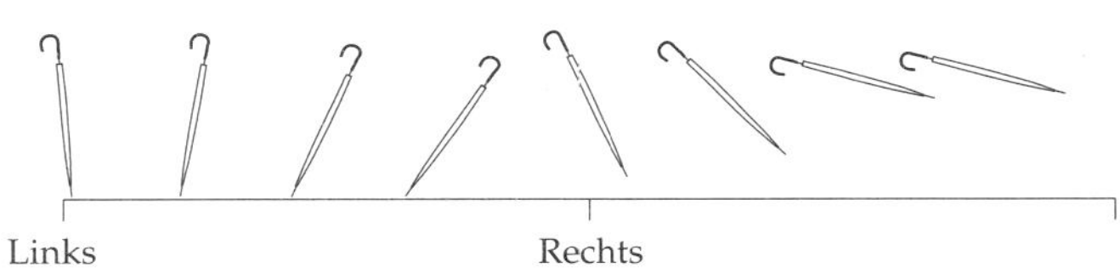

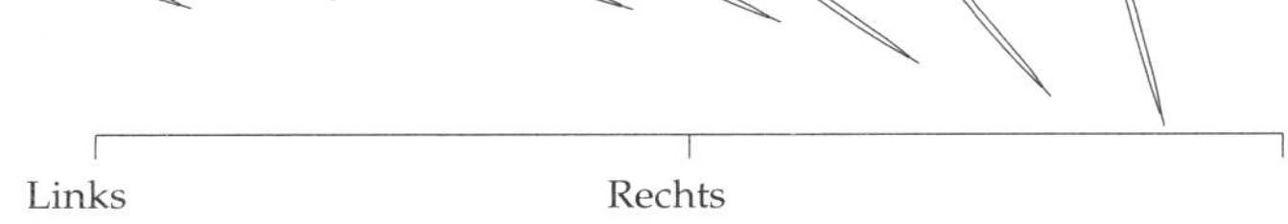

Zwei-Schritt-Rhythmus

Weniger bekannt ist ein Schirmrhythmus mit der doppelten Frequenz. In der rechten Hand gehalten folgt der Schirm mit einer winzigen Verzögerung der Bewegung des linken Beins. Dieser Rhythmus ist angemessen für einen langsameren Spaziergang oder auf einem unebenen Untergrund, wenn dem Schirm die Funktion eines Spazierstocks zukommt.

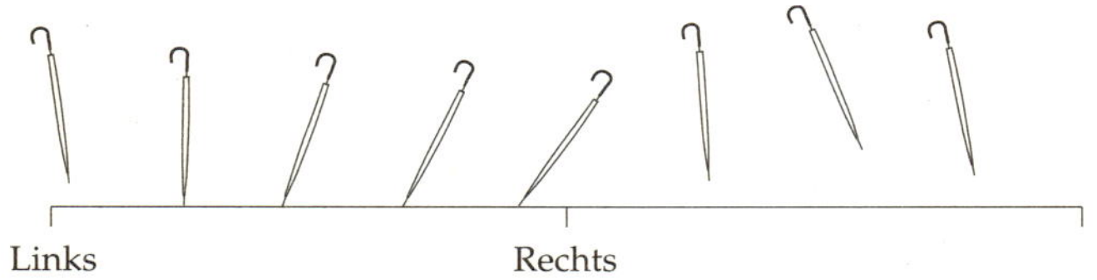

HEMDENSCHNEIDER

Der Hemdenmarkt ist in den letzten gut zehn Jahren bemerkenswert international geworden. Englische, italienische, amerikanische und sogar französische Hemden gibt es in den Großstädten der Welt im Angebot. Insgesamt jedoch nimmt man in Großbritannien das Thema Hemden ernster als anderswo. Das Mekka für Hemdenkäufer ist die Londoner Jermyn Street, in der es die weltweit höchste Konzentration an Geschäften gibt, die Hemden, Krawatten und andere Accessoires verkaufen. Die gute Nachricht ist, dass Sie nicht erst nach London – oder Mailand oder New York – reisen müssen, um die besten Hemden der Welt zu kaufen.

Nachfolgend eine Übersicht über die weltweit führenden Hemdenschneider. Bei den Preisen sind Mengenrabatte und andere Nachlässe nicht berücksichtigt, und viele Hemden kann man für die Hälfte des Preises bekommen.

Erwähnenswerte Hemdenschneider

K = Konfektionsware ✂ = maßgeschneidert – = keine Angabe

Hemdenschneider	*Website/Postadresse*	*Seit*	*K (€)*	*✂ (€)*
Alexander Kabbaz	www.customshirt1.com	1937	–	330
Algernon Moncrieff	www.algernon-moncrieff.com	2006	114	–
Brooks Brothers	www.brooksbrothers.com	1818	97	229
Budd	1 a Piccadilly Arcade, London SW1	1910	107	223
Charles Tyrwhitt	www.ctshirts.co.uk	1986	91	–
Charvet	28 Place Vendôme, Paris 75001	1838	165	380
Coles	www.coles-shirtmakers.com	1878	83	182
Cordings	www.cordings.com	1839	91	–
Duchamp	www.duchamp.co.uk	1988	173	–
Ede & Ravenscroft	www.edeandravenscroft.co.uk	1989	157	289
Emma Willis	www.emmawillis.com	1987	198	314
Emmett Shirts	www.emmettlondon.com	1992	130	206
Ermenegildo Zegna	www.zegna.com	1910	206	–
Frank Foster	40 Pall Mall, London W1	1959	–	223
Gieves & Hawkes	www.gievesandhawkes.com	ca. 1785	132	–
Hackett	www.hackett.com	1983	130	182
Hardy Amies	www.hardyamies.com	1946	147	246
Harvie & Hudson	www.harvieandhudson.com	1946	66	272
Hawes & Curtis	www.hawesandcurtis.com	1913	97	–
Hilditch & Key	www.hilditchandkey.co.uk	1899	116	264
J. Press	www.jpressonline.com	1902	83	–
Lands End	www.landsend.co.uk	1962	48	–

Marks & Spencer	www.marksandspencer.com	1884	48	–
New & Lingwood	www.newandlingwood.com	1865	132	272
Paul Smith	www.paulsmith.co.uk	1970	198	330
Racing Green	www.racinggreen.co.uk	1990	66	–
Ralph Lauren	www.ralphlauren.co.uk	1967	107	–
Stephen Lachter	16 Savile Row, London W1	1986	–	215
Thomas Pink	www.thomaspink.co.uk	1984	107	264
Thresher & Glenny	50 Gresham St, London EC2	ca. 1780	99	190
T. M. Lewin	www.tmlewin.co.uk	1898	190	–
Tommy Hilfiger	www.shoptommy.co.uk	1984	99	–
Turnbull & Asser	www.turnbullandasser.co.uk	1885	116	272
Van Heusen	www.van-heusen.co.uk	1919	53	–

Anmerkungen

Alexander Kabbaz Viele halten den in New York ansässigen Kabbaz für den führenden Hemdenschneider der Welt. »Ich arbeite mit einer anderen Philosophie als die meisten«, schreibt er. »Ein wirklich maßgeschneidertes Hemd ist exakt das, was meine Kunden haben wollen. … Es entsteht von Grund auf nach dem individuellen Muster des Kunden … und es wird so oft angepasst, bis es tadellos sitzt.«

Algernon Moncrieff Dieses neue Online-Label bietet besonders passgenaue Hemden an, was eine willkommene Abwechslung darstellt, seit so viele Hersteller Hemden mit weit geschnittenen Ärmeln und entsprechender Taille produzieren. Die Liebe zum Detail wird unter anderem sichtbar durch ein horizontal geschnittenes letztes Knopfloch, das das Ankleiden im Dunkeln erleichtert.

Brooks Brothers Früher einmal der definitiv wichtigste und einflussreichste Hemdenhersteller der USA. Brooks Brothers erfand den Button-Down-Kragen und machte ihn populär.

Budd Dass Budd keine Website hat, ist der erste Hinweis auf einen anachronistischen Touch dieses berühmten Hemdenschneiders. In dem beengten Ladenlokal finden sich einige der am traditionellsten hergestellten Hemden der Welt. Budd bietet auch die umfassendste Auswahl an Hemden und Accessoires zum Smoking und zum Frack.

Charles Tyrwhitt Tyrwhitt (sprich: »Tirrit«) ist der größte britische Hemdenhersteller, was die Verkäufe über Internet- und Telefonbestellungen angeht. Seit kurzem gibt es in Großbritannien sowie in New York und Paris auch Geschäfte, in denen man zu günstigen Preisen gute Standardhemden kaufen kann.

Coles Einst war Coles aus der Jermyn Street nicht wegzudenken, doch als »mehr und mehr Discountanbieter versuchten, sich in der Jermyn Street anzusiedeln, um durch die Nähe zu den etablierten Geschäften den eigenen Ruf zu verbessern«, packte man bei Coles zusammen und verkauft heute vorwiegend über das Internet. Es gibt eine gute Auswahl an Kragen, allerdings ist das Angebot an Mustern etwas eingeschränkt.

Emma Willis Gute, sauber geschnittene Hemden von »einer der wenigen Frauen, die in der traditionell von Männern beherrschten Welt der Schneider für Unruhe sorgt« (*Time Out*).

Ermenegildo Zegna »Britischer Stil ist etwas, was die Amerikaner seit Jahren klauen, was die Franzosen permanent abgeguckt haben und was die Italiener sich einfach nehmen und an uns zurückverkaufen«, sagt der Designer Jeff Banks. Als einer der besten italienischen Designer stellt Zegna gute Hemden her. Aber die einzige Herrenbekleidung, bei der die Italiener wirklich besser sind als die Briten, ist die Hose.

Hackett »Hackett ist die einzige Londoner Firma mit Köpfchen und Geschmack, um die wahren Klassiker des alten England wiederzubeleben, ohne sie angeberisch oder retrospektiv wirken zu lassen«, schreibt Ian Flusser. Sie entwirft einige der ansprechendsten Muster, Streifen und Karos.

Harvie & Hudson Besonders bekannt für breite und farbenfrohe Streifen.

Hawes & Curtis Einst Hemdenschneider für den Herzog von Windsor, erhebt man dort auch Anspruch auf die Erfindung des Windsor-Knotens.

Hilditch & Key Zusammen mit Turnbull & Asser sowie Budd ist dies einer der drei besten traditionellen britischen Hemdenschneider. Seine Hemden wurden von der Londoner *Times* als die besten bewertet.

J. Press Dieser Schneider mit Filialen überall in New England ist der wahre Hüter des Ivy League-Looks. »Das Geschäft riecht nach Pfeifentabak und Schweinspastete, nach Fliegen und Bruderschaften, Ripskrawatten und Waschbärmänteln«, schreibt Ian Flusser.

New & Lingwood Dieses ursprünglich als Ausstatter des Eton College gegründete urenglische Unternehmen, verkauft Hemden an »kultivierte Gentlemen mit gutem Geschmack in aller Welt«.

Paul Smith In mehreren hundert Geschäften in Großbritannien und anderen Ländern vereinen diese Hemden traditionelle englische Schneiderkunst und Schnitt mit höchst unterschiedlichen Stoffen und Mustern. Halten Sie unter den Doppelmanschetten nach Pin-up-Girls und anderen Überraschungen Ausschau.

Thomas Pink Pink muss man lobend erwähnen, da die Firma zum wiedererwachten Interesse an englischer Hemdenschneiderkunst beigetragen hat. Trotz des

Hochglanzimages hat sie ein gutes Händchen für ungewöhnliche Farben und Muster.

T. M. Lewin Obwohl man auf eine lange Geschichte zurückblicken kann, arbeitet Lewin heutzutage nur noch mengenorientiert. Durch ständig um die Hälfte reduzierte Preise haben sie zum zeitweise sehr heftigen Preiskrieg unter den britischen Hemdenherstellern beigetragen. Im Angebot sind viele verschiedene Stoffe und Farben sowie drei Kragentypen.

Turnbull & Asser Dieser Hemdenschneider des Prince of Wales wird immer unter den besten der Welt aufgeführt. Die Auswahl an Farben, Streifen und Karos ist zu groß, um sie wirklich noch erfassen zu können.

Van Heusen Seit dem Jahr 2000 die Nummer eins unter den Hemdenschneidern der Welt.

REGELN FÜR EINEN GENTLEMAN

Vier Persönlichkeiten aus vier Jahrhunderten haben uns folgende Regeln hinterlassen, die ein Gentleman beachten sollte:

Zwölf goldene Regeln

König Charles I von England, der von 1625 bis 1649 regierte, gilt als Urheber der folgenden zwölf Maximen, die noch heute zu den elegantesten und prägnantesten Benimmregeln gehören:

Gefährde nie deine Gesundheit.
Ziehe keine religiösen Riten in den Schmutz.
Mische dich nicht in Staatsangelegenheiten ein.
Verrate keine Geheimnisse.

Suche keinen Streit.
Stelle keine Vergleiche an.
Verfechte keine fragwürdigen Ansichten.
Halte dich nicht in schlechter Gesellschaft auf.
Ermutige niemanden zu lasterhaftem Verhalten.
Beschränke die Dauer deiner Mahlzeiten.
Bereue kein Leid.
Schließe keine Wetten ab.

Franklins Tugenden

Benjamin Franklin, seines Zeichens amerikanischer Staatsmann sowie Geschäftsmann, Wissenschaftler und Buchautor, stellte im 18. Jahrhundert folgende Liste von 13 Tugenden zusammen:

1. Mäßigkeit: Iss nicht bis zum Stumpfsinn, trink nicht bis zur Berauschung.

2. Schweigen: Sprich nur, was anderen oder dir selbst nützen kann; vermeide unbedeutende Unterhaltung.

3. Ordnung: Lass jedes Ding seine Stelle und jeden Teil deines Geschäfts seine Zeit haben.

4. Entschlossenheit: Nimm dir vor, durchzuführen, was du musst; vollführe unfehlbar, was du dir vornimmst.

5. Sparsamkeit: Mache keine Ausgabe, als um anderen oder dir selbst Gutes zu tun; das heißt: vergeude nichts.

6. Fleiß: Verliere keine Zeit; sei immer mit etwas Nützlichem beschäftigt; entsage aller unnützen Tätigkeit.

7. Aufrichtigkeit: Bediene dich keiner schädlichen Täuschung; denke unschuldig und gerecht, und wenn du sprichst, so sprich danach.

8. Gerechtigkeit: Schade niemandem, indem du ihm unrecht tust oder die Wohltaten unterlässt, die deine Pflichten sind.

9. Mäßigung: Vermeide Extreme; hüte dich, Beleidigungen so übel aufzunehmen, wie sie es nach deinem Dafürhalten verdienen.

10. Reinlichkeit: Dulde keine Unsauberkeit am Körper, an Kleidern oder in der Wohnung.

11. Gemütsruhe: Beunruhige dich nicht über Kleinigkeiten oder über gewöhnliche oder unvermeidliche Unglücksfälle.

12. Keuschheit: Übe geschlechtlichen Umgang selten, nur um der Gesundheit oder der Nachkommenschaft willen, niemals bis zur Stumpfheit, Schwäche oder zur Schädigung deines eigenen oder fremden Seelenfriedens oder guten Rufes.

13. Demut: Ahme Jesus und Sokrates nach.

Zivilisations- und Benimmregeln

George Washington verfasste – noch als Schüler – um 1745 seine Version der *Rules of Civility and Decent Behaviour*. Den Amerikanern gelten diese Regeln noch heute als moralische Wegweiser. Sie entsprechen weitgehend der Regelsammlung, die ein französische Jesuit im 16. Jahrhundert niedergelegt hat. Im Folgenden die wichtigsten:

Berühre in Gesellschaft mit deinen Händen keine Körperteile, die für gewöhnlich bedeckt sind.

Lege deine Kleidung niemals in Gegenwart von anderen ab und verlasse dein Zimmer nicht halb bekleidet.

Halte deine Füße beim Sitzen gerade und ruhig am Boden; stelle nicht einen Fuß auf den anderen und überkreuze sie auch nicht.

Verleihe deinem Gesicht einen gefälligen Ausdruck, doch zeige bei gewichtigen Angelegenheiten eine ernste Miene.

Mache vor den Augen anderer keine fahrigen Bewegungen und kaue auch nicht an den Nägeln.

Zeige gegenüber einem anderen niemals Schadenfreude, auch dann nicht, wenn es sich um deinen Feind handelt.

Halte Gespräche mit Geschäftsleuten kurz und bündig. Streite dich nicht mit deinen Vorgesetzten, sondern unterbreite deine Meinung anderen gegenüber stets mit Bescheidenheit.

Versuche nicht, jemand Gleichgestellten hinsichtlich seiner Tätigkeit zu belehren; das wirkt arrogant.

Wenn ein Mann alles in seiner Möglichkeit Stehende getan hat, aber dabei erfolglos geblieben ist, weise ihm deswegen keine Schuld zu.

Sei nicht selbst dessen schuldig, was du anderen vorwirfst, denn das Vorbild ist wirksamer als die Vorschrift.

Sprich nicht vorwurfsvoll gegen irgendjemand anderen; weder mit Flüchen noch mit Schmähungen.

Esse weder auf der Straße noch im Haus außerhalb der Essenszeiten.

Lenke nicht von anderen ab und übertreibe deine Befehle nicht.

Kritisiere nicht die Schwächen anderer Leute; das steht nur deren Eltern, Herren und Vorgesetzten zu.

Führe geschäftliche Gespräche zum rechten Zeitpunkt und flüstere nicht in Gegenwart anderer.

Sei in Gesprächen oder beim Vorlesen nicht weitschweifig, es sei denn, die anderen Anwesenden finden daran Gefallen.

Sei nicht neugierig hinsichtlich der Angelegenheiten anderer Leute und drängele dich nicht in Privatgespräche.

Versuche nichts, was du nicht leisten kannst, aber achte darauf, Versprechungen zu halten.

Sei in einem Gespräch nicht weitschweifig und vermeide Wiederholungen.

Sprich nicht schlecht von Abwesenden, dies ist ungerecht.

Trink und sprich nicht mit vollem Mund und starre auch nicht andere an, während du trinkst.

Wenn andere am Tisch etwas sagen, sei aufmerksam, aber sprich nicht mit Fleisch im Mund.

Lasse deine erholsamen Ertüchtigungen mannhaft sein, aber nicht sündig.

Arbeite daran, jenen kleinen Funken in deiner Brust zu erhalten, der die Bezeichnung ›Gewissen‹ verdient.

Konzept eines Gentlemans

In seiner Schrift *Vom Wesen der Universität* (1854, dt. 1960) beschreibt Kardinal John Henry Newman, was seiner Ansicht nach einen Gentleman ausmacht:

> Daher kommt es fast einer Definition des Gentlemans gleich, wenn man sagt: Er ist der Mann, der niemals Unannehmlichkeiten bereitet. Diese Begriffsbestimmung ist an ihren Grenzen ebenso fein wie erschöpfend. Seine Tätigkeit besteht vor allem darin, ganz einfach die Schwierigkeiten wegzuräumen, die der freien und ungestörten Wirksamkeit seiner Umgebung hindernd im Wege stehen. Dabei passt er sich lieber ihrer Gangart einfach an, als dass er selbst die Initiative ergreift. Seine Wohltaten lassen sich mit den Mitteln des Behagens oder der Bequemlichkeit bei Einrichtung der Privatwohnung vergleichen, etwa mit einem Lehnstuhl oder einem guten Feuer, die ihren Teil dazutun, Kälte und Müdigkeit zu

vertreiben, obwohl die Natur auch ohne sie Mittel zur Ruhe und Erwärmung bereithält. Ebenso vermeidet der wahre Gentleman sorgfältig alles, was einen Misston oder eine Verstimmung in die Seelen hineintragen könnte, mit denen er zusammenleben muss; jedes Aufeinanderplatzen der Meinungen, jeden Zusammenstoß der Empfindungen, jede zwangsmäßige Behinderung, jede Verdächtigung, allen Trübsinn und Ärger. Sein Hauptanliegen besteht eben darin, es jedermann behaglich und heimisch zu machen. Er hat Augen für jeden Einzelnen in seiner Gesellschaft. Er ist zartfühlend gegen die Schüchternen, freundlich gegen die Zurückhaltenden und taktvoll gegen Leute mit absonderlichem Wesen. Stets bleibt er sich bewusst, mit wem er spricht. Er hütet sich vor unpassenden Anspielungen und Gesprächsthemen, die jemand reizen könnten. Er tritt in der Unterhaltung selten hervor und ist niemals ermüdend. Er macht kein Aufhebens von seinen Gunstbezeigungen und scheint zu empfangen, wenn er gibt. Er spricht von sich nur, wenn er dazu gezwungen ist. Er verteidigt sich nie durch ein bloßes Umdrehen des Spießes. Er hat kein Ohr für Klatsch und Nachrede. Er hütet sich ängstlich, seinen Gegnern bestimmte Beweggründe zu unterstellen, und legt alles zum Besten aus. Er ist niemals kleinlich und gewöhnlich in seinen Streitgesprächen, nützt nie einen anderen zu seinem Vorteil aus, verwechselt niemals Beleidigungen und verletzende Worte mit Beweisen und macht keine üblen Andeutungen, wo er sich nicht frei auszusprechen wagt. In weitschauender Klugheit befolgt er den Grundsatz des alten Weisen, dass wir uns stets so gegen unseren Feind betragen sollten, als ob er eines Tages unser Freund werden sollte. Er hat zu viel gesunden Menschenverstand, als dass er sich über Beleidigungen aufregte. Er hat bei seiner vielfältigen Beschäftigung gar keine Zeit, Kränkungen nachzutragen, und ist zu träge und gleichgültig, Groll zu hegen. Aufgrund seiner philosophischen Prinzipien ist er geduldig, nachsichtig und gelassen. Er unterwirft sich dem Schmerze, weil er unvermeidlich, dem Verlust, weil er unersetzlich, und dem Tode, weil er sein unabwendbares Schicksal ist. Lässt er sich in eine Kontroverse ein, gleichviel welcher Art, so bewahrt ihn sein gebildeter Verstand vor der Unbeholfenheit und Unhöflichkeit anderer, vielleicht besserer, aber weniger gebildeter Geister, die gleich stumpfen Waffen zerhacken und aufreißen, anstatt glatt und sauber zu schneiden, die im Beweisgang den wesentlichen Punkt verfehlen, ihre Kraft an Belanglosigkeiten verschwenden, ihre Gegner missverstehen und schließlich die Frage verwickelter zurücklassen, als man sie vorgefunden hatte. Er mag mit seinen Anschauungen im Recht oder im Irrtum sein, jedenfalls denkt er zu klar, um ungerecht zu werden. Seine Worte sind so schlicht wie zwingend und so kurz wie entschieden. Nirgends werden wir größere Aufrichtigkeit, Rücksichtnahme und Nachsicht finden. Er sucht seine Gegner zu verstehen und trägt ihren Fehlern Rechnung. Er kennt die Schwächen der menschlichen Vernunft so gut wie ihre Stärken, ihren Wirkungsbereich und ihre Grenzen. Ist er ungläubig, so erweist er sich als zu tiefgründig und weitherzig, um die Religion lächerlich zu machen oder gegen sie zu arbeiten. Er ist zu klug, um in seinem Unglauben zum Dogmatiker oder Fanatiker zu werden. Er hat Achtung vor Frömmigkeit und Religiosität; ja, er setzt sich für Einrichtungen ein, die er an sich nicht bejaht, nur deswegen, weil er sie als ehrwürdig, schön oder nützlich erkennt. Er ehrt die Diener der Religion und begnügt sich damit, ihre Mysterien abzulehnen, ohne sie dabei anzugreifen oder zu verdächtigen. Er ist ein Freund religiöser Toleranz, nicht nur, weil seine Weltanschauung ihn gelehrt hat, alle Glaubensformen mit unparteiischem Auge zu betrachten, sondern auch aus der Zartheit und Feinheit des Empfindens heraus, die eine Begleiterscheinung der Kultur darstellen.

AUF DEM LAND

»Kein Mann wird als Künstler oder als Angler geboren.« (Izaak Walton, *Der vollkommene Angler,* 1958 [*The Compleat Angler*, 1653])

»Aha! Sieh nur, was ich geschaffen habe! Ich habe ein Feuer angezündet!« (Chuck Noland, *Castaway*, 2000)

»Mein Leben teilt sich in drei Abschnitte auf. Im ersten fühlte ich mich unglücklich, im zweiten unbehaglich und im dritten war ich auf der Jagd.« (Roger Scruton, *On Hunting*, 1998)

»Männer für gefährliche Reise gesucht. Niedriger Lohn, eisige Kälte, viele Stunden völlige Dunkelheit. Sichere Rückkehr zweifelhaft. Ehre und Anerkennung im Falle eines Erfolgs.« (Angebliche Zeitungsanzeige für Ernest Shackletons Südpolarexpedition. Eine Bestätigung für diesen Wortlaut konnte nie gefunden werden.)

»Piscator non solum piscatur – Fischen ist mehr als nur Fischen.« (Capital City Fly Fishers, Motto)

»Der Himmel wäre für mich eine Stierkampfarena, in der ich zwei Plätze in der ersten Reihe habe, und ein Forellenteich, in dem niemand außer mir angeln dürfte.« (Ernest Hemingway, *Brief an F. Scott Fitzgerald*, 1925)

»Du musst an den einen Schuss denken. Das ist alles. Ein Wild erlegt man mit einem Schuss.« (Robert de Niro in *Die durch die Hölle gehen*, 1978)

SURVIVAL-TIPPS

Messer

Das wichtigste Werkzeug, um in der Wildnis zu überleben, ist das Messer. Mit seiner Hilfe lassen sich zahlreiche andere Werkzeuge herstellen, um damit Nahrung zu sammeln, einen Unterschlupf zu bauen oder ein Feuer anzuzünden. Es ist überlebenswichtig und zugleich so selbstverständlich, dass es auf den meisten Listen der unverzichtbaren Utensilien fehlt. In erster Linie wird ein Messer dazu benutzt, um Holz zu zerkleinern, zweitens, um Essen zuzubereiten, an dritter Stelle stehen alle übrigen Verwendungsmöglichkeiten. Ideal sind zwei Messer: ein zusammenklappbares Taschenmesser mit ein oder zwei stabilen Klingen fürs Grobe und daneben ein Multifunktionsmesser für speziellere Arbeiten. Die besten Messer dieser Art stammen von Victorinox, Wenger (inzwischen von Victorinox aufgekauft), Gerber und Leatherman.

Überlebensutensilien

Ob Sie campen, Berge bezwingen oder sich verirrt haben – den Unterschied zwischen einer angenehmen und einer anstrengenden Zeit in der Wildnis macht eine Handvoll wichtiger Werkzeuge aus. In seinem *Survival Handbook* listet John Wiseman die folgenden 12 unverzichtbaren Utensilien auf. Deren Gesamtgewicht liegt unter 250 g.

Streichhölzer
Kerze
Feuerstein
Lupe
Nadel und Faden
Angelhaken und Schnur
Kompass
Knicklicht
Drahtschlinge
Flexible Säge
Erste-Hilfe-Set
Skalpellklingen

Anmerkungen

Streichhölzer Ein Feuer anzünden zu können ist die wichtigste Fertigkeit, die man beherrschen muss, um zu überleben. Streichhölzer sollten in einem wasserdichten Behältnis mitgenommen werden. Der Kopf kann zudem in Kerzenwachs getaucht werden, damit er wasserdicht versiegelt ist. Das Wachs kann dann abgeschabt werden, wenn ein Streichholz benötigt wird.

Kerze Im *Complete Book of Camping* macht sich Leonard Miracle sehr für die Kerze stark: »Wenn man sie mit einem Streichholz anzündet, brennt sie lange genug, um auch das widerborstigste Zunderholz auszutrocknen und zu entzünden. Im Zelt sorgt sie für Licht, und unter eine Dose oder einen Topf gestellt, kann sie Essen erwärmen oder Kaffeewasser zum Kochen bringen, wenn keine andere Wärmequelle zur Verfügung steht. Eine dicke Kerze in eine Blechdose gestellt ergibt eine winzige Heizung, die in einem kleinen Zelt die Temperatur deutlich steigen lassen kann. Reibt man geschmolzenes Kerzenwachs in den Zeltstoff, kann man auf diese Weise ein kleineres Loch verschließen, und die Nähte eines Lederstiefels lassen sich mit dem Wachs versiegeln.«

Feuerstein Der Feuerstein (ein künstlicher, kein echter Feuerstein), der praktisch nicht aufgebraucht werden kann, wird benutzt, um Funken zu erzeugen, indem man mit einem Stück Stahl auf ihn schlägt. Diese Funken sind langlebiger und ergiebiger als die, die sich mit einem echten Feuerstein erzeugen lassen. Damit stehen die Chancen besser, damit Zunder zum Brennen zu bringen.

Lupe Sie kann benutzt werden, um dunklen Zunder anzuzünden (siehe *Feuer*, S. 160), indem man mit ihr die

Sonnenstrahlen bündelt. Eine Lupe ist auch hilfreich, wenn man Splitter oder Stachel aus dem Fleisch holen muss.

Nadel und Faden Ein dünner Nylonfaden ist besser als einer aus Baumwolle. Nehmen Sie Nadeln in verschiedenen Größen mit, auch eine besonders stabile, um mit Angelschnur dickere Stoffe zusammenzunähen.

Angelhaken und Schnur Sie werden gegebenenfalls eher kleine als große Fische fangen, daher sollten Sie kleinere Haken mitnehmen. Geflochtene Nylonschnur ist besser als monofile Schnüre. Sie ist nicht so anfällig für Beschädigungen, außerdem kann man mit ihr besser ein Zelt oder einen Rucksack flicken oder Zweige zusammenbinden.

Kompass Ein »schwebender« Kompass ist generell besser als einer, bei dem die Kompassnadel »trocken« aufliegt. Achten Sie darauf, dass es sich um eine phosphoreszierende Kompassnadel und -rose handelt, damit der Kompass auch in der Nacht gut abgelesen werden kann.

Knicklicht Knicklichter in Plastikröhrchen leuchten durch eine chemische Reaktion, die beim Knicken des Röhrchens entsteht. (Ein *Beta-Licht* – radioaktiv, auch bekannt als Radioluminiszenz – leuchtet sogar über zehn Jahre lang. Das Licht entsteht durch den Beta-Zerfall des instabilen Wasserstoff-Isotops Tritium, die Halbwertzeit beträgt 12,3 Jahre).

Drahtschlinge Eine Drahtschlinge wird benutzt, um Beutetiere zu fangen, indem diese mit dem Kopf oder mit einem Bein hineingeraten. Zieht das Tier an der Schlaufe, zieht sie sich zu und sorgt dafür, dass die Beute nicht entkommen kann. Auch wenn die Schlinge hier aufgeführt ist, um Tiere zu fangen, kann sie auch benutzt werden, um praktisch alles festzuzurren.

Drahtschlingen richtig als Fallen aufzubauen ist eine Wissenschaft für sich und erfordert beträchtliches Können.

Flexible Säge Es gibt davon zwei Typen: Drahtsägen und Handkettensägen. An beiden Enden dieser Sägen befinden sich Griffe. Eine Drahtsäge ist ein Stück Draht mit einer rauen Oberfläche, eine Handkettensäge besteht aus einer mit Sägezähnen besetzten Kette, ähnlich wie bei einer Motorsäge. Mit ca. 180 g ist die Kettensäge die schwerere von beiden, dafür lässt sich mit ihr aber auch effizienter arbeiten.

Erste-Hilfe-Set »Was man mitnimmt, hängt davon ab, wie gut man damit umgehen kann«, rät Wiseman und schlägt Folgendes vor: Schmerzmittel, Durchfalltabletten, Antibiotikum, Antihistamin, Tabletten zur Wasser-Sterilisation, Malariatabletten, Kaliumpermanganat, Wundgarn und Pflaster. Neben seiner Eigenschaft, Wasser und Wunden zu sterilisieren, ist Kaliumpermanganat entzündlich, wenn man es mit Zucker mischt (im Verhältnis 1 : 2) und mit einem Stein daraufschlägt.

Skalpellklingen Diese Klingen sollen eigentlich in Verbindung mit speziellen Metallgriffen benutzt werden, aber sie lassen sich notfalls auch an einem improvisierten Holzgriff befestigen.

FEUER

Wie man ein Feuer anzündet

Primitive Methoden, ein Feuer anzuzünden – z. B. indem man Holz an Holz reibt oder Feuersteine gegeneinanderschlägt –, sind prinzipiell sehr reizvoll, aber erstens sind sie sehr anstrengend und zweitens setzen sie optimale Bedingungen voraus. Zunder mit den Funken eines Feuersteins zum Brennen zu bringen erfordert wochenlanges Üben und Experimentieren. Nachfolgend werden daher einige praktikablere und erfindungsreichere Methoden beschrieben.

Lupe Eine der einfachsten Möglichkeiten, ein Feuer zu entzünden, ist der Einsatz einer Lupe. Hält man sie ein paar Zentimeter über den Boden, bündelt sie die parallel einfallenden Sonnenstrahlen, so dass man den meisten dunklen Zunder damit anzünden kann.

Frischhaltefolie Haben Sie keine Lupe zur Hand, kann man auch aus Wasser und Frischhaltefolie eine funktionierende Linse basteln. Verwenden Sie ein etwa 30 mal 30 cm großes Stück Folie, halten Sie die vier Ecken nach oben und füllen Sie Wasser in die Folie. Drehen Sie dann die vier Ecken zusammen, so dass annähernd eine Kugel entsteht. Mit ein wenig Übung lassen sich die Sonnenstrahlen so sehr auf einen Punkt konzentrieren, dass man Zunder zum Brennen bringen kann.

Cola-Dose Grundsätzlich kann man Sonnenstrahlen auch mit Hilfe einer Reihe von Taschenspiegeln konzentrieren, indem man diese so ausrichtet, dass die Strahlen sich alle an einem Punkt treffen. Es ist dasselbe Prinzip wie beim Parabolspiegel, der in Teleskopen Verwendung findet. Da man aber selten gleich mehrere Spiegel und noch seltener einen Parabolspiegel zur Hand hat, kann man zu einem viel einfacheren Hilfsmittel greifen, das nach ein wenig Bearbeitung die gleiche Wirkung zeigt: dem Boden einer Cola-Dose (oder jeder anderen Aluminiumdose). Der konkave Boden hat bereits die richtige Form, aber die matte Oberfläche muss auf Hochglanz gebracht werden. Das erreicht man am besten, indem man den Boden zunächst mit Scheuerpulver oder Stahlwolle bearbeitet und anschließend eine feine Paste aufträgt, beispielsweise Zahncreme. Tragen Sie sie mit einem Lappen oder mit einer Zahnbürste auf und polieren Sie die Oberfläche anschließend mit dem Lappen, bis sie glänzt. Welche Politur Sie verwenden, ist nicht entscheidend – einige führen lediglich schneller zum Ergebnis als andere. Es ist nur äußerst wichtig, dass Sie eine feine Politur für die letzte Schicht nehmen.

Magnesium Dieses Leichtmetall ist als Pulver oder in Form von Spänen extrem leicht entflammbar (aber nicht explosiv), während es als Block nicht verbrennt. Sie können sich ein schmales Stück Magnesium und einen Feuerstein besorgen, um auch unter extremen Wetterbedingungen ein Feuer anzuzünden. Schaben Sie mit dem Taschenmesser so viel von dem weichen Metall ab, dass die Späne ein Häufchen von mindestens einem Zentimeter Höhe bilden. Schlagen Sie mit der Messerklinge auf den Feuerstein, damit Funken in die Späne fliegen. Ist das Magnesium erst einmal entzündet, brennt es mit einer sehr heißen, weißen Flamme. Bedecken Sie es dann sofort mit Zunder.

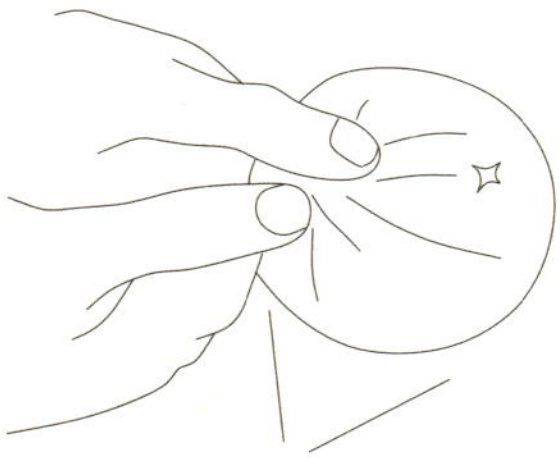

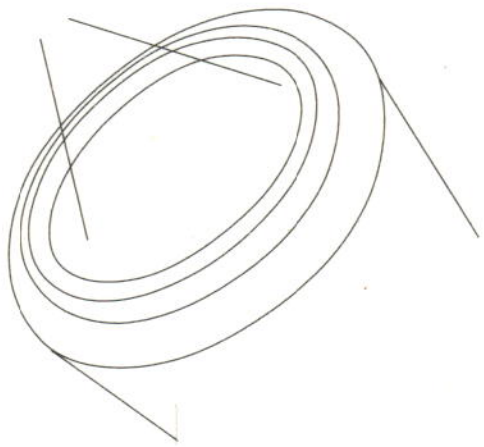

Brennholz

Alles leicht brennbare Material, das man verwenden kann, um ein Feuer zu entzünden, wird als Zunder bezeichnet – ob trockenes Papier, trockene Blätter, getrocknete Baumrinde oder Holz. Wenn man mit gebündeltem Licht ein Feuer entzünden will, ist es wichtig, dass der Zunder dunkel ist, weil er nur dann, im Gegensatz zu hellen Materialien, das Licht absorbiert. Im Fall der Cola-Dose muss der Zunder auf einem dünnen Stock oder Stäbchen festgemacht sein, damit er nicht die Sonnenstrahlen blockiert.

Ist das Feuer entzündet, gibt man nach und nach zusätzlichen Zunder und Kleinholz dazu, damit die Glut nicht erlischt. Hat man erst einmal eine Grundlage geschaffen und das Feuer brennt gleichbleibend, kann jedes beliebige Holz verwendet werden, auch frisches oder nasses Holz. Letzteres wird zudem schnell trocken, wenn man es in der Nähe des Feuers plaziert. Dennoch sind einige Holzarten besser als Brennmaterial geeignet als andere. Die vorrangig erwünschten Eigenschaften sind eine hohe Hitzeerzeugung bei geringer Rauchentwicklung und geringen Ascheresten. Der Energieausstoß von Brennholz wird in Kilowattstunden pro Raummeter oder Kilogramm angegeben. Ein Raummeter oder auch Ster entspricht einem Kubikmeter aufgeschichtetes Holz. Der Heizwert verschiedener nordamerikanischer und europäischer Bäume ist unten aufgelistet. Eine gute Orientierung bietet das Gewicht des Holzes – der Energiewert steht in einem fast direkt proportionalen Verhältnis zu seiner Dichte. Generell kann man sagen, dass die Bäume, die am langsamsten wachsen – z. B. Eiche und die meisten Obstbäume –, das dichteste Holz haben.

Holzsorte	*kwh/Rm*	*Holzsorte*	*kwh/Rm*
Eiche	2100	Kirsche	1700
Eukalyptus	2100	Lärche	1700
Robinie	2100	Fichte	1600
Buche	2100	Kiefer	1700
Esche	2100	Erle	1500
Ulme	1900	Tanne	1400
Birke	1900	Weide	1400
Ahorn	1900	Pappel	1200
Douglasfichte	1700		

KNOTEN

Im weitesten Sinne gelten alle praktische oder dekorative Verknüpfungen in einem Seil als Knoten. Die meisten praktischen Knoten kann man in drei Kategorien einteilen: Verbindungsknoten, die benutzt werden, um zwei Seile miteinander zu verbinden, Befestigungsknoten, die benutzt werden, um ein Seil an einem Objekt festzumachen, und Knoten in Form einer Verknüpfung innerhalb eines Seils.

Der einfachste Knoten ist der Überhandknoten, der der ersten Hälfte eines Kreuzknotens entspricht. Ist er um einen Gegenstand gelegt, nennt man ihn einen halben Schlag. Zwar ist der Kreuzknoten der vermutlich bekannteste aller Knoten, dennoch wird er oft mit dem praktisch nutzlosen Altweiberknoten verwechselt. Der Palstek, manchmal als der König der Knoten bezeichnet, bildet eine einfache, aber stabile feste Schlaufe am Ende eines Seils. Eine narrensichere und extrem zuverlässige Alternative ist der Achterknoten, der beim Bergsteigen zur Anwendung kommt.

Einigen der unten aufgeführten Knoten begegnet ein Mann im Alltag recht häufig. Ein halber Schlag wird benutzt, um sich die Ärmel eines Pullovers um die Taille zu binden. Ein Ascot-Halstuch wird mit einem Kreuzknoten gebunden, bevor die übereinanderliegenden Enden zusammengesteckt werden. Der übliche Krawattenknoten Four-in-Hand entspricht dem Gordingstek. Der scheinbar so komplizierte Knoten in einer Fliege ist nichts weiter als ein Kreuzknoten, welcher beim Schuhebinden verwendet wird.

Wenn die Schleife einer Fliege oder eines Schnürsenkels um 90° schief sitzt, dann wurde sie mit einem Altweiberknoten gebunden, nicht mit einem Kreuzknoten. (Näheres zu Knoten für Krawatten und Fliegen siehe S. 113.)

Knoten, die man kennen sollte

Knoten	*Verknüpfung in einem einzelnen Seil*
Reff- oder Kreuzknoten	Gewöhnlicher Knoten beim Päckchenpacken, bei Verbänden usw.
Altweiberknoten	Häufig anzutreffen; nutzloses Ergebnis eines misslungenen Kreuzknotens.
Kreuzknoten, doppelt auf Slip gelegt	Leicht zu öffnender Knoten für Schnürsenkel, Geschenke und Schleifen.
Chirurgenknoten	Rutscht beim Schnüren nicht so leicht auseinander wie der Kreuzknoten.
Palstek	Unverzichtbarer Knoten für eine feste Schlaufe am Ende eines Seils.
Achterknoten	Leicht einzuprägende feste Schlaufe für kritische Situationen.

Schmetterlingsknoten	Eine feste Schlaufe in einem Seil. Zweckmäßig als Haltegriff.
Spanischer Palstek	Zwei verstellbare starke Schlaufen in einem Seil.
Trompete	Verkürzt ein zu langes Seil, ohne die Enden einzubeziehen.

Befestigungsknoten	*Zur Befestigung eines Seils an einem Gegenstand*
Zimmermannschlag	Sehr nützlich, wenn das Seil permanent belastet wird, z. B. wenn Baumstämme bewegt werden sollen.
Mastwurf	Wird verwendet, um ein Seil an Stangen oder Pfählen zu befestigen.
Konstriktor- oder Würgeknoten	Ein erstaunlich stabiler Knoten für Bäume und Masten.
Gordingstek	Ein fester Knoten, dem ein plötzliche Ruck nichts ausmacht.
Topsegelschotstek	Leicht zu verstellen, um ein Seil zu straffen. Praktisch für Zelte.
Clinch-Knoten	Macht eine Monofilschnur an einem Haken fest.

Verbindungsknoten	*Zur Verbindung zweier Seile*
Schotstek	Wenn ein Seil dicker ist, sollte es das rechte sein.
Trossenstek	Für gleich dicke Seile, besonders für schwere Seile.

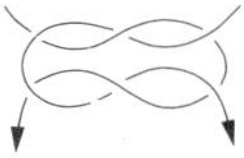
Kreuzknoten

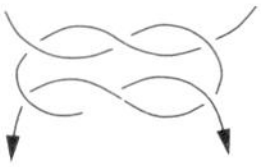
Altweiber-
knoten

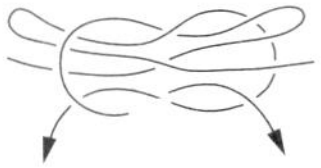
Kreuzknoten, doppelt
auf Slip gelegt

Chirurgen-
knoten

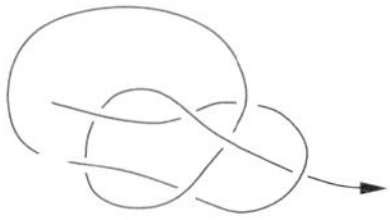
Palstek

Achter-
knoten

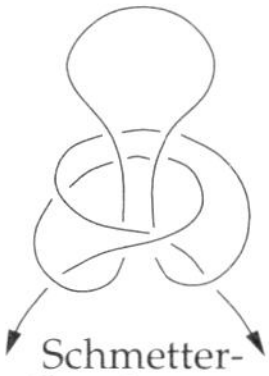
Schmetter-
lingsknoten

Spanischer
Palstek

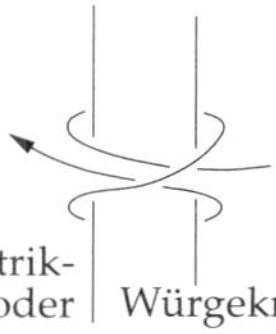
Konstrik-
tor- oder Würgeknoten

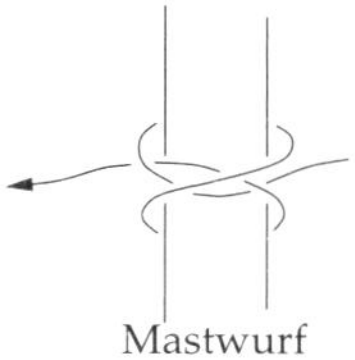
Mastwurf

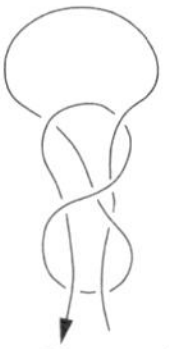
Gordingstek

Topsegel-
schotstek

Schotstek

Trossenstek

Zimmermann-
schlag

Trompete

Clinch-Knoten

BAUMHÄUSER

Auch wenn jeder Mann von Baumhäusern fasziniert ist, verfügen nur die wenigsten von ihnen über die Grundlagen, um in einem Baum eine stabile, bequeme Plattform zu errichten. Das Geheimnis für das perfekte Baumhaus sind die Bolzen – aber dazu später mehr. Wir beginnen mit einigen Überlegungen für die Planung.

Hindernisse

Zwei potentielle Hürden sind schon bei der Planung zu bedenken: eine Baugenehmigung und die Nachbarn. Eine Baugenehmigung ist in der Regel nicht erforderlich. Da dies Sache der Länder ist, empfiehlt es sich jedoch, in seinem Bundesland nachzufragen. Um Probleme zu vermeiden, sollte man auf Elektrizität und sanitäre Anlagen besser verzichten. Ein Stromkabel vom Haus bis zum Baumhaus genügt in den meisten Fällen, um eine ausreichende Stromversorgung sicherzustellen. Zweitens wird man ein Baumhaus fast zwangsläufig aus der Entfernung sehen können, und Nachbarn, die darüber nicht glücklich sind, werden sich sehr wahrscheinlich beschweren. Um solchen Problemen aus dem Weg zu gehen, sollte man potentiell schwierige Nachbarn von vornherein in die Planung einbeziehen – es fällt einem schwerer, sich über etwas zu beschweren, wenn man die ganze Zeit gewusst hat, dass es kommen wird. Hilfreich ist es auch, bei der Kommune nach den Verordnungen über Maximalhöhen und Mindestabständen, die oft in Nachbarschaftsgesetzen festgelegt sind, zu fragen. Außerdem ist es ratsam, das Baumhaus so schön wie möglich zu gestalten. Das Äußere sollte möglichst naturbelassen wirken, weshalb man in einem Baum auf Farben, Plastik usw. verzichten sollte.

Fundament

Ein Baumhaus zu bauen unterscheidet sich nur wenig von der Konstruktion eines beliebigen Gebäudes. Allerdings stellt das Fundament eine besondere Herausforderung dar, weil drei wichtige Punkte zu beachten sind. Erstens ist ein Baum ein Lebewesen. Das bedeutet, dass die Trageflächen des Baumhauses zwar stabil sein müssen, den Baum aber nicht verletzen dürfen. Zweitens darf das Fundament nur auf einer begrenzten Anzahl von Auflagepunkten ruhen. Entgegen der Intuition ist es das Beste, die Zahl der Auflagepunkte so klein wie möglich zu halten, üblicherweise bei drei bis vier derartigen Punkten. Drittens bewegt sich ein Baum (abgesehen von seinem natürlichen Wachstum), wenn der Wind hindurchweht. Daher müssen die Auflagepunkte so ausgewählt sein, dass das Haus nicht durch Bewegungen des Stamms oder der Äste gefährdet wird.

Ist das Fundament erst einmal sicher im Baum befestigt, kann man Wände und Dach in herkömmlicher Weise aufbauen. Viele der prachtvollsten Baumhäuser sind über Treppen oder vom ersten Stock eines Hauses über eine Brücke zu erreichen, doch das widerspricht eigentlich dem Sinn des Baumhauses. Schließlich will man sich darin von der Außenwelt zurückziehen und somit nicht erreichbar sein. Eine Strickleiter ist die beste Methode, um in ein Baumhaus zu gelangen. Ist man erst mal oben, kann man die Leiter hochziehen und hat seine Ruhe.

Bolzen

Um zu verstehen, wie man ein Baumhaus am besten befestigt, ist ein kleiner Ausflug in die Baumkunde hilfreich. Der lebende Teil eines Baums besteht aus der Rinde sowie den ersten 1–5 cm unter der Rinde, durch die Nährstoffe zu den Ästen und Blättern transportiert werden.

Das Innerste, das sogenannte Kernholz, ist abgestorben, behält aber seine Standfestigkeit. Folglich wird dem Baum eine umso schwerere Verletzung zugefügt, je großflächiger der Schaden an Rinde und obersten Holzschichten ist. Am harmlosesten ist ein kleines Loch im rechten Winkel zur Oberfläche – wie eben das Bolzenloch. Wickelt man eine Schnur um den Baum, dann wird nach und nach der Transport der Nährstoffe zu den Ästen unterbrochen, womit der Baum quasi erwürgt wird. Schrauben und Nägel sorgen zwar prinzipiell für feste, stabile Verbindungen, für den Bau eines Baumhauses sind sie aber aus zwei Gründen nicht zu empfehlen: Erstens dringen sie nicht tief genug in den Stamm ein, um wirklich für Halt zu sorgen, zweitens können zu viele kleine Verletzungen auf einer relativ kleinen Fläche bewirken, dass der Baum diesen Bereich sozusagen abschaltet und er abstirbt. Die beste Lösung sind schwere Bolzen mit einem Durchmesser von mindestens zwei Zentimeter. Sie werden mit einem Gewinde versehen und in ein vorgebohrtes Loch geschraubt. Speziell hergestellte Bolzen, sogenannte Garnier Limbs, die im Internet erhältlich sind, haben einen Durchmesser von ca. 3 cm und tragen rund 3500 kg.

Bewegung

Je höher ein Baum reicht, umso mehr kann er schwanken. Gleichzeitig nimmt die Widerstandskraft mit zunehmender Höhe ab. Mit anderen Worten: Ein Baum funktioniert wie ein Hebel, der am Fuß kleine, aber kräftige Bewegung bewirkt. Eine relative Bewegung von 2–3 cm bei einem Sturm kann den stärksten Bolzen sprengen. Dass ein Baum wächst, ist normalerweise kein Grund zur Sorge. Das Wachstum in die Höhe spielt sich in den Astspitzen ab, nicht im Stamm oder in den Ästen selbst. Das Wachstum im Umfang, das natürlich ständig stattfindet und für die Jahresringe im Holz sorgt, ist ein viel langsamer ablaufender Prozess.

Es gibt drei Wege, um die Auswirkungen der Bewegungen eines Baums auf ein Minimum zu reduzieren. Die erste Methode ist die, das Baumhaus an einem einzigen Stamm zu bauen (siehe Skizze unten links). Die zweite Methode ist die, dicht genug über dem Boden zu bleiben, so dass die Bewegungen des Stamms oder der Äste bedeutungslos sind. Die dritte Methode, der der Vorzug zu geben ist, löst das Problem mithilfe von schwebenden Kontakten mit den Bolzen, was nachfolgend näher beschrieben wird.

Kontaktpunkte

Die Auswahl des Baumes und des richtigen Astes ist eine Kunst für sich. Nadelbäume haben lange, teilweise dicke Stämme, aber nur selten entsprechend stabile Äste. Soll ein Nadelbaum die Heimat für ein Baumhaus werden, muss man es entweder am Stamm selbst befestigen oder aber in eine Gruppe aus mehreren Stämmen setzen. Laubbäume lassen der Fantasie deutlich mehr Spielraum. Eine Astgabel kann als praktischer schwebender Auflagepunkt dienen. Die unten abgebildeten drei Varianten zeigen die Befestigungsmöglichkeiten an einem, drei und vier Stämmen oder Ästen. Beachten Sie, dass die erste Lösung vier Bolzen sowie diagonale Stützstreben erforderlich macht. Die Tragbalken sind 5 cm dick und 15 cm breit. Die Stellen, an denen die Balken auf den Bolzen liegen, sollten mit

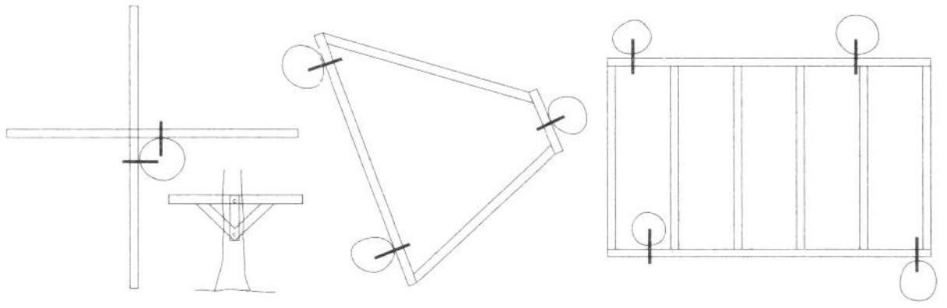

Stahlklammern versehen sein. Wenn die Bolzenenden nicht ohnehin schon hervorragen, kann man Muttern an ihnen festschweißen, damit die Balken nicht wegrutschen.

WERKZEUGE

Nachfolgend eine Liste der 50 nützlichsten Werkzeuge für Haushaltsreparaturen und Bauprojekte.

Unentbehrliche Werkzeuge

Bohrer Ein Handbohrer mag für kleinere Arbeiten praktisch sein, aber er kann es nicht mit der Leistungsfähigkeit eines Akkubohrers aufnehmen.

Fuchsschwanz Sägen gibt es in den verschiedensten Variationen, aber für ein zügiges Arbeiten und lange, gerade Schnitte ist der Fuchsschwanz das beste Werkzeug.

Hammer Es gibt verschiedene Typen, aber am vielseitigsten einsetzbar ist ein Klauenhammer mit einem Stiel aus Hickory-Holz oder Fiberglas.

Maßband, 2 m Länge Mindestens 2 cm breit und mit Angaben in cm und Zoll. Breitere Maßbänder bleiben bei größeren Längen besser gerade.

Schraubendreher Schlitzschraubendreher und Kreuzschraubendreher jeweils in verschiedenen Größen. Schaffen Sie sich auch die entsprechenden Aufsätze für den Akkubohrer an.

Stemmeisen Eine kleine Auswahl an Stemmeisen in verschiedenen Breiten ist unverzichtbar. Am besten benutzt man sie mit dem Holzhammer eines Zimmermanns, nicht mit einem gewöhnlichen Hammer.

Universalschneider Damit lassen sich nicht nur Karton, Isoliermaterial und Teppichboden schneiden, die scharfe

Klinge ist auch ideal, um Holz zu kerben. Am besten mit einer Klinge, die man stückweise abbrechen kann.

Verstellbare Flachzange Von den vielen verschiedenen Flachzangen, die der Handel bietet, ist diese im Alltag am vielseitigsten einsetzbar.

Verstellbare Zange Vielleicht das eleganteste Werkzeug von allen, das für zahllose Zangentypen einspringen kann.

Wasserwaage Mit ihrer Hilfe bestimmt man die Horizontale, die Vertikale und Winkel von 45° – beim Bilderaufhängen bis zum Hausbau.

Werkzeug-Grundausstattung

Abisolierzange
Ahle
Bandschleifmaschine
Bohrerset
Eisensäge
Feilen (für Holz und Metall)
Flachmeißel
Fugenpistole
Glasschneider
Gripzange
Hobel
Holzhammer
Inbusschlüssel
Isolierband
Kneifzange
Kreissäge
Lot
Mauerschnur, 30 m
Nadelzange
Nägel- und Schraubensortiment
Ölstein
Pendelhubstichsäge
Rohrzange
Schleifpapier, verschiedene Stärken
Schraubendreher mit austauschbarem Kopf
Schraubstock
Schraubzwingen
Schreinerbleistift
Schreinerwinkel
Seitenschneider
Spitzzange
Steckdosen und Fassungen
Stemmeisen
Tacker
Werkzeuggürtel
Werkzeugkasten
Winkelmesser
Zirkel

TRINKEN

»Ich habe neunzig Prozent meines Geldes für Frauen, Drinks und schnelle Autos ausgegeben. Den Rest habe ich sinnlos verprasst.« (George Best)

»Das Schwierige daran, ein Barkeeper zu sein, ist, zu entscheiden, wer betrunken und wer einfach nur dumm ist.« (Richard Braunstein)

»Ein Mann, der sich eine Blöße gibt, wenn er berauscht ist, beherrscht nicht die Kunst des Betrinkens.« (Samuel Johnson, in Boswell, *Das Leben Samuel Johnsons*, 1985 [*The Life of Johnson*, 1791])

»Ich glaube, wenn wir die Gewohnheitstrinker als eine eigene Klasse nehmen, werden sie in ihren Köpfen und ihren Herzen im Vergleich mit jenen aus jeder anderen Klasse vorteilhaft abschneiden. Es scheint so immer eine Neigung bei den Genialen und den Heißblütigen zu geben, dieser Sünde zu erliegen.« (Abraham Lincoln, Rede vor der Washingtonian Temperance Society, 1842)

»Ein intelligenter Mann ist manchmal gezwungen, sich zu betrinken, damit er Zeit mit seinen Freunden verbringen kann.« (Ernest Hemingway)

»Trinkt auf mich!« (Pablo Picasso, letzte Worte)

»Wer schnell trinkt, zahlt langsam.« ❧ »Lobe nie deinen Apfelwein oder dein Pferd.« ❧ »Es gibt mehr alte Trinker als alte Ärzte.« ❧ »Bier ist der Beweis dafür, dass Gott uns liebt und will, dass wir glücklich sind.« (Benjamin Franklin, *Poor Richard's Almanack*, 1732–1757)

BIER

Bier ist ein alkoholisches Getränk aus vergorenem Getreide. Getränke aus anderen vergorenen Stoffen sind z. B. Met (aus Honig), Cider (aus Apfelsaft), Wein (aus Traubensaft) und Birnenmost (aus Birnensaft).

Die Inhaltsstoffe eines Bieres beschränken sich im Allgemeinen auf Wasser, gemalzte Gerste, Hopfen und Hefe. Das Malzen von Gerste bedeutet, dass man sie keimen lässt. Dadurch werden Enzyme freigesetzt, die aus der Stärke Zucker machen. Vom Hopfen verwendet man die Blütenzapfen, die Geschmack und Bitterkeit beisteuern. Hefe bewirkt die Gärung – die Umwandlung von Zucker in Alkohol –, wobei Kohlensäure ein natürliches Nebenerzeugnis ist.

Bier kann man nach der Art der Hefe unterteilen, die bei der Gärung benutzt wird. Wilde, natürlich vorkommende Hefe wird für *Lambics* benutzt. Überwiegend wird Hefe aber gezüchtet. Obergärige Hefe steigt nach der Gärung an die Oberfläche, untergärige Hefe setzt sich am Boden ab.

Untergärige Biersorten

Untergärung ist eine jüngere Erfindung als Obergärung, folglich gibt es keine so breite Palette an unterschiedlichen Sorten. Kennzeichnend ist die durchscheinende Farbe und der klare, frische Geschmack.

Helles Lagerbier (z. B. Budweiser, Carlsberg, Heineken, Binding) hat minimalen Malz- oder Hopfencharakter und ist in der Farbe hellgolden bis strohblond. Lagerbiere werden manchmal als Saisonbiere bezeichnet. Sie haben keinen markanten Geschmack, da ihre Stammwürze unter 12,5 % liegt. Aufgrund seiner hellen Farbe wird diese Art Bier in Bayern auch als »Helles« bezeichnet. Diese Biersorten werden aggressiv vermarktet und die Brauereien üben Druck auf Bars und Pubs aus, damit ihre Produkte auf Kosten von edleren, markanteren Sorten exklusiv angeboten werden. Der Name Lager stammt aus dem Deutschen: Dieses Bier ist in der Regel länger haltbar (lagerbar) als andere Biersorten.

Pils hat eine helle, goldene Farbe und einen ausgeprägten Hopfengeschmack. Ein Pils sollte 5 % Alkohol oder nur geringfügig weniger haben. Beispiele dafür sind Bitburger, Budweiser, Warsteiner, Beck's und Pilsner Urquell. Diese spritzige Bierart ist das meistgetrunkene Bier in Deutschland.

Bockbier (Amstel Herfstbock, Paulaner Salvator) ist eine starke, saisonal gebundene, meist eher dunkle Variante des Lager mit minimalem Hopfencharakter und etwa 7 % Alkohol. Seinen Ursprung hat Bockbier in der deutschen Stadt Einbeck. Durch ihren robusten Charakter sind sie von Herbst bis Frühlingsanfang besonders beliebt. Variationen sind die kräftigeren Sorten *Doppelbock* und *Eisbock*, wobei Letzteres dadurch hochprozentiger wird, indem es leicht gefroren und das Eis entfernt wird (Wasser friert vor Alkohol).

Dunkles Lagerbier und *Schwarzbier* gehören zu den untergärigen Vollbieren mit leichtem Hopfengeschmack. Die mal mehr, mal weniger dunkle Farbe verdanken diese Biere der Verwendung von dunklem Malz. Beliebt ist das Köstritzer Schwarzbier.

Obergärige Biersorten

Das obergärige Bier – im Englischen *Ale* – ist eine viel ältere Biersorte als Lager und besitzt einen komplexen, fruchtigen Geschmack. Es gibt eine beachtliche Bandbreite an Variationen, von denen sich manche einer leichten Einordnung entziehen.

Alt ist ein dunkelfarbiges Vollbier mit rund 4,8 % Alkohol und starkem Hopfengeschmack. Es wird vor allem im Rheinland getrunken, in der Regel aus kleinen Gläsern mit 0,2 Litern Fassungsvermögen.

Kölsch (z. B. Gaffel) hat ebenfalls ca. 4,8 % Alkohol und wird auch aus kleinen Gläsern getrunken. Es darf nur in Köln und unmittelbarer Umgebung unter diesem Namen gebraut werden.

Bitter (z. B. Fuller's London Pride, Brains SA, Young's Bitter) bezeichnet ein kohlensäurereiches, helles Bier im Stil eines Ales, das für gewöhnlich frisch vom Fass gezapft wird. Es macht einen Großteil des in Großbritannien umgesetzten Ales aus.

Old Ale (z. B. Theakston Old Peculier, Adnams Broadside) ist stärker und hat einen malzigen Geschmack, oftmals schmeckt es auch süßlich.

India Pale Ale (IPA) wurde ursprünglich für den Export nach Indien hergestellt und hat einen hohen Anteil an Hopfen, der als Konservierungsmittel für die lange Reise diente. Beispiele dafür sind Brains IPA und Burton Bridge Empire Pale Ale.

Barley Wine (z. B. Bass No. 1, Young's Old Nick) bezeichnet für gewöhnlich das stärkste Ale eines Bierbrauers, das üblicherweise 8 % Alkohol oder mehr hat. Eine geringfügig schwächere Variante läuft oft unter der Bezeichnung *Winter Warmer* (Fuller's 1845, Young's Winter Warmer).

Porter und *Stout* werden aus dunkel geröstetem Malz oder aus Gerste gebraut und sind dunkelbraun bis schwarz. Das etwas hellere von beiden ist das *Porter* (z. B. Burton Bridge Porter, Whitbread Porter), das nach einer Phase sinkender Nachfrage seit kurzem wieder verstärkt getrunken wird. *Stout*, das komplexer und sättigender ist, lässt sich weiter unterteilen in *Dry Stouts* (Guinness, Murphy's, Beamish) und *Sweet*

Stouts (z. B. Young's Oatmeal Stout, Farson's Lacto Milk-Stout).

Belgische Biere umfassen eine Vielzahl an obergärigen Bieren, die in Belgien und zum Teil auch in den Grenzregionen der Nachbarstaaten gebraut werden. Sie neigen zu einem sehr markanten Geschmack und zu ihnen gehören viele der weltweit angesehensten Biersorten. Zu den bekannteren Brauereien gehören Leffe, Rodenbach und Duvel.

Abteibiere werden in Brauereien produziert, die entweder an ein Kloster angeschlossen sind oder die deren Brauart imitieren (z. B. L'Abbaye des Rocs, Karmeliet).

Trappistenbiere werden in Trappistenklöstern unter der Aufsicht der dortigen Mönche gebraut und genießen internationales Ansehen. Derzeit dürfen sieben Abteien das Logo »Authentisches Trappistenprodukt« tragen: Achelse Kluis, Chimay, De Koningshoeven (La Trappe), Orval, Rochefort, Westmalle und Westvleteren.

Dubbels sind doppelt fermentiert, stark (über 6,5 % Alkohol) und dunkel, dabei haben sie einen malzigen, fruchtigen Geschmack. Noch stärker sind *Tripels*, die eine helle Färbung und einen deutlichen Hopfencharakter aufweisen.

Weizenbier ist ein Bier, das neben Gerste auch aus Weizenmalz gebraut wird; es wird auch Weißbier genannt (z. B. Erdinger, Hoegaarden, Celis White). Dieses Bier ist hell und trüb, hat etwa 5,5 % Alkohol und einen fruchtigen Geschmack. Manchmal wird es mit Orangenschale oder Koriander gewürzt. Es ist eine der erfrischendsten Biersorten, die besonders bei warmem Wetter sehr beliebt ist und zuweilen mit einer Scheibe Zitrone serviert wird.

Lambic

Lambics sind weder ober- noch untergärig, sondern basieren auf der Hefe, die in der Region heimisch ist, in der sie gebraut werden (üblicherweise rund um Brüssel). Dies ist eine der ältesten Arten, Bier zu brauen. Lambics haben einen komplexen, herben und trockenen Geschmack mit einem Beigeschmack von Hefe. Beispiele sind Lindemans Cuvée René, Cantillon Gueuze-Lambic und Gueuze Girardin. *Fruchtbiere* werden aus Lambics hergestellt, denen man Früchte zugibt, deren Zucker zu einer erneuten Fermentierung führt. Bei *Kriek* (Kriek Girardin, St. Louis Kriek) und *Framboise* werden Kirschen bzw. Himbeeren dazugegeben.

Beliebte und wichtige Biere

Lambic	*Sorte*	*Herkunft*	*Vol.-%*
Cantillon Gueuze-Lambic	Lambic	Belgien	5,0
Kriek Girardin	Kriek	Belgien	5,0
Lindemans Cuvée René	Lambic	Belgien	5,0

Untergärig	*Sorte*	*Herkunft*	*Vol.-%*
Amstel Herfstbock	Bock	Niederlande	7,0
Bitburger Premium Pils	Pilsner	Deutschland	4,8
Krombacher Pils	Pilsner	Deutschland	4,8
Becks	Pilsner	Deutschland	4,9
Budweiser (Anheuser-Busch)	Pale Lager	Missouri/USA	5,0
Budweiser	Pilsner	Tschech. Rep.	5,0
Carlsberg	Pale Lager	Dänemark	5,0
Cobra	Pale Lager	Indien (heute GB)	5,0
Corona Extra	Pale Lager	Mexiko	4,6
Heineken	Pale Lager	Niederlande	5,0

Paulaner Salvator	Doppel-bock	Deutschland	7,5
Peroni Nastro Azzurro	Pale Lager	Italien	5,2
Pilsner Urquell	Pilsner	Tschech. Rep.	4,4
Samuel Adams Boston Lager	Lager	Mass./USA	4,9
Tsingtao	Pilsner	China	4,2

Obergärig	*Sorte*	*Herkunft*	*Vol.-%*
Adnams Broadside	Old Ale	England/GB	6,3
Alaskan Smoked Porter	Porter	Arkansas/USA	6,1
Bass No. 1	Barley Wine	England/GB	10,5
Beamish Irish Stout	Dry Stout	Irland	4,0
Brains SA	Bitter	Wales/GB	4,2
Burton Bridge Porter	Porter	England/GB	4,5
Chimay Blue	Trappisten-bier	Belgien	9,0
De Koningshoeven (La Trappe)	Trappisten-bier	Niederlande	6,5
Duvel	Belg. Ale	Belgien	8,5
Fuller's 1845	Winter Warmer	England/GB	6,3
Fuller's London Pride	Bitter	England/GB	4,7
Guinness Extra Stout	Dry Stout	Irland	4,2
Hoegaarden Witbier	Weizenbier	Belgien	5,0
Leffe Brune	Abteibier	Belgien	6,5
Murphy's Irish Stout	Dry Stout	Irland	4,0
Orval	Trappisten-bier	Belgien	6,2
Sierra Nevada IPA	IPA	Kaliforn./USA	6,9
Theakston Old Peculier	Old Ale	England/GB	5,6
Westvleteren 8	Trappisten-bier	Belgien	8,0
Young's Bitter	Bitter	England/GB	3,7

Erdinger Weißbier	Weizenbier	Deutschland	5,3
Franziskaner Hefeweißbier	Weizenbier	Deutschland	5,0
Gaffel	Kölsch	Deutschland	4,8

WEIN

Weine lassen sich am einfachsten anhand der Traubensorten einordnen, die bei ihrer Herstellung verwendet wurden. Manche bestehen aus nur einer Sorte, andere sind eine Mischung aus zwei oder mehr Sorten. Traditionell gab es sechs dominante Trauben, die sogenannten Edeltrauben, aus denen die weltbesten Weine hergestellt wurden: die weißen Sorten Sauvignon Blanc, Riesling und Chardonnay sowie die roten Sorten Pinot Noir, Cabernet Sauvignon und Merlot. Heute ist die Liste der Spitzentrauben um einiges länger, was nicht zuletzt innovativen Winzern aus der Neuen Welt zu verdanken ist.

Weissweintrauben

Chardonnay Diese Traube ist die Grundlage für die Weißweine Chablis, Côte d'Or und Mâcon aus der Region Burgund. Sie wird mit Pinot Noir und Pinot Meunier vermischt, um Champagner herzustellen. Wird Champagner ausschließlich aus Chardonnay hergestellt, nennt man ihn *Blancs de blancs.*

Gewürztraminer Wein aus dieser Traube hat ein markantes würziges Aroma und eignet sich deshalb für deftigere Gerichte. Sie wird vorwiegend in kühlerem Klima angebaut.

Muskateller Womöglich die älteste Sorte überhaupt, aus der alle anderen Rebsorten hervorgingen. Es gibt rote und weiße Trauben; sie werden zur Herstellung einer

Vielzahl von Weinen verwendet, die alle einen speziellen, markanten Geschmack haben.

Pinot Noir Neben der Verwendung für Rotwein wird diese Traube auch für Champagner verschnitten.

Riesling Die wichtigste Rebsorte aus Deutschland, die hauptsächlich für edle Weißweine verwendet wird.

Sauvignon Blanc Im Verschnitt mit Sémillon werden aus ihr Graves- und Sauternes-Weine.

Sémillon Wird selten allein zur Weinherstellung verwendet, meistens verschnitten mit Sauvignon Blanc für Sauternes-Wein und andere Dessertweine sowie trockene Weine von unterschiedlicher Qualität.

Rotweintrauben

Cabernet Franc Wird vorwiegend in Frankreich angebaut und hauptsächlich in Bordeaux-Weinen verschnitten.

Cabernet Sauvignon Diese am weitesten verbreitete Traube ist die Grundlage für roten Bordeaux, für den sie mit Cabernet Franc und Merlot verschnitten wird, sowie für einen Großteil kalifornischer Rotweine.

Gamay Lediglich bemerkenswert als Traube für den leichten Rotwein Beaujolais.

Merlot Grundlage für die Rotweine aus Pomerol und Saint-Émilion.

Pinot Noir Diese Traube ist die Grundlage für Blauburgunder und – im Verschnitt mit anderen Sorten – für Champagner. Die Traube wird auch außerhalb Frankreichs großflächig angebaut, aber nicht mit der gleichen konstanten Qualität.

Syrah In Australien und Südafrika auch als *Shiraz* bekannt. Wird für die Herstellung der Rhône-Weine Côte Rôtie und Hermitage verwendet, aber auch mit anderen Trauben verschnitten, da sie einen intensiven, rauchigen Geschmack besitzt.

Tempranillo Diese rote Traube wird für Rioja und andere spanische Rotweine verwendet, außerhalb von Spanien aber kaum angebaut.

Zinfandel Wird vorwiegend in Kalifornien angebaut, zur Herstellung von Rot- und Roséweinen.

Flaschengrössen

Wein wird manchmal in größeren oder kleineren Flaschen als den üblichen 750-ml-Flaschen verkauft. Champagner erfährt seine zweite Gärung in Standard- und in Magnumflaschen, die dann in die verschiedenen nachfolgend aufgelisteten Flaschen umgefüllt werden. Eine Ausnahme ist Champagner von Drappier, bei dem während des gesamten Prozesses die Flasche benutzt wird, die man letztlich kaufen kann. Drappier ist einer der wenigen Hersteller, die fast alle aufgeführten Flaschengrößen anbieten – bis auf die Rehoboam.

Flasche	*Liter*	*Champagner*	*Bordeaux*	*Port*
1/4	0,188	Piccolo	–	–
1/2	0,375	halbe Flasche	Fillette	–
1	0,75	Flasche	Flasche	Flasche
2	1,5	Magnum	Magnum	Magnum
3	2,25	–	Marie-Jeanne	Tappit Hen
4	3	Jeroboam	Doppel-Magnum	Jeroboam
6	4,5	Rehoboam	Jeroboam	–
8	6	Methuselem	Imperial	–
12	9	Salmanazar	–	–
16	12	Balthazar	–	–
20	15	Nebukadnezar	–	–
24	18	Solomon oder Melchior	–	–
36	27	Primat	–	–

Weingenuss

Wie man eine Weinflasche öffnet

Das Öffnen einer Weinflasche gehört zu den schönsten Ritualen rund ums Trinken. Der einfachste Korkenzieher ist dabei immer noch der beste: eine Metallspirale an einem quer dazu angebrachten Holzgriff. Eine Hebelwirkung lässt sich dabei nicht nutzen, so dass Sie allein auf Ihre Kraft angewiesen sind. Üblicherweise klemmt man die Flasche gleich oberhalb der Knie zwischen die Beine, hält den Flaschenhals mit der einen und den Korkenzieher mit der anderen Hand. Sollten Ihre Schultern zu kraftlos sein, dann hilft ein wenig Krafttraining (siehe S. 35). Hat man keinen Korkenzieher zur Hand, ist es überraschend einfach, den Korken mit einem stumpfen Gegenstand *in* die Flasche zu drücken. Üben Sie aber nur langsam Druck auf den Korken aus, damit der Wein nicht herausspritzen kann. Beim Einschenken des ersten Glases kann diese Methode noch etwas unpraktisch sein, weil der Korken im Weg ist, aber bei jedem weiteren Glas wird es deutlich leichter.

Wie man eine Champagnerflasche öffnet

Der Druck in Champagner- und Schaumweinflaschen steigt mit zunehmender Temperatur und Bewegung, wobei eine kalte Flasche, die vorsichtig behandelt worden ist, den geringsten Druck aufweist. Entfernen Sie zuerst die Folie, um die Verdrahtung um den Korken freizulegen. Während Sie das Drahtgestell aufdrehen, um es ebenfalls abzunehmen, drücken Sie den Daumen auf den Korken, um zu verhindern, dass er spontan aus der Flasche schießt. Um den Korken möglichst lautlos herauszuziehen, halten Sie ihn mit der einen Hand fest und drehen Sie mit der anderen die Flasche. Soll der Korken quer durch ein Zimmer oder bei einem Picknick über die Wiese fliegen, besteht der

Trick darin, die Flasche ruhigzuhalten, den Korken zwischen Daumen und Zeigefinger zu nehmen und ihn langsam »herauszumassieren«. In beiden Fällen sollten Sie ein Glas bereithalten, falls der Champagner überschäumt.

Wie man Wein bestellt

Die *Larousse Weinenzyklopädie* empfiehlt Folgendes: »Weißwein vor Rotwein, jung vor alt, leicht vor schwer, trocken vor süß, mittelmäßig vor gut oder selten. Weißweine begleiten die ersten Gänge einer Mahlzeit, Rotweine das Hauptgericht oder spätere Gänge.« Ausnahmen sind Champagner und weiße Dessertweine, die manchmal zur Nachspeise serviert werden. Sherry eignet sich gut als Aperitif. Werden zum Dessert mehrere Weine angeboten, beginnen Sie mit dem qualitätvollstem: erst Portwein, gefolgt von Clairet oder einem anderen Rotwein, dann der Dessertwein.

Wie man Wein einschenkt

Ein durchschnittlich großes Weinglas sollte zu zwei Dritteln gefüllt werden, nachschenken sollte man, wenn sich nur noch weniger als ein Drittel im Glas befindet. Wird Schaumwein serviert, sollte man das Glas schräg halten (falls es nicht bereits auf dem Tisch steht), um zu verhindern, dass zu viel Kohlensäure entweicht.

Karaffen

Sie werden manchmal als attraktiver Ersatz zur Weinflasche benutzt und sind wichtig für Weine, die sich absetzen sollen, beispielsweise alte Portweine und viele alte Rotweine. Dekantierkaraffen für Wein sind rund und ungeschliffen, damit man den Wein sehen kann. Karaffen für Portwein sind ebenfalls rund und manchmal geschliffen. Generell eckig und geschliffen sind Karaffen für Spirituosen.

SPIRITUOSEN

Eine Spirituose ist das Ergebnis einer Destillation von Wein oder anderen vergorenen (alkoholhaltigen) Flüssigkeiten. Destillation bezeichnet ein Verfahren, mit dem man zwei miteinander vermischte Flüssigkeiten auf der Grundlage ihrer unterschiedlichen Flüchtigkeit trennen kann. Alkohol ist flüchtiger als Wasser, und wenn die Mischung erhitzt wird, verflüchtigt sich der Alkohol zuerst. Wird der Dampf zurück in eine Flüssigkeit kondensiert, hat diese einen höheren Alkoholgehalt als die ursprüngliche Mischung.

Man kann Spirituosen nach dem Grundstoff für die Maische weiter unterteilen: Trauben, Obst, Getreide oder Zucker. Einige Spirituosen wie beispielsweise Wodka werden so stark destilliert, dass die Wahl der Maische für das Endprodukt kaum von Bedeutung ist. Die meisten Spirituosen werden bei einem Alkoholgehalt von 40–50 Vol.-% abgefüllt.

Spirituosen aus Trauben

Spirituosen aus vergorenem Traubensaft werden nach der Destillierung Weinbrände genannt, solche aus anderen Fruchtsäften bezeichnet man als Branntweine. Aus Äpfeln entsteht also Apfelbranntwein, aus Birnen Birnenbranntwein usw. Die beliebteren Spirituosen tragen besondere Bezeichnungen, von denen *Kognak* und *Armagnac* die bekanntesten sind. Kognak wird rund um die französische Kleinstadt Cognac produziert, Armagnac kommt aus der Region Gascogne. Gelegentlich werden Branntweinflaschen mit VS, VSO oder VSOP gekennzeichnet, was für »Very Special«, »Very Special Old« und »Very Superior Old Pale« steht. Diese Bezeichnungen beruhen aber auf keinem festgelegten Standard und gelten nicht als ernstzunehmende Angaben zur Qualität oder zum Alter. So wie alle hochprozentigen Getränke entwickelt sich Branntwein nicht weiter, wenn er erst einmal in Flaschen abgefüllt ist.

Das beste Nebenprodukt bei der Herstellung von Wein ist Trester – Haut, Stiele und Kerne der ausgepressten Trauben. Aus diesen Resten stellt man Tresterbranntwein her, eine Spirituose, die lange Zeit den Ruf besaß, ein sehr raues Getränk zu sein. Heute werden viele markante, sanftere Sorten hergestellt. Tresterbranntwein aus Italien nennt man Grappa; in Frankreich heißt er Marc, und wenn er aus Portugal kommt, bezeichnet man ihn als Bagaceira.

Spirituosen aus Obst

Ein breites Spektrum an Spirituosen lässt sich aus Obst und saftreichen Pflanzen herstellen, von denen der Apfel und die Agave die beliebtesten sind. Applejack ist der traditionelle amerikanische Name für Apfelbranntwein, der aus Cider destilliert wird, ein hochprozentiges, wenn auch nicht immer wohlschmeckendes Getränk. In England wird es als Cider Brandy bezeichnet. Calvados, ein stärker veredeltes Getränk, wird direkt aus vergorenem Apfelsaft oder Apfel- und Birnensaft hergestellt und dann in Fässern gelagert, um zu reifen.

Tequila und Mezcal haben beide den vergorenen Saft von Agavengewächsen als Grundlage, wobei Tequila allein aus der blauen Agave hergestellt wird. Trotz dieser fast gemeinsamen Herkunft durchlaufen beide Produkte einen unterschiedlichen Herstellungsablauf und schmecken deutlich verschieden. Es ist übrigens Mezcal, nicht Tequila, der manchmal mit einem »Wurm« in der Flasche verkauft wird, wobei es sich bei dem Wurm in Wahrheit um eine Mottenlarve handelt.

Spirituosen aus Getreide

Am häufigsten werden aber solche Spirituosen getrunken, die aus Getreide wie Gerste, Mais oder Roggen destilliert wurden. Die reinste Form von allen ist Wodka, der im Prinzip aus allem hergestellt werden kann, was Stärke oder Zucker enthält. In der Praxis nimmt man meistens Getreide oder Kartoffeln.

Poteen ist einem Wodka ähnlich, hat aber mehr Geschmack und war zumindest bis vor kurzem rauer. Hergestellt wird er in Irland, üblicherweise aus Kartoffeln oder Getreide. Obwohl er privat über Jahrhunderte hinweg produziert wurde, ist er in Irland erst 1989 legalisiert worden, und verkauft werden darf er erst seit 1997.

Gin, womit London Dry Gin gemeint ist, ist einfach ein neutraler Getreidebrand, der mit Wacholder und anderen Gewürzen aromatisiert und dann erneut destilliert wird. Gin aus Schlehen ist kein Branntwein, sondern ein Likör, für den man Schlehen – eine kleine Wildpflaume – in Gin und Zucker gibt. Aquavit wird wie Gin hergestellt: Neutraler Getreidebrand wird mit Kümmelsamen und anderen Gewürzen versetzt und erneut destilliert. Traditionell trinkt man ihn pur und kalt. Malt Whisky wird ausschließlich aus Gerste, Hefe und Wasser hergestellt (siehe S. 195). Die Maische, die für Bourbon verwendet wird, muss 51 % Mais enthalten, die Maische für Rye 51 % Roggen.

Spirituosen aus Zucker

Von den Spirituosen, die aus Zucker hergestellt werden, ist Rum am bekanntesten. Für ihn verwendet man Zuckerrohrsaft oder häufig Melasse, jene dunkle, dickliche Flüssigkeit, die übrig bleibt, wenn der Zucker aus dem Saft des Zuckerrohrs kristallisiert ist. Ob Rum weiß oder braun ist, hängt davon ab, wie lange er im Fass gereift ist und wie viel Karamellsirup man dazugegeben hat. Brauner Rum schmeckt viel intensiver als heller Rum, weshalb man die beiden Sorten nicht untereinander austauschen kann. Cachaça wird eher aus Zuckerrohrsaft als aus Melasse hergestellt und hat einen deutlich anderen Geschmack als Rum. Er ist die meistverkaufte Spirituose in Brasilien und dient als Grundlage für den Cocktail Caipirinha (siehe S. 206).

Namhafte Spirituosen aus Trauben

Spirituose	*Grundstoff*	*Herkunft*
Armagnac	weiße Trauben	Gascogne, Frankreich
Brandy	Trauben	Frankreich
Bagaceira	Trester	Portugal
Kognac	weiße Trauben	Südwestfrankreich
Grappa	Trester	Italien
Marc	Trester	Frankreich
Metaxa	Trauben	Griechenland
Pisco	Muskat und andere Trauben	Peru, Chile

Namhafte Spirituosen aus Obst

Spirituose	*Grundstoff*	*Herkunft*
Applejack	Äpfel	New England
Arrak	Kokosnuss-Saft	Südostasien
Calvados	Äpfel (oder Äpfel und Birnen)	Normandie, Frankreich
Kirschwasser	Kirschen	Elsass, Deutschland, Schweiz
Mezcal	Agaven	Mexiko
Mirabellenbrand	gelbe Pflaumen	Elsass-Lothringen (Frankreich)
Palinka	Pflaumen, Äpfel, Aprikosen	Österreich, Ungarn, Rumänien

Zwetschgenbrand	Zwetschgen	Mitteleuropa
Raki	Trauben, Feigen, Pflaumen	Türkei
Sliwowitz	Pflaumen	Balkan
Tequila	blaue Agave	Mexiko
Obstler	Obst	Österreich, Deutschland

Namhafte Spirituosen aus Getreide und Kartoffeln

Spirituose	*Grundstoff*	*Herkunft*
Aquavit	Getreide oder Kartoffeln (mit Kümmelsamen)	Skandinavien
Bourbon	Mais	Süden der USA
Gin	Getreide (mit Wacholder)	Niederlande
Genever	Roggen, Weizen, gemalzte Gerste	Niederlande, Belgien
Malt Whisky	Gerste	Schottland
Poteen	Getreide oder Kartoffeln	Irland
Rye Whiskey	Roggen	USA
Kornbrand	Getreide	Österreich, Deutschland
Shochu	Reis, Getreide, Kartoffeln	Japan
Wodka	Getreide, Kartoffeln	Russland, Polen

Namhafte Spirituosen aus Zucker

Spirituose	*Grundstoff*	*Herkunft*
Batavia Arrak	Zuckerrohr	Indonesien
Cachaça	Zuckerrohr	Brasilien
Rum	Melasse	Karibik

LIKÖRE

Ein Likör ist eine mit Früchten, Kräutern oder Gewürzen – kurz: mit Pflanzenauszügen – aromatisierte Spirituose, zu der Zucker dazugegeben wird. Diese letzte Unterscheidung ist wichtig: Der heutige Gin, eine Spirituose aus Getreide, die mit Wacholder versetzt wird, ist kein Likör, während Gin aus dem 18. Jahrhundert – der süß schmeckte – sehr wohl ein Likör war.

Um ein Produkt Likör nennen zu dürfen, muss ein Liter mindestens 100 g Zucker enthalten und der Alkohol bei 15 Vol.-% liegen. Die meisten Liköre haben 25–40 Vol.-%, einige liegen sogar noch deutlich darüber: Elixir Végétal de la Grande-Chartreuse bringt es auf 71 %, allerdings gilt er in Frankreich als pharmazeutisches Produkt.

Liköre werden auf drei verschiedene Arten getrunken: zum einen als wichtiger Bestandteil unzähliger Cocktails, wo sie dem Drink Süße und Geschmack verleihen sollen; zum zweiten pur, aus einem Schnaps- oder Likörglas, manchmal auch auf Eis; drittens aus einem Whiskyglas mit Wasser und Eis als erfrischender Longdrink (vor allem Anisliköre, die beim Verdünnen weiß werden).

HERSTELLUNG

Es gibt mehrere Methoden, um einer gewöhnlichen Spirituose ein Aroma zu verleihen. Das Einweichen oder die Mazeration ist die Kombination von kalten Spirituosen mit Pflanzen, die sich über einen gewissen Zeitraum langsam vermischen. Erwärmt man die Spirituose, spricht man vom Digerieren; so wie beim Tee beschleunigt und verstärkt die höhere Temperatur den Vorgang des Extrahierens. Alternativ kann die Mischung aus Alkohol und Geschmacksstoffen selbst destilliert werden. In diesem Fall bleiben nur essentielle Öle und andere flüchtige Geschmacksstoffe aus den Pflanzen in der sich daraus ergebenden Spirituose. In allen drei Fällen wird der Likör mit Zucker gesüßt.

Klassifizierung

Liköre könnte man unterteilen in solche, die mit Früchten – eingeschlossen Kakao- und Kaffeebohnen –, und solche, die mit Kräutern und Gewürzen versetzt wurden, z. B. Aprikosenkerne, Rosenessenzen, Vanille und Minze. In der Praxis sind viele Liköre allerdings eine Mischung aus beiden. Weil Liköre oftmals mit Dutzenden verschiedener Pflanzen aromatisiert werden, können sie einen vielschichtigen, raffinierten Geschmack bekommen, der sich nicht ohne weiteres beschreiben lässt. Die einzelnen Zutaten und ihr Mischungsverhältnis sind streng gehütete Geheimnisse, die in manchen Fällen nur einer Handvoll Personen bekannt sind.

Die besten Liköre sind die seit langem existierenden, von denen zahlreiche über den Verlauf von Jahrhunderten hinweg so gut wie unverändert geblieben sind. Die bekanntesten und wohl ältesten Liköre sind Bénédictine und Chartreuse.

Bénédictine

Bénédictine geht auf ein Elixier zurück, das der Benediktinermönch Dom Bernardo Vincelli während der Renaissance in der französischen Abtei Fécamp herstellte. Die Produktion war zur Zeit der Französischen Revolution zum Erliegen gekommen, doch im Jahr 1863 entdeckte Alexandre Le Grand in einem Manuskript aus dem 16. Jahrhundert eine Anleitung zur Herstellung dieses Likörs, woraufhin er ihn in leicht abgewandelter Version wieder zu produzieren begann. Bénédictine wird noch heute in Fécamp produziert, allerdings nicht mehr von den Mönchen selbst – ganz im Gegensatz zum Chartreuse

(s. u.). Die Buchstaben DOM auf jeder Flasche stehen für *Deo Optimo Maximo*, also »Gott, dem Besten und Größten«. Laut Hersteller besteht Bénédictine aus 27 Pflanzen und Gewürzen, darunter Engelwurz, Ysop, Wacholder, Myrrhe, Safran, Aloe, Arnika und Zimt.

Chartreuse

Das *Elixir Végétal de la Grande-Chartreuse*, das Originalgetränk der Kartäusermönche des namengebenden Klosters in Frankreich, wurde erstmals 1737 hergestellt. Zwar war das konzentrierte Elixier ursprünglich als Medizin gedacht, doch immer häufiger wurde es als Getränk konsumiert, bis die Mönche 1764 damit begannen, eine schwächere Variante herzustellen, die allerdings immer noch 55 Vol.-% hat: einen Likör mit Namen *Chartreuse Verte*. Eine süßere und noch etwas mildere Variante namens *Chartreuse Jaune* (40 Vol.-%) folgte 1838.

Chartreuse Verte ist das bekannteste Getränk, das von den Mönchen produziert wird. Um ihn herzustellen, werden laut Unternehmen rund 130 Kräuter, Pflanzen, Wurzeln, Blätter und andere natürliche Bestandteile der Pflanzenwelt für unbekannte Zeit in Alkohol eingelegt, destilliert und dann mit destilliertem Honig und Zuckersirup gemischt, um schließlich für die Reifung in große Eichenfässer gefüllt zu werden. In Waughs *Wiedersehen mit Brideshead* bietet Anthony Blanche den blassgrünen Likör Charles Ryderan an: »Richtig g-g-grüne Chartreuse. Vor der Austreibung der Mönche gemacht. Sie ruft f-fünf v-verschiedene Geschmackssensationen hervor, während sie langsam über die Zunge läuft. Es ist, wie wenn man ein Spektrum verschluckte.«

Chartreuse heißt auch die blassgrüne Farbe, die der des Likörs entspricht. Präzise ausgedrückt handelt es sich dabei um die Farbe mit dem 6-stelligen Code 7F FF 00.

Namhafte Kräuterliköre

Name	*Geschmackseindrücke*	*Vol.-%*
Chartreuse Elixir Végétal	medizinisch, aromatisch	71
Absinthe (La Fée)	Anissamen, Minze, Zitrone	68
Chartreuse Verte	aromatisch, Kräuter, Lakritze	55
Pastis (Ricard)	Anis, Lakritze, schwarzer Pfeffer	45
Bénédictine	verschiedene Kräuter, Honig, Citrus, auf Kognacbasis	40
Chartreuse Jaune	Honig, aromatisch	40
Danziger Goldwasser	Orangenschalen, Anis, Kümmelsamen	40
Drambuie	Honig, Orange, aromatisch, auf Malt-Whisky-Basis	40
Sambuca (Molinari)	Anissamen, Lakritze	40
Strega	Minze, Fenchel, Anissamen	40
Ouzo (12)	Anis, Zimt	38
Glayva	Honig, Gewürze, auf Whiskybasis	35
Irish Mist	Irish Whiskey, Honig, Heidekraut	35
Galliano	Gewürze, Anissamen, Citrus, Vanille	30
Royal Mint Chocolate	Minzschokolade	28,5
Amaretto (Disaronno)	Aprikosensamen, Mandeln, Kuchen	28
Parfait Amour	Rosenwasser, Orange, Vanille	25
Pimm's No. 1 Cup	Citrus, Gewürze, auf Ginbasis	25
Frangelico	Haselnuss, Karamell, Butter	24
Advocaat (Warninks)	Pudding, Brandy- und Eigelbbasis	17,2

Namhafte Obstliköre

Name	*Geschmackseindrücke*	*Vol.-%*
Cointreau	süße Orangen, Schale von bitteren Orangen	40
Grand Marnier	gebrannte Orangen, Orangenschale, auf Kognacbasis	40

Southern Comfort	Karamell, Citrus	40
Triple Sec	Orangen, Orangenschale	30–40
Mandarine Napoleon	kandierte Orangenschale, bittere Orangenmarmelade	38
Jägermeister	verschiedene Gewürze, Lakritze	35
Limoncello	Zitronendrops, Zitronenschale	30
Kahlúa	Kaffee, Bitterschokolade, Vanille, erst scharf, dann süß	26,5
Tia Maria	jamaikanischer Kaffee, Milchschokolade	26,5
Schlehengin (Plymouth)	Schlehen, Waldfrüchte, auf Ginbasis	26
Campari	Schale von bitteren Orangen, Honig	25
Heering-Sherry	reife Kirschen, Mandeln, auf Brandybasis	24,7
Archers Pfirsichschnaps	Fleisch von süßen Pfirsichen	23
Malibu	gesüßte Kokosnuss, auf Rumbasis	21
Pisang Ambon	Banana Split, überreife Bananen	21
Midori	Honigmelonen	20
Passoã	Passionsfrucht, Citrus	20
Baileys	Irish Whiskey, Sahne, Bitterschokolade	17
Tequila Rose	Himbeeren, auf Tequilabasis	17
Chambord	Himbeeren, Honig, Marmelade	16,5

WHISKY

Um als Single Malt Scotch bezeichnet werden zu dürfen, muss ein Whisky (in den USA und Irland »Whiskey« geschrieben) drei Bedingungen erfüllen:

Single Er muss in einer einzigen Destillerie hergestellt werden, darf aber aus verschieden alten Fässern gemischt werden.

Malt Er muss vollständig aus gemalzter Gerste hergestellt sein, hinzugefügt werden darf nur Hefe und Wasser. Andere Whisky- und Bourbon-Sorten dürfen weitere Getreidesorten wie Mais oder Roggen enthalten.

Scotch Er muss in Schottland destilliert worden und gereift sein. Es gibt außerhalb von Schottland auffallend wenige Single-Malt-Destillerien auf der Welt; Michael Jackson nennt sechs, die sich in Australien, Irland, Japan, Neuseeland und Pakistan befinden.

Im Gegensatz zu Wein und anderen Spirituosen ist die Welt des Single Malt Scotch klein und überschaubar und kann umfassend dargestellt werden.

Es gibt derzeit 119 Destillerien, die Single Malt Scotch Whisky produzieren oder bis vor kurzem produziert haben. Einige der Destillerien wie Rosebank sind zwar geschlossen, aber der Whisky reift dort noch weiter und ist auch im Handel erhältlich. Für jede Destillerie sind die folgenden Informationen aufgelistet:

Name In manchen Fällen hat die Destillerie den Namen geändert; hier wird der aktuellste Name aufgeführt.

Region Eine der neun Regionen in Schottland, in denen die Destillerien liegen: Campbeltown, Island, Islay, Midlands, Lowlands, Speyside, East Highlands, North Highlands und West Highlands.

Klassifikation Der Buchstabe gibt an, zu welcher der 12 Überschneidungsklassen ein Whisky gehört. Ist kein Buchstabe angegeben (–), wurde der Whisky nicht begutachtet.

Destille	Region	Klassifikation
Aberfeldy	Midlands	A
Aberlour	Speyside	B
Allt-á-Bhainne	Speyside	–
Ardberg	Islay	I
Ardmore	Speyside	C
Arran	Island	–
Auchentoshan	Lowlands	D
Aultmore	Speyside	F
Balblair	N Highlands	E
Balmenach	Speyside	K
Balvenie	Speyside	B
Banff	Speyside	L
Ben Nevis	W Highlands	D
Benriach	Speyside	F
Benrinnes	Speyside	B
Benromach	Speyside	F
Bladnoch	Lowlands	E
Blair Athol	Midlands	C
Bowmore	Islay	I
Brackla	Speyside	K
Braeval	Speyside	–
Bruichladdich	Islay	H
Bunnahabhain	Islay	F
Caol Ila	Islay	E
Caperdonich	Speyside	L
Cardhu	Speyside	F
Clynelish	N Highlands	C
Cnoc	Speyside	–
Coleburn	Speyside	D
Convalmore	Speyside	K
Cragganmore	Speyside	G
Craigellachie	Speyside	K

Destille	Region	Klassifikation
Dailuaine	Speyside	K
Dallas Dhu	Speyside	K
Dalmore	N Highlands	B
Dalwhinnie	Speyside	F
Deanston	Midlands	H
Drumguish	Speyside	–
Dufftown	Speyside	I
Edradour	Midlands	E
Fettercairn	E Highlands	H
Glen Albyn	Speyside	J
Glenallachie	Speyside	F
Glenburgie	Speyside	E
Glencadam	E Highlands	L
Glen Deveron	Speyside	F
Glendronach	Speyside	K
Glendullan	Speyside	B
Glen Elgin	Speyside	L
Glenesk	E Highlands	K
Glenfarclas	Speyside	I
Glenfiddich	Speyside	H
Glen Flagler	Lowlands	–
Glen Garioch	E Highlands	L
Glenglassaugh	Speyside	G
Glengoyne	W Highlands	J
Glen Grant	Speyside	J
Glen Keith	Speyside	K
Glenkinchie	Lowlands	F
Glenlivet	Speyside	B
Glenlochy	W Highlands	I
Glenlossie	Speyside	J
Glen Mhor	Speyside	H
Glenmorangie	N Highl.	C

Destille	Region	Klassifikation
Glen Moray	Speyside	G
Glen Ord	N Highlands	K
Glenrothes	Speyside	K
Glen Scotia	Campbeltown	F
Glen Spey	Speyside	H
Glentauchers	Speyside	H
Glenturret	Midlands	B
Glenugie	E Highlands	A
Glenury Royal	E Highl.	I
Highland Park	Island	B
Imperial	Speyside	L
Inchgower	Speyside	F
Inchmurrin	W Highlands	E
Inverleven	Lowlands	E
Jura	Island	I
Kinclaith	Lowlands	E
Knockando	Speyside	F
Knockdhu	Speyside	K
Ladyburn	Lowlands	H
Lagavulin	Islay	I
Laphroaig	Islay	A
Linkwood	Speyside	J
Littlemill	Lowlands	E
Loch Lomond	W Highl.	–
Lochnagar	E Highlands	L
Lochside	E Highlands	B
Longmorn	Speyside	G
Longrow	Campbeltown	I
Macallan	Speyside	B
Mannochmore	Speyside	-
Millburn	Speyside	B
Miltonduff	Speyside	F
Mortlach	Speyside	K
North Port	E Highlands	J
Oban	W Highlands	B
Pittyvaich	Speyside	–
Port Ellen	Islay	C
Pulteney	N Highlands	E
Rosebank	Lowlands	G
St Magdalene	Lowlands	J
Scapa	Island	A
Singleton	Speyside	B
Speyburn	Speyside	D
Springbank	Campbeltown	F
Strathisla	Speyside	B
Strathmill	Speyside	–
Talisker	Island	C
Tamdhu	Speyside	J
Tamnavulin	Speyside	G
Teaninich	N Highlands	L
Tobermory	Island	H
Tomatin	Speyside	K
Tomintoul	Speyside	G
Tormore	Speyside	K
Tullibardine	Midlands	F

Whisky-Klassifikationen

Die unten gezeigte Klassifikation von 109 Destillerien, in denen Single Malt Scotch Whisky hergestellt wird, beruht auf einer mathematischen Studie, die Michael Jackson 1989 angefertigt hat. Das Diagramm lässt sich am besten als ein von oben betrachteter Baum verstehen. Der Stamm bildet die Mitte, um ihn herum stehen die verschiedenen Äste ab. Wenn zwei Whisky-Sorten im »Blätterring«

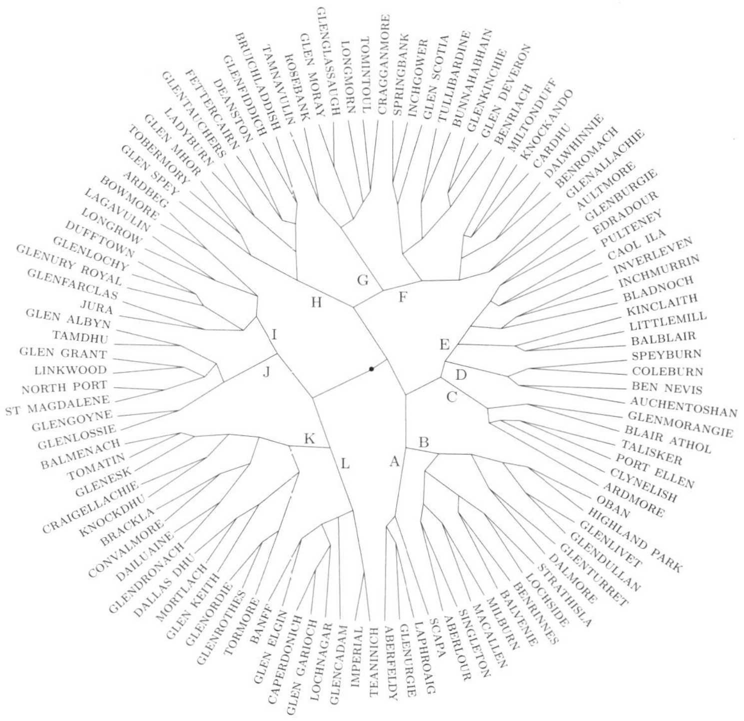

nach F.-J. Lapointe, P. Legendre, »A Classification of Pure Malt Scotch Whiskies«, *Applied Statistics* 43, S. 237 (1994)

außen direkt nebeneinanderliegen, sind sie geschmacklich sehr ähnlich (z. B. Glenlivet und Glendullan). Je näher der Kreuzungspunkt ihrer »Blattzweige« an der Mitte des Stammes liegt, desto geringer ist diese Ähnlichkeit.

Zwei Hauptäste teilen die Whisky-Sorten in zwei Hauptklassen: Die Klassen A bis H kennzeichnen einen »satten goldfarbenen, trockenen und rauchigen« Whisky, die Buchstaben I bis L bezeichnen einen »bernsteinfarbenen, aromatischen, leichten, zarten und fruchtigen« Whisky.

BOURBON

Die Bezeichnung »Bourbon« wird oft als Oberbegriff für amerikanischen Whiskey verwendet. Es gibt jedoch eine Reihe unterschiedlicher Sorten, die allesamt nach eigenen, gesetzlich geschützten Methoden hergestellt werden. Hier eine kurze Übersicht.

Amerikanischer Whiskey

Bourbon Bourbon wurde 1964 per Erlass zu einer der Herkunft nach US-amerikanischen Spirituose erklärt. Um als Bourbon bezeichnet werden zu dürfen, muss ein Whiskey zu 51–80 % aus Mais hergestellt und in Eichenfässern gelagert werden sowie mindestens 40 Vol.-% Alkohol aufweisen, wenn er in Flaschen abgefüllt wird. Zwar kann Bourbon in jedem US-Bundesstaat hergestellt werden, aber nur Kentucky darf seinen Namen auf das Etikett setzen.

Ein wichtiger Schritt bei der Herstellung von Bourbon ist das Hinzufügen von Maische, bei der es sich um die Reste von der vorangegangenen Produktion handelt. Der Geschmack von Bourbon ist intensiver als der von

Scotch Whisky, daher wird in den meisten Cocktails auf Whiskey-Basis auch eher Bourbon anstelle von Scotch verwendet.

Rye Whiskey Diese Sorte Whiskey muss aus 51 % Roggen hergestellt werden. Rye Whiskey ist schwerer als Bourbon und lässt sich eher mit irischem Whisky oder auch Islay vergleichen.

Corn Whiskey Dieser nur selten produzierte Whiskey muss zu mindestens 80 % aus Mais bestehen. Er lagert nur kurz oder gar nicht und ist normalerweise ein sanfter Drink.

Tennessee Whiskey Dieser Whiskey wird aus 51 % einer beliebigen Getreidesorte hergestellt, die dann den sogenannten Lincoln County Process durchläuft, bei dem der Whiskey durch Holzkohle gefiltert wird, die üblicherweise vom Ahornbaum stammt.

Namhafte amerikanische Whiskey-Marken

Sorte	*Bundesstaat*	*Vol.-%*
Bourbon		
Buffalo Trace	Kentucky	45
Four Roses Yellow Label	Kentucky	40
Jim Beam White / Black Label	Kentucky	40 / 43
Maker's Mark	Kentucky	45
Old Forester	Kentucky	43
Wild Turkey	Kentucky	50,5
Rye Whiskey		
Wild Turkey Rye	Kentucky	50,5
Tennessee Whiskey		
Jack Daniels Old Number 7	Tennessee	40–50
George Dickel No. 8 / 12	Tennessee	40 / 45

COCKTAILS

Ein Cocktail ist eine eisgekühlte Spirituose, deren Geschmack durch Säfte, Liköre, Zucker, aromatisierte Weine und Magenbitter abgewandelt wird. Gegebenenfalls kann sie mit Wasser oder einem anderen sprudelnden Getränk verdünnt werden.

David Embury, Autor eines einflussreichen Buchs über Cocktails, definiert einen Cocktail axiomatisch:

1. Er muss den Appetit anregen, er darf ihn nicht abschwächen.
2. Er sollte den Geist anregen.
3. Er muss am Gaumen angenehm sein.
4. Er sollte schön anzusehen sein.
5. Er muss ausreichend nach Alkohol schmecken.
6. Er muss gut gekühlt sein.

Aus diesen Axiomen lässt sich eine Reihe von Eigenschaften eines Cocktails ableiten. Axiome 5 und 6 sagen uns, was ein Cocktail *nicht* ist, nämlich alles, was keine Spirituosen enthält oder warm ist. Folglich ist ein Kir (Weißwein mit Cassis) kein Cocktail, und das gilt auch für den heißen Irish Coffee. So wünschenswert ein Cocktail nach dem Essen auch sein mag, muss er seine Funktion als Aperitif erfüllen (Axiom 1). Die unterschiedlichen Formen der Cocktailgläser erklären sich zum Teil aus Axiom 4, da jede Art von Drink in ihrem eigenen Glastyp besonders verführerisch wirkt.

Klassifikation

Cocktails unterteilen sich grob in zwei Kategorien: *Shortdrinks*, die unverdünnt bleiben, und *Longdrinks*, die mit Sodawasser und anderen kohlensäurehaltigen Getränken verdünnt werden.

Shortdrinks sollten mindestens 50 Vol.-% Alkohol haben, weshalb sie auch in kleineren Mengen serviert werden, üblicherweise in einem Martiniglas oder einem Whiskyglas. Man kann sie noch einmal in *sauer* und *aromatisch* unterteilen. Saure Shortdrinks werden mit Zitronen- oder Limonensaft versetzt, was sie aber im Allgemeinen nicht sauer schmecken lässt, da auch Zucker hinzugegeben wird. Bei den aromatischen Shortdrinks wird der Geschmack vor allem durch einen Magenbitter bestimmt, z. B. Angostura oder Peychaud, oder durch einen aromatisierten Wein wie beispielsweise Vermouth.

Ein Longdrink unterscheidet sich von einem Shortdrink dadurch, dass ein neutrales, alkoholfreies Getränk hinzugegeben wird, in der Regel Sodawasser, manchmal aber auch Tonic, Ginger Ale oder Cola. Ohne Citrussaft nennt man ihn *Highball*, mit Zitronensaft *Collins*, mit Limonensaft *Rickey*.

Hinweise zur Zubereitung

Qualität statt Quantität

Die meisten Bücher über Cocktails enthalten viel zu viele Rezepte, von denen etliche ungenießbar sind. Tatsächlich gibt es nur gut zwei Dutzend wirklich unterschiedliche Drinks, aus denen sich fast alle anderen ableiten lassen. Nehmen wir zum Beispiel den *Gimlet*. Er besteht aus 4 Teilen Gin, 2 Teilen Limettensaft und 1 Teil Zuckersirup. Ersetzt man den Gin durch einen leichten Rum, bekommt man einen Daiquiri. Gibt man ein paar zerstoßene Pfefferminzblätter und Sodawasser hinzu, wird daraus ein Mojito. Ersetzt man den Rum durch Bourbon, lässt Soda und Limette weg, so ergibt das einen Mint Julep. Ersetzt man die Minze durch Zitrone, erhält man einen Whiskey Sour. Tatsächlich ist es sogar so, dass Cocktailrezepte gänzlich überflüssig sind, wenn man sich das Wissen darüber aneignet, welche Aromen in welchem Verhältnis zueinander gemixt werden können.

Rühren oder Schütteln?

Die Diskussion, ob Rühren oder Schütteln besser ist, sollte beendet werden, weil es keinen nennenswerten Unterschied zwischen beiden Methoden gibt. Beim Schütteln wird der Drink lediglich etwas weniger verdünnt, wenn das Eis deutlich kälter als 0 °C ist. Die Ausnahme bilden Drinks, die schäumen sollen, z. B. solche, die mit Eiweiß zubereitet werden. Bei ihnen ist es unbedingt erforderlich, dass sie geschüttelt werden. Wichtiger ist die Frage, ob das Eis mit eingeschenkt werden soll – wie es bei Longdrinks häufig der Fall ist – oder nicht. Auf jeden Fall sollten alle Drinks so kalt wie möglich sein, weshalb sie gelegentlich auch in gekühlten Gläsern serviert werden.

Zerstoßen

Beim Zerstoßen werden die Zutaten auf dem Boden eines Highball- oder Whiskyglases mit einem gut 2,5 cm dicken Holzstab zerdrückt, dem sogenannten Barstössel. In der Regel handelt es sich bei diesen Zutaten um Zitrusfrüchte, manchmal vermischt mit Zucker, wobei die zerquetschten Früchte im Glas bleiben.

Drinks in größeren Mengen

Von Barkeepern abgesehen müssen die meisten Cocktailmischer nicht nur einen Drink, sondern gleich vier oder sechs oder mehr mischen. Bei allen nachfolgend aufgelisteten Drinks werden die Bestandteile daher im relativen Verhältnis zueinander angegeben, nicht in absoluten Zahlen. Das heißt, ein Cocktail kann in beliebig großen Mengen gemischt werden, da das Verhältnis immer gleich bleibt. Als Faustregel enthält ein Cocktail etwa 4 cl an Spirituosen (40 Vol.-%).

Bei großen Veranstaltungen ist es oft unpraktisch, Drinks in kleinen Mengen zu mischen. Die beste Methode besteht darin, in einem großen Gefäß oder einer Bowle alle Zutaten zu mischen – bis auf Eis, kohlensäurehaltige Getränke und Fruchtstücke. Diese werden erst anschließend Glas für Glas dazugegeben.

Zutaten

Am nützlichsten müssen wohl all die Zutaten sein, denen man in Cocktailrezepten am häufigsten begegnet. Eine Untersuchung der 100 beliebtesten Cocktails in Großbritannien ergab 94 verschiedene Bestandteile, die sich wie folgt aufteilen (in jeder Rubrik sind nur die 12 häufigsten genannt):

Spirituosen	%	*Andere Alkoholika*	%	*Nichtalkoholisches*	%
Wodka	30	Angostura	14	Eis	98
Gin	18	Cointreau	12	Zuckersirup	46
leichter Rum	10	Framboise	8	Limettensaft	28
Tequila	8	Champagner	6	Zitronensaft	22
Bourbon	7	Trockener		Sodawasser	12
Kognac	7	Vermouth	5	Orangensaft	10
Brauner Rum	6	Süßer Vermouth	5	Cranberrysaft	8
Scotch Whisky	4	Cassis	4	Apfelsaft	7
Cachaça	3	Kahlúa	4	Ananassaft	6
Goldener Rum	2	Brombeerlikör	4	Ingwerbier	6
Pisco	2	Pfirsichschnaps	4	Eiweiß	6
Irish Whiskey	1	Baileys	3	Rose's Lime	
		Grand Marnier	3	Juice Cordial	
				(Limonensirup)	5

Die Verteilung der Gläser (siehe *Gläser* S. 213) ist ebenfalls bemerkenswert. Die beliebtesten Cocktails werden in folgenden Gläsern serviert:

Glassorte	*Anteil*
Martiniglas	33 %
Highballglas	27 %
Whiskyglas	21 %
Champagnerflöte	6 %
Pilsglas	4 %
Hurricaneglas	3 %
Schnapsglas	2 %

Ein Dutzend Cocktailrezepte fürs Leben

Folgende 12 klassischen Drinks haben sich über die Jahre hinweg als unverwüstlich erwiesen. Die Zusammensetzung sollte immer an den individuellen Geschmack angepasst werden. Das Glas und die Dekoration für jeden Drink werden mit den Symbolen 🍸 und 🍏 angegeben.

Caipirinha
8 Teile Cachaça
3/4 Limette / Glas
3 Teile Zuckersirup
🍸 *Whiskyglas,* 🍏 *Strohhalm*
Limette im Glas zerstoßen. Restliche Zutaten sowie zerstoßenes Eis dazugeben und umrühren.

Cosmopolitan
6 Teile Wodka
3 Teile Cointreau
6 Teile Cranberrysaft
1 Teil Limettensaft
🍸 *Martini,* 🍏 *Orangenschale*
Mit zerstoßenem Eis schütteln, (ohne Eis) in die Gläser füllen.

Gimlet
4 Teile Gin
2 Teile Limettensaft
1 Teil Zuckersirup
🍸 *Martiniglas,* 🍏 *Limettenscheibe*
Mit zerstoßenem Eis schütteln und (ohne Eis) in die Gläser füllen.

Manhattan
5 Teile Bourbon
1 Teil trockener Vermouth
2 Spritzer Angostura / Glas
🍸 *Martiniglas,* 🍏 *Orangenschale*
Mit zerstoßenem Eis schütteln und (ohne Eis) in die Gläser füllen.

Margarita
2 Teile Tequila
1 Teil Cointreau
1 Teil Limettensaft
Martiniglas,
Limettenscheibe
Glasrand in Salz drücken. Mit zerstoßenem Eis schütteln und (ohne Eis) in die Gläser füllen.

Martini
7 Teile Gin
1 Teil trockener Vermouth
Martiniglas, Zitronenschale
Mit zerstoßenem Eis schütteln und (ohne Eis) in die Gläser füllen.

Mint Julep
3 Teile Bourbon
1 Teil Zuckersirup
10 Pfefferminzblätter / Glas
1 Spritzer Angostura / Glas
Highballglas, Strohhalm
Pfefferminzblätter im Bourbon zerdrücken. Restliche Zutaten mit zerstoßenem Eis dazugeben, umrühren.

Mojito
4 Teile leichter Rum
4 Teile Sodawasser
1/2 Limette / Glas
10 Pfefferminzblätter / Glas
1 Teil Zuckersirup
Highballglas, Strohhalm
Geschnittene Limette und Minze im Glas zerstoßen, restliche Zutaten mit zerstoßenem Eis dazugeben, umrühren.

Old-fashioned
5 Teile Bourbon
1 Teil Zuckersirup
2 Spritzer Angostura / Glas
Whiskyglas, Orangenscheibe
Mit zerstoßenem Eis schütteln und (mit Eis) in die Gläser füllen.

Sidecar
2 Teile Kognac
1 Teil Zitronensaft
1 Teil Cointreau
Martiniglas, Zitronenschale
Mit zerstoßenem Eis schütteln und (ohne Eis) in die Gläser füllen.

Singapore Sling
8 Teile Gin
4 Teile Kirschbranntwein
2 Teile Zitronensaft
1 Teil Zuckersirup
1 Spritzer Angostura / Glas
Highballglas,
Strohhalm, Kirsche
Mit zerstoßenem Eis schütteln und (mit Eis) in die Gläser füllen, mit Sodawasser abrunden.

Whiskey Sour
2 Teile Bourbon
1 Teil Zitronensaft
1 Teil Zuckersirup
2 Spritzer Angostura / Glas

Whiskyglas,
Zitronenscheibe
Mit zerstoßenem Eis schütteln und (mit Eis) in die Gläser füllen.

DIE BARKEEPER-BIBEL

Unverzichtbare Getränke in jeder Bar

Was sollte sich in der Hausbar eines Mannes finden? Grundsätzlich je zwei Flaschen Rot- und Weißwein, dazu ein Schaumwein, ebenso das bevorzugte Bier. Das typisch männliche Getränk ist Bourbon oder Whisky, also sollte auch hier von jeder Sorte eine Flasche vorrätig sein, zusammen mit Eis und Sodawasser zum Mixen. Möchte man auch Cocktails zubereiten, dann gehören Gin, Wodka und Rum dazu, die alle sehr vielfältig kombinierbar sind. Von den Likören sollten die beiden ältesten (Chartreuse und Bénédictine) vorrätig sein, außerdem ein Triple Sec (Cointreau) zum Mischen. Aromatischer Vermouth und Angostura sind für Cocktails verwendbar, ebenso wie Tonic, Zucker und Zitronen.

Bier und Wein	Spirituosen	Andere Alkoholika	Nichtalkoholisches
2 Flaschen Rotwein	Whisky	Chartreuse	Eis
2 Flaschen Weißwein	Bourbon	Bénédictine	Sodawasser
1 Flasche Schaumwein	Wodka	Cointreau	Tonic
6 Flaschen Pils	Gin	Dry Vermouth	Zuckersirup
6 Flaschen Hefeweizen	Weißer Rum	Angostura Bitter	Zitronen

Alkoholgehalt im Vergleich

Typische Mengenangaben für Getränke sind unten aufgeführt. Bemerkenswert ist dabei, dass ein Pint europäischen Biers (ca. 586 ml) nur geringfügig weniger Alkohol enthält als ein Schuss Absinth. Eine Einheit Alkohol, anhand derer man den Volumenprozent-Gehalt an Alkohol verschiedener Getränke miteinander vergleichen kann, wurde von der US-Regierung (die solche Dinge gern in greifbaren Mengen ausdrückt) auf 10,0 ml Ethanol festgesetzt. Sie empfiehlt, dass Männer wöchentlich nicht mehr als 21 Einheiten Alkohol zu sich nehmen, also 210 ml Ethanol – entsprechend 2,3 Flaschen Wein oder 7,4 Pints Bier.

Menge	*Alkoholgehalt in Vol.-%*	*Normalstärke*	*Inhalt/Drink (ml)*	*Ethanol/Drink (ml)*
12 oz-Dose Bier (US)	4 %	8	355	14,2
Flasche Bier (EU)	5 %	10	500	25,0
Pint Bier (UK)	5 %	10	568	28,4
Glas Wein	12 %	24	125	15,0
Glas Port oder Sherry	20 %	40	75	15,0
Einfacher Obstler	40 %	80	20	8,0
Einfacher Absinth	70 %	140	20	15,0
Einfacher Everclear	95 %	190	20	20,0

Masseinheiten

Die Maßeinheiten für Drinks entstammen einer vielfältigen Geschichte, entsprechend viele diesbezüglichen Regeln gibt es. In Europa und dem Großteil der restlichen Welt wird in Millilitern gemessen (ml), in Großbritannien und den USA (den Heimstätten der bekanntesten Drinks) gelten die »imperial units«, die sich allerdings dann noch mal zwischen amerikanischen und britischen Einheiten unterscheiden. Die gebräuchlichste Einheit beim Mixen von Drinks ist der Shot (rund 4 cl, d.h. zwischen 42 und 45 ml).

Einheit	*britische Menge in ml*	*amerikanische Menge in ml*
Dash	0,592	0,616
Teelöffel (TL)	3,55	4,93
Esslöffel (EL)	14,2	14,8
Pony / Fluid Ounce	28,4	29,6
Shot	42,6	44,4
Gill	142	118
Tasse	284	237
(Cola-)Dose	330	330
Pint	568	473
Schnapsflasche	700	
Weinflasche	750	

Normalstärke

Der Begriff »Normalstärke« (»Proof«) in Verbindung mit Alkoholgehalt leitet sich aus dem scharfsinnigen Test ab, ob ein Destillat eine bestimmte Grenze überschreitet, nämlich 57,15 Volumenprozent Alkohol. Dabei handelt es sich um die Alkoholkonzentration, bei der sich eine aus Schießpulver und dem Alkohol hergestellte Paste immer noch entzündet. Heute werden drei Methoden angewandt, um den Alkoholgehalt einer Flüssigkeit zu benennen.

Volumenprozent Alkohol oder *Vol.-%* gibt die Anzahl Milliliter Äthylalkohol pro 100 ml Flüssigkeit an.

Normalstärke ist das Doppelte dieser Zahl.
Britische Normalstärke liegt bei ca. 7 / 8 der Normalstärke, wird heute aber kaum noch verwendet.

Damit entsprechen 40 Vol.-% einer Flasche Whisky einer Normalstärke von 80 und einer britischen Normalstärke von 70. Der stärkste Alkohol, den man durch herkömmliche Destillation erreichen kann, hat 95 Vol.-% und ist in Amerika unter dem Namen *Everclear* erhältlich.

GLÄSER

Unterschiedliche Getränke erfordern unterschiedliche Gläser. Das hat nicht nur etwas mit Tradition zu tun, sondern auch damit, in welcher Menge ein Getränk serviert wird, welche Temperatur und Flüchtigkeit es haben soll. Alle Gläser sollten aus klarem Glas oder Kristallglas sein. Kristall ist geschliffenes Bleiglas, also Glas mit 12–30 % Bleioxid, was dem Glas einen höheren Brechungsindex verleiht und es funkeln lässt. Die Unterschiede der auf S. 213 dargestellten Glasarten sind gar nicht so zahlreich. Sie lassen sich unterteilen in (a) Gläser ohne Stiel, (b) Gläser mit Stiel für Wein und (c) Gläser mit Stiel für Spirituosen, Liköre und deren Derivate.

Gläser ohne Stiel

Gläser ohne Stiel sind zylindrisch oder weisen eine leicht umgekehrt konische Form auf; der Boden ist flach. Das *Pintglas*, das in britischen Pubs für Bier vom Fass benutzt wird, hat eine Standardgröße, damit es genau ein Pint (568 ml) fassen kann. Die Briten sehen es nicht gern, wenn ein Pintglas unterfüllt ist, und wenn 10 % am vollen Pint fehlen, kann das für den Wirt eine Anzeige nach sich ziehen. Das *Pilsglas* wird, wie der Name schon sagt, für Pils verwendet, der kreisrunde Fuß sorgt für zusätzliche Standfestigkeit. Der *Bierkrug* ist dickwandig, robust und in verschiedenen Größen erhältlich. Im *Highballglas* und *Collinsglas* werden Wasser, Säfte und Long Cocktails serviert. Der einzige Unterschied zwischen den beiden besteht darin, dass ein Highball gerade Wände und ein Collins schräge Wände hat. In Deutschland wird das Collins auch manchmal als Longdrinkglas bezeichnet. Das *Whiskyglas* ist stämmiger und robuster, es besitzt einen schwereren Glasfuß. Benutzt wird es für unverdünnte Spirituosen und Short Cocktails. Das kleinste Glas von allen ist das *Schnapsglas*, in dem unverdünnte Spirituosen ohne Eis serviert werden.

Gläser mit Stiel für Wein

Es gibt eine breite Auswahl an Weingläsern, aber es sind nur wenige davon wirklich erforderlich, um alle Weinsorten abzudecken. Das sphärische *Rotweinglas* in seinen diversen Größen ist das bekannteste von allen und wird manchmal als Allzweckglas für andere Weinsorten benutzt. Das *Weißweinglas* läuft nach oben hin zylindrisch aus. Weil es den Wein kühl halten soll, sieht man nur selten größere Ausführungen. Die *Champagnerflöte*, die kühl halten und den Verlust an Kohlensäure gering halten soll, hat nur eine enge Öffnung, ganz im Gegensatz zum weitestgehend ausgestorbenen Sektkelch mit seinen flachen Seiten. Das *Sherryglas* wird für Sherrys und Portweine benutzt, die zu den stärkeren Weinen gehören und deshalb in einer geringeren Menge serviert werden. Das *Verkostungsglas* schließlich ist ein Glas von mittlerer Größe mit kleiner Öffnung, damit das Aroma des Weins konzentriert bleibt.

Pintglas
Pilsglas
Bierkrug
Highballglas
Collinsglas/ Longdrinkglas
Whiskyglas
Schnapsglas
Rotweinglas
Weißweinglas
Champagnerflöte
Sherryglas
Verkostungsglas
Kognak-schwenker
Martini- oder Cocktailglas
Likör-glas
Hurricane-glas
Toddy (Irish-Coffee-Glas)

Gläser mit Stiel für Spirituosen und Liköre

Von den Gläsern mit Stiel, die für Spirituosen, Liköre und Cocktails gedacht sind, ist der *Kognakschwenker* das größte Exemplar, allerdings wird seine Kapazität niemals auch nur annähernd ausgeschöpft. Der Inhalt wird durch die Hand gewärmt, in der das Glas liegt. Das vertraute V-förmige Glas ist als *Martini-* oder *Cocktailglas* bekannt. Benutzt wird es für Short Cocktails, die man ohne Eis serviert (sollen sie mit Eis serviert werden, greift man zum *Whiskyglas*). Liköre werden in einem *Likörglas* eingeschenkt, einem kleinen Glas mit Stiel, das in etwa den gleichen Inhalt wie ein Schnapsglas fasst. Ein *Hurricane* ist ein geschwungenes Glas, in dem Cocktails mit reichlich zerstoßenem Eis serviert werden. Das *Toddy* ist für heiße Getränke wie zum Beispiel Irish Coffee und wird in Deutschland sogar als *Irish-Coffee-Glas* bezeichnet. Es hat die Form eines Krugs, sitzt aber auf einem Stiel auf, damit das Getränk länger warm gehalten wird.

KATER

Mit einem Kater, in der Medizin *Veisalgia* genannt, sind Schwindelgefühle, Kopfschmerzen und Schwäche gemeint, die als Folge von übermäßigem Alkoholkonsum auftreten und bis zu 36 Stunden anhalten können. Die Pathologie des Katers ist noch nicht allzu gründlich erforscht.

Wie man einen Kater vermeidet

Die einfachste Methode, einen Kater zu vermeiden –abgesehen natürlich von der Möglichkeit, wenig oder gar keinen Alkohol zu trinken –, besteht darin, die unterschiedlichen Drinks sorgfältig miteinander zu kombinieren. In Evelyn Waughs Roman *Wiedersehen mit Brideshead (Brideshead Revisited)* entschuldigt sich Sebastians Freund, nachdem sich Sebastian bei Charles auf dem Fußboden übergeben hat, folgendermaßen: »Es waren zu verschiedene Weine. Weder die Qualität noch die Quantität waren schuld. Es war das Durcheinander. Wenn Sie das einmal erfasst haben, sind Sie der Sache auf den Grund gekommen.«

Die nachfolgenden Reime bieten einen Anhaltspunkt, in welcher Reihenfolge man (nicht) trinken sollte:

Wein auf Bier, das rat ich dir;
Bier auf Wein, das lass sein.
Likör vor Bier, gut geht's mir;
Bier vor Likör, das wird schwer.
Whisky vor Bier, das gönn ich mir;
Bier vor Whisky, das ist risky.

Zwar widersprechen sich einige dieser Leitsätze, dennoch herrscht weithin die Ansicht, dass Getränke aus Getreide gefolgt von solchen aus Trauben der umgekehrten Reihenfolge vorzuziehen sind. Außerdem sollte Champagner nie nach etwas getrunken werden, vielmehr sollte er den Abend eröffnen. Um am nächsten Tag einen klaren Kopf zu haben, sind Spirituosen aus Getreide wie z. B. Whisky den Abend über die ideale Wahl.

Wie man einen Kater auskuriert

Es gibt keinen Mangel an Heilmitteln, um einen Kater zu beseitigen oder wenigstens zu lindern. Die meisten davon sollen amüsieren, aber auch wirken. In einer Studie zu den führenden Behandlungsmethoden, die im *British Medical Journal* veröffentlicht wurde, kommen die Autoren (M. H. Pittler, J. C. Verster und E. Ernst, »Interventions for preventing or treating alcohol hangover«, 331, 1515 [2005]) zu dem Schluss, dass »kein zwingender Beleg existiert, der nahelegt, dass eine ergänzende oder konventionelle Maßnahme irgendeine Wirkung erzielt, um einen Kater zu behandeln oder zu vermeiden«. (Die getesteten Mittel: Propranolol, Tropisetron, Tolfenaminsäure, Fruktose, Glukose, Gurkenkraut, Artischocke, Feigenkaktus und eine Zubereitung auf Hefebasis.)

Dennoch schwören viele Trinker auf bestimmte Methoden: vor dem Zubettgehen Wasser trinken, nach dem Aufstehen Cola trinken, oder den Kater ersäufen, was nichts anderes heißt, als den Kater mit einem weiteren Drink zu bekämpfen, vorzugsweise von der gleichen Art, mit der man am Abend zuvor aufgehört hatte.

RAUCHEN

»Ich hab alles inhaliert.« (Arnold Schwarzenegger)

»Eine gute Zigarre ist wie ein schönes Mädchen mit einem tollen Körper, das sich zudem auch noch in Baseball auskennt.« (Corporal Klinger in *M*A*S*H*)

»Come to where the flavour is.« (*Marlboro*-Werbeslogan)

»Es ist eine weitgehend unbekannte und natürlich kaum erforschte Tatsache aus dem Feld der Literatur und des Journalismus, dass Nichtraucher es nicht wert sind, gelesen zu werden.« (A. A. Gill, *Sunday Times*, 1999)

»… dass es ein geheiligter Ritus meiner Lebensführung sei, vor, nach, während und zwischen allen Mahlzeiten Zigarren zu rauchen und alkoholische Getränke zu mir zu nehmen.« (Winston Churchill, *Triumph und Tragödie*, 1954 [*Triumph and Tragedy*, 1953])

»Eine Pfeife für die Stunde der Arbeit; eine Zigarette für die Stunde der Empfängnis; eine Zigarre für die Stunde der Leere.« (George Gissing)

RAUCHER-ETIKETTE

In immer mehr Ländern rund um den Globus werden in Gebäuden Rauchverbote erlassen, was einen großen Einfluss auf die Art hat, wie Männer rauchen. Es wird zunehmend in Privatwohnungen und im Freien geraucht und die von allen Seiten verfolgte Rauchergemeinde rückt immer näher zusammen. Nachfolgend finden Sie einen Leitfaden, was Rauchern der Etikette nach zusteht und was nicht. Der gesamte Abschnitt bezieht sich auf den Konsum von Zigaretten, Zigarren und Pfeifen, nicht auf den Genuss von Schnupf- und Kautabak, der überall erlaubt ist.

Rauchen in Gebäuden

Zunächst stellt sich die Frage, ob es zulässig ist, den Gästen im eigenen Haus das Rauchen zu verbieten. James Leavey, Herausgeber des *FOREST Guide to Smoking in London*, rät:

> Es gibt Leute, die es nicht gestatten, dass in ihrem Haus geraucht wird. Das ist ihr Vorrecht, aber natürlich werden Gäste, die Raucher sind, das für unsozial halten. Es ist sehr unhöflich, wenn man bei sich zu Hause einen starken Raucher überraschend mit der Tatsache konfrontiert, dass er unter einem rauchfreien Abend zu leiden haben wird. Es ist besser, die Gäste bereits bei der Einladung vorzuwarnen, damit sie entscheiden können, ob sie kommen wollen oder nicht.

John Morgan ist in *Debrett's New Guide to Etiquette and Modern Manners* der gleichen Meinung:

> Wenn Sie als Gastgeber die Angewohnheit des Rauchens verabscheuen, können Sie ganz legitim darauf verzichten, Raucher zu sich einzuladen. Es ist jedoch nicht angebracht, einem Gast Ihres Hauses das Rauchen zu verbieten, wenn er erst einmal da ist.

Wann ist es aber in Ordnung, in einer fremden Wohnung zu rauchen? In einer perfekten Welt würden Sie, wenn Sie als regelmäßiger Raucher bekannt sind und eingeladen wurden, auch rauchen dürfen. Im echten Leben müssen Sie auf versteckte Hinweise achten. Wenn Aschenbecher vorhanden sind, ist dies ein sicheres Zeichen dafür, dass das Rauchen gestattet ist. Der Besitz eines persönlichen tragbaren Aschenbechers gibt Ihnen andererseits nicht die Lizenz, überall zu rauchen. Wenn Sie keine Aschenbecher vorfinden, dann wird Ihnen ein ungeniertes »Darf ich rauchen?« in der Regel bejaht werden. Es ist allerdings eine schlechte Angewohnheit, zu rauchen, während andere an Ihrem Tisch essen. Eine Zigarette zwischen den Gängen ist jedoch in Ordnung.

Rauchen im Freien

In Europa und in den USA sind immer mehr Raucher gezwungen, bei einem Bar- oder Restaurantbesuch vor der Tür zu rauchen, und für die Gruppe, die sich in diesem Exil befindet, gelten besondere Regeln. Die üblichen gesellschaftlichen Berührungsängste sind hier aufgehoben: Es wird begrüßt, wenn jemand ein Gespräch mit Fremden beginnt, und es ist auch nicht verwerflich, jemanden um eine Zigarette zu bitten. Im Berufsleben sollten hingebungsvolle Raucher ihre Rauchpausen im Freien koordinieren; das Gleiche gilt für Restaurantbesuche.

Umgang mit Nichtrauchern

Wie reagiert man richtig auf feindselige oder missbilligende Nichtraucher an Orten, an denen das Rauchen gestattet ist? Ein höflicher Raucher würde es auf der einen Seite gerne vermeiden, Unannehmlichkeiten zu verursachen. Andererseits hat er die moralische Pflicht, gegen Nichtraucher-Tyrannen zu rebellieren. Im erstgenannten Fall wird er erkennen, dass seine Angewohnheit nicht willkommen ist, und sein Verhalten entsprechend anpassen – indem er sich zum Beispiel an ein offenes Fenster stellt. Im zweiten Fall wird er die Intoleranz mit einem süffisanten Rauchring oder einer starken Rauchwolke, die er in die Richtung des Anklägers absondert, im Keim ersticken. Wenn Sie als Gastgeber beobachten, dass sich einer Ihrer Gäste durch den Rauch eines anderen belästigt fühlt, so ist es die einfachste Lösung, nicht den Raucher, sondern den quengelnden Gast zu isolieren: »Gehen wir nach draußen auf den Balkon und unterhalten uns dort, während John seine Zigarette zu Ende raucht.«

Ein wenig erörtertes Problem ist der *scheinbare* Nichtraucher, der beharrlich am Passivrauch von anderen klebt. Das ist nicht per se anstößig, aber es bedeutet, dass ein Raucher selbst weniger vom Passivrauchen hat. Eine kurze Rauchpause wird den notorischen Passivraucher ermutigen, zu gehen oder sich selbst eine anzustecken.

Asche, Kippen und Pfeifenreste

Die Frage, wo man die Asche und die Kippen loswird und wo man seine Pfeife ausleeren kann, ist knifflig. Es ist sicherlich akzeptabel, draußen die Asche auf den Gehweg zu schnippen. Kippen und Pfeifenreste hingegen auf den Boden zu werfen ist eine unschöne Angewohnheit, auch wenn es Situationen gibt, in denen man keine andere

Wahl hat. Wenn es weder Aschenbecher noch Mülleimer gibt, dann ist es auf öffentlichen, nicht jedoch auf privaten Plätzen zulässig. In Räumen verhält es sich ähnlich, mit einer zwingenden Einschränkung: Auf öffentlichen Fußböden kann man die Asche, wenn unbedingt nötig, fallen lassen, nicht jedoch bei Privatleuten. Kippen und Pfeifenreste müssen entsprechend entsorgt werden. Bei Teppichen ist besondere Vorsicht geboten – es ist außerordentlich ärgerlich, wenn man nach einer Party am nächsten Morgen Brandflecken von Zigaretten vorfindet.

Das Anzünden

Wenn sich die Gelegenheit ergibt, sollte ein Mann die Zigarette einer Frau direkt anzünden, einem Mann hingegen sollte er das Feuerzeug aushändigen, damit dieser es selbst benutzen kann. Eine Ausnahme besteht, wenn beide Männer zur gleichen Zeit zu rauchen beginnen; halten Sie das Feuer zuerst an die Zigarette des anderen und zünden Sie danach Ihre eigene an. Das Anzünden einer Zigarre oder einer Pfeife (siehe S. 231, 233) ist im Vergleich dazu ein komplexeres Ritual und sollte daher stets vom Raucher selbst vollzogen werden.

DER PERFEKTE EINSTIEG

Jeder weiß, wie man mit dem Rauchen aufhört und welche Vorteile das mit sich bringt, aber es sind nur wenige Informationen darüber erhältlich, wie man mit dem Rauchen beginnt. Die offensichtlichsten Pamphlete und Websites, die sich für das Rauchen aussprechen, sind entweder Finten – sie enthalten verdeckte Anti-Raucher-

Werbung – oder Albereien, die eher witzig als nützlich sein sollen. Infolgedessen müssen Anfänger, die zum ersten Mal rauchen, nach der Trial-and-Error-Methode vorgehen. Hier einige Hinweise, warum und wie man mit dieser Angewohnheit beginnen sollte.

Die Vorteile des Rauchens

In einer Zeit, in der sich weltweit Rauchverbote ausbreiten, könnte man der Versuchung erliegen, zu glauben, dass es wohl kaum einen schlechteren Zeitpunkt geben könne, um mit dem Rauchen anzufangen. In Wahrheit jedoch ist der Zeitpunkt so gut wie eh und je. Und wie so häufig, wenn ein moralisch neutrales Verhalten verboten wird, fangen mehr Leute damit an, als es sonst der Fall wäre. Ein weiteres klassisches Beispiel dafür ist die Fuchsjagd in Großbritannien. Noch mehr gilt dies für das Trinken bei Minderjährigen (unter 21 Jahren) in den USA. Illegale Aktivitäten werden meist als besonders schick empfunden. Eine verfolgte Minderheit genießt ihre Freiheiten unter sich; ein Verbot fördert nur den gesellschaftlichen Zusammenhalt zwischen Rauchern.

Das Rauchen bietet zahlreiche Vorteile, die die allseits bekannten Nachteilen ohne weiteres aufwiegen. Es kann eine wirksame Methode sein, sein Gewicht zu kontrollieren. Das Rauchen befriedigt außerdem die angeborene Faszination des Mannes für das Feuer, besonders im Fall von Zigarren und Pfeifen, die nur wenig Chemie enthalten. Das Rauchen ist männlich, ungeachtet der Beliebtheit, die es erst vor recht kurzer Zeit – angesichts der langen Geschichte des Rauchens – bei Frauen erlangte. Schließlich ist für viele das Rauchen ein unentbehrlicher Bestandteil beim Entspannen. Es hilft, sich zu besinnen und mit dieser Besinnung sorgfältigere Entscheidungen zu treffen, wenn nicht gar Weisheit zu erlangen. Ein Bushongo, der auf einer seiner Reisen das Rauchen lernte, sagte nach seiner Rückkehr nach Kongo Folgendes darüber:

> Wenn du einen Streit mit deinem Bruder hast und du ihn in deinem Zorn erstechen möchtest, dann setz dich hin und rauche eine Pfeife. Wenn du damit fertig bist, bist du vielleicht zu der Überzeugung gelangt, dass der Tod eine zu hohe Strafe für das Vergehen deines Bruders ist, und du entscheidest dich, ihn mit einer Tracht Prügel davonkommen zu lassen. Zünde dann erneut deine Pfeife an und rauche weiter. Wenn die Rauchringe nach oben steigen, wirst du vielleicht zu dem Ergebnis kommen, dass ein paar heftige Worte die Schläge ersetzen könnten. Zünde danach noch einmal die Pfeife an, und du wirst zu deinem Bruder gehen und ihn bitten, zu vergessen, was in der Vergangenheit war. (M. W. Hilton-Simpson, *Land and Peoples of the Kasai*, 1911)

Die ersten Schritte

Der erste Schritt zum Gewohnheitsrauchen erfordert die Entscheidung, was man rauchen möchte: Zigaretten, Zigarren, Pfeifen und Schnupftabak passen zu einigen Persönlichkeitstypen mehr als zu anderen. Während Zigaretten am meisten verbreitet sind, werden Zigarren- und Pfeifenrauch nicht inhaliert und sind daher weniger schädlich, ungeachtet der großen Gesundheitswarnungen, die auf ihnen angebracht sein mögen. Die meisten Zigarettenanfänger sind der Meinung, das Schwierigste am Rauchen sei das Inhalieren. Die ersten paar Zigarettenpäckchen werden wahrscheinlich von etlichen Hustenanfällen begleitet sein, doch das sollte bald aufhören.

Ein frischgebackener Raucher sollte zu jeder Zeit sein komplettes Handwerkszeug bei sich haben. Je nachdem, für was er sich entschieden hat, ist dies eine Packung Zigaretten, ein Etui oder eine Schachtel mit Zigarren, eine Pfeife und ein Beutel Tabak, ein Feuerzeug oder Streichhölzer, ein Zigarrenschneider oder ein Pfeifenset. Es ist ärgerlich, wenn wichtige Rauchutensilien fehlen, also sollte man alles, was man braucht, in die gleiche Tasche stecken und stets überprüfen, ob man alles bei sich hat, wenn man das Haus verlässt.

Andere werden einen unterschiedlich starken Druck dahingehend auf Sie ausüben, dass Sie entweder nicht mit dem Rauchen beginnen sollen oder dass Sie sich in ihrer Gegenwart – vor allem bei einem Dinner oder auf einer Party – zurückhalten mögen. Darauf reagiert man am besten, indem man in die Defensive geht und sich mit anderen Rauchern umgibt. Da macht es gleich viel mehr Spaß, mit dem Rauchen anzufangen. Zwei oder drei Raucher, die gemeinsam auf einer Party sind, sind ein sozialer Anziehungspunkt; begeben Sie sich zu ihnen und zünden Sie sich eine an, und Sie werden mit Sicherheit mit offenen Armen empfangen werden.

Probieren Sie frühzeitig verschiedene Zigarettenmarken aus, um jene zu finden, die Ihrem Geschmack am meisten entspricht; alte Rauchergewohnheiten bleiben hartnäckig. Wenn Sie Zigarren rauchen wollen, fangen Sie mit einer kostengünstigen Marke an, da die meisten Anfänger eine gewöhnliche Zigarre nicht weniger genießen als eine kostspielige kubanische. Es ist auch klug, mit einem geringen Durchmesser zu beginnen – einer Zigarillo oder Panatella zum Beispiel – und sich dann langsam hochzuarbeiten, um sich – wenn überhaupt – mit mehr Erfahrung dickeren Zigarren zu widmen. Wie Großwildjäger haben auch Männer, die dicke Zigarren rauchen, einmal klein angefangen.

Selbstbewusstes Rauchen

Wie vieles im Leben kommt auch das selbstbewusste Rauchen erst mit der Erfahrung, aber es gibt einige Dinge, die man dabei immer bedenken sollte. Wählen Sie eine unaffektierte Haltung, die zu Ihnen passt, denn an einer ungelenken Haltung erkennt man schnell den Anfänger (siehe S. 227). Greifen Sie die Zigarette, indem Sie mit der Schachtel fest auf ihre Handfläche klopfen; dadurch wird der Tabak für einen besseren Rauchgenuss gestaucht, außerdem erweckt es den Eindruck, dass hier ein Mann ist, der weiß, was er tut.

Verglichen mit dem Anzünden einer Zigarre oder einer Pfeife sieht das Anstecken einer Zigarette leicht aus. Aber es erfordert eine gewisse Fertigkeit, mit einer flüssigen und eleganten Bewegung genau zum richtigen Moment und mit der richtigen Position der Flamme an der Zigarette zu ziehen. Der Anfänger wartet oft zu lange und verbrennt dabei zu viel von der Spitze.

ZIGARETTEN

Das Für und Wider des Rauchens

Auf Zigarettenschachteln müssen per Gesetz auffällige Gesundheitswarnungen angebracht sein, die auf die Gefahren des Rauchens hinweisen. Die Firma FakeFags verkauft als Aufkleber alternative Botschaften für die, die bereits mit den Gefahren des Rauchens vertraut sind; man kann sie direkt auf der Schachtel anbringen.

Warnungen der britischen Regierung	*FakeFags-Sticker*
Rauchen kann tödlich sein.	Sie könnten morgen von einem Bus überfahren werden.
Raucher sterben früher.	Meine Oma raucht 40 am Tag und ist 93 Jahre alt.
Rauchen verursacht tödlichen Lungenkrebs.	Lebe schnell, stirb jung.
Rauchen lässt Ihre Haut altern.	Wer mit dem Rauchen aufhört, wird fett.
Rauchen macht sehr schnell abhängig: Fangen Sie gar nicht erst an!	Zumindest rauche ich kein Crack!
Rauchen in der Schwangerschaft schadet Ihrem Kind.	Ist okay, ich bin nicht schwanger.
Rauchen kann zu einem langsamen und schmerzhaften Tod führen.	An irgendwas muss man schließlich sterben.
Rauchen fügt Ihnen und den Menschen in Ihrer Umgebung erheblichen Schaden zu.	Nichtraucher können Irritationen verursachen.
Rauchen kann die Spermatozoen schädigen und schränkt die Fruchtbarkeit ein.	Rauchen macht sexy.
Wer das Rauchen aufgibt, verringert das Risiko tödlicher Herz- und Lungenerkrankungen.	Niemand mag Feiglinge.

Wie man eine Zigarette hält

Der erste Eindruck, den ein Raucher hinterlässt, wird nicht so sehr von der Wahl seiner Zigarettenmarke bestimmt als vielmehr von der Art, wie er die Zigarette hält. Hier eine Liste von guten Griffen:

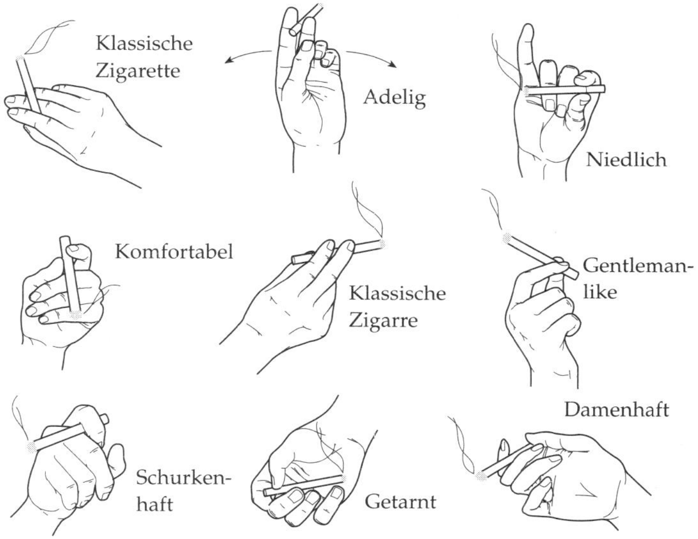

Klassische Zigarette Dieser Standardgriff für Zigaretten wird nie zu nachlässig oder zu einstudiert wirken.

Adelig Eine Variation des klassischen Griffs, die Eleganz und Autorität ausstrahlt. Man muss ihn nur vorübergehend anwenden, um den erwünschten Effekt zu erzielen.

Niedlich Dieser etwas affektierte Griff ist ein schnelles Indiz, das 1. auf einen neuen Raucher hindeutet, der hofft, zu beeindrucken, oder 2. auf einen Mann, der vom anderen Ufer ist.

Komfortabel Dieser ausgeklügelte Griff kann für Zigaretten und Zigarren verwendet werden. Der Mittelfinger dient dabei als natürliche Ablagefläche für Kettenraucher.

Klassische Zigarre Wird von der Mehrheit der Zigarrenraucher verwendet. Dieser natürliche Griff eignet sich für Zigarillos bis hin zu Zigarren mit stärkstem Durchmesser.

Gentlemanlike Was diesem Griff an Funktionalität mangelt, das gleicht er durch seine Ästhetik aus. Man sollte bedenken, dass die Zigarette nicht zu dicht am Filter gehalten werden darf.

Schurkenhaft Mal abgesehen davon, dass dabei die Zigarette beschädigt wird, ermöglicht dieser Griff einem rauchenden Raufbold, jederzeit einen Fausthieb auszuteilen.

Getarnt Aus der Entfernung verbirgt dieser raffinierte Griff eine Zigarette vor der Nichtraucher-Polizei. Bei genauem Hinsehen wird aber wohl der Rauch ein verräterisches Signal sein.

Damenhaft Europäische Frauen nutzen Zigaretten häufig als Modeaccessoire, und dieser elegante Griff dürfte geeignet sein, ein paar anzügliche Pfiffe zu provozieren.

ZIGARREN

Zigarrengrössen

Wofür man sich beim Zigarrenrauchen als Erstes entscheiden sollte, ist nicht die Marke, sondern die Größe. Die Größe hat Auswirkungen auf den Geschmack, sie richtet sich nach dem Anlass und bestimmt die Dauer des Rauchens: Ein typisches Cigarillo kann man in weniger als zehn Minuten rauchen, während eine Giant über zwei Stunden in Anspruch nehmen kann. Die Zigarrenlänge misst man in Zoll, den Durchmesser in vierundsechzigstel Zoll.

Auch wenn keine Vorgaben existieren, wer welche Zigarren rauchen sollte, gilt allgemein die Faustregel, dass

»der Durchmesser dem eigenen Alter entspricht«. Demnach kann ein 24 Jahre alter Mann ein $^3/_8$-Zoll-Cigarillo rauchen, ein 32-Jähriger eine $^1/_2$-Zoll-Panatella und ein 48-Jähriger eine $^3/_4$-Zoll-Churchill.

Die dünnsten Cigarillos tendieren zu Durchmessern knapp über $^{20}/_{64}$ Zoll, womit Anfang zwanzig das früheste Alter sein sollte, um mit dem Zigarrenrauchen zu beginnen.

Grössenübersicht

Es existiert eine lange Tradition, Namen mit bestimmten Zigarrengrößen in Verbindung zu bringen, und einige Namen haben in der Zigarrenbranche tatsächlich eine bestimmte Bedeutung. Es gibt aber keine festen Regeln, und manche Namen widersprechen sich sogar oder sind bedeutungslos. Nachfolgend ein Versuch, die Angebotspalette nach ihren Größen zu ordnen. Zigarrentypen zwischen zwei Maßangaben gehören zum größeren Maß.

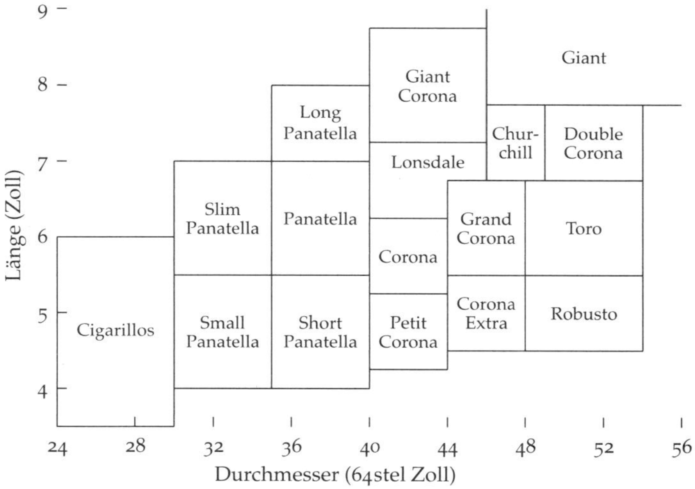

Typische Maße für jede dieser Größen sind die folgenden:

Cigarillo	4 × 26	Giant Corona	7,5 × 44
Small Panatella	5 × 32	Corona Extra	5,5 × 46
Slim Panatella	6 × 34	Grand Corona	6,5 × 46
Short Panatella	5 × 38	Robusto	5 × 50
Panatella	6 × 38	Toro	6 × 50
Long Panatella	7,5 × 38	Churchill	7 × 48
Petit Corona	5 × 42	Double Corona	7,5 × 50
Corona	5,5 × 42	Giant	8,5 × 52
Lonsdale	6,5 × 42		

Umgang mit Zigarren

Lagerung Zigarren trocknen an der offenen Luft aus, das Umblatt wird brüchig und neigt dazu, sich abzulösen; die Zigarre wird beim Rauchen heißer und hält nicht so lange. Die beste Methode, dies zu vermeiden, ist die Lagerung der Zigarre in einem Humidor, einer Kiste aus Weichholz, in der sich ein feuchter Schwamm oder ein kleines Wassergefäß befindet. In vielen kommerziellen Humidors befindet sich ein billiges Hygrometer, das die Feuchtigkeit misst, doch solange der Schwamm feucht und das Gefäß gefüllt ist, braucht man dieses Gerät nicht.

Griff Der häufigste Fehler von Zigarrenneulingen ist es, die Zigarre so zu halten, als wäre sie eine Zigarette – nämlich zwischen Zeige- und Mittelfinger. Stattdessen sollte man sie von der einen Seite mit dem Daumen und von der anderen mit Zeige- und Mittelfinger halten.

Asche Die Asche einer Zigarre ist viel stabiler als die einer Zigarette, daher ist es nicht nötig, die Zigarre ebenso häufig über einem Aschenbecher abzustreifen. Bei besseren Zigarren ist die Asche robust genug, um bei einer Länge von zweieinhalb Zentimetern noch immer zu halten. Es erfordert Erfahrung, um zu wissen, wann eine Asche kurz davorsteht, herunterzufallen.

Ausgehen Während eine industriell gefertigte Zigarette immer brennt, egal, ob jemand an ihr zieht oder nicht, geht eine Zigarre innerhalb weniger Minuten aus, wenn sie beiseitegelegt wird. Daher ist es nicht nötig, eine Zigarre auszudrücken, wenn man sie fertig geraucht hat; es gilt sogar als stillos. Stattdessen sollte man sie von selbst ausgehen lassen.

Das Entfernen der Bauchbinde Es gibt keine Einigkeit darüber, ob die Bauchbinde am Ende der Zigarre entfernt werden sollte. Notwendig ist es in der Regel nicht, weil eine Zigarre normalerweise nicht bis zum Ende geraucht wird, da sie dort anfängt, bitter zu schmecken.

Anzünden Um sicherzugehen, dass die Zigarre gleichmäßig angezündet wird, sollte man sie in einem 45-Grad-Winkel etwa zweieinhalb Zentimeter über die Flamme halten, während man sie dreht, bis die Spitze zu qualmen beginnt. Dann sollte man die Spitze wie gewöhnlich zum Glühen bringen, indem man an der Zigarre zieht.

PFEIFEN

Der Reiz des Pfeifenrauchens beruht nicht auf dem Nikotin – so wie bei Zigarren wird auch bei der Pfeife der Rauch nicht inhaliert –, sondern auf dem Ritual: die Routine, die Pfeife zu stopfen, die Wärme des Bruyère, die unterbewusste Faszination für das Feuer. Pfeifenrauch ist instinktiv angenehmer als der Rauch von Tabak in gerollter Form. Zigarren werden üblicherweise in Gesellschaft geraucht, eine Pfeife dagegen, wenn man allein ist.

Hergestellt werden Pfeifen aus Bruyère, Meerschaum, Ton, Maiskolben oder Kalebasse (Kürbis). Von allen ist Bruyère die beliebteste Variante. Es handelt sich dabei um die gehärtete Wurzel der mediterranen Baumheide. Das markanteste Unterscheidungsmerkmal ist der Holm, der gerade oder gebogen sein kann. Einen gebogenen Holm kann man leichter im Mund halten, während ein gerader eleganter aussieht. Die Art des Stiels hat keinen Einfluss auf die Form des Pfeifenkopfs, den es in zahlreichen Varianten gibt. Pfeifenexperte Richard Carleton Hacker unterteilt sie in acht Arten.

Pfeifentypen

Apple: ein eleganter, kugelförmiger, vergleichsweise gedrungener Kopf.

Billiard: klassische Form; Höhe des Kopfs entspricht der Länge des Holms.

Bulldog: ein gedrungener Kopf mit geschnitztem Rand und kantigem Holm in Diamantform.

Canadian: langer Holm und kurzes Mundstück, daher schwieriger herzustellen.

Dublin: oben breiter als unten, mit einer flachen oder konkaven Rückseite.

Freehand: eine freie Form, die vom jeweiligen Bruyère-Stück inspiriert wird.

Pot: der kürzeste und breiteste Kopf von allen, mit abgerundeter Unterseite.

Poker: ein glatt geschnittener, zylindrischer Kopf mit flacher Unterseite.

Anzünden einer Pfeife

Das wahre Können beim Pfeifenrauchen besteht darin, zu wissen, wie man eine Pfeife stopft und wie man sie anzündet. Es entscheidet darüber, wie gut die Pfeife zieht, wie lange man sie rauchen kann und wie viel Tabakrest (Asche und teilweise verbrannter Tabak) am Ende übrig bleibt. Bedenken Sie, dass Pfeifen genauso wie Zigarren von Zeit zu Zeit ausgehen und wieder angezündet werden müssen. Hier eine Anleitung zum Füllen und Anzünden:

1. Geben Sie zuerst locker Tabak in den Pfeifenkopf, bis er leicht überquillt. Achten Sie darauf, Klumpen zu entwirren.
2. Nehmen Sie einen Pfeifenstopfer oder den Fingernagel, um den Tabak leicht zusammenzudrücken, bis er auf die Hälfte reduziert ist.
3. Geben Sie wieder locker Tabak in den Pfeifenkopf, bis er leicht überquillt.
4. Drücken Sie den Tabak nach unten, bis er bis dicht unter den Rand reicht.
5. Zünden Sie die Pfeife an, idealerweise mit einem horizontal gehaltenen Streichholz, und paffen Sie ein paarmal kurz an der Pfeife. Hören Sie damit auf und warten Sie, bis die Glut erloschen ist.
6. Drücken Sie den Tabak wieder nach unten, wobei eine Lage aus verkohltem Tabak entsteht. Dieser wichtige Schritt sorgt dafür, dass sich der Tabak gleichmäßig entzündet.
7. Zünden Sie die Pfeife ein zweites Mal an, ziehen Sie diesmal gleichmäßig und lange an ihr.

Einweihen einer neuen Pfeife

Eine Holzpfeife, die regelmäßig benutzt wird, entwickelt mit der Zeit eine dicke Ruß- und Kohleschicht im Innenraum des Pfeifenkopfs. Diese Kohleschicht ist unerlässlich, damit die Pfeife funktioniert. Sie isoliert das Holz von der Hitze des glühenden Tabaks und bewahrt die Hitze wie ein Kohlebecken, wodurch ein gleichmäßigeres Brennen ermöglicht wird. Neue Pfeifen verfügen noch nicht über diesen vorteilhaften Schutz, daher sollte man äußerste Vorsicht walten lassen, wenn man eine neue Pfeife benutzt, denn wird eine solche Pfeife zu heiß geraucht, könnte das Holz verkohlen. Einige Experten schlagen vor, man solle die Innenseite des neuen Pfeifenkopfs mit einer dünnen Schicht Honig bestreichen, die sich verhärtet und so die Bildung einer Kohleschicht beschleunigt. Nachdem man die Pfeife ein halbes Dutzend Mal geraucht hat, wird sich bereits eine dünne Schicht gebildet haben. Diese wird mit der Zeit immer dicker werden.

Reinigen der Pfeife

Idealerweise reinigt man eine Pfeife jedes Mal, nachdem man sie geraucht hat, doch in der Praxis ist es üblich, die Pfeife zu wechseln und irgendwann alle auf einmal zu reinigen. Zwei Dinge sind unerlässlich, um eine Pfeife richtig zu reinigen: ein Pfeifenbesteck und ein Pfeifenreiniger. Pfeifenbestecke gibt es in allen möglichen Arten, ein typisches und günstiges ist ein faltbares Multibesteck mit einem runden Stopfer, einem Pfeifenlöffel und einem langen Dorn zum Lockern. Pfeifenreiniger sind lange, dünne Bürsten.

Beim ersten Schritt nutzt man den Löffel, um Tabakreste aus dem Pfeifenkopf zu kratzen. Dabei passt man auf, dass man nicht zu viel von der Kohleschicht entfernt, die oben beschrieben wurde. Erst durch Erfahrung lernt man, wie fest man kratzen muss und wie viel von der Kohleschicht entfernt werden darf.

Im zweiten Schritt reinigt man den Luftkanal. Dafür entfernt man zunächst das Mundstück aus dem Holm, indem man es sanft herausdreht. Dies sollte man niemals tun, bevor die Pfeife nicht vollständig erkaltet ist, weil das Holz dazu neigt, sich bei Hitze auszudehnen. Dann sollte man bei jeder der Hälften einen Pfeifenreiniger vollständig durch die Öffnung ziehen. Dies wiederholt man – jedes Mal mit einem frischen Pfeifenreiniger –, bis an der Bürste keine neuen Reste mehr hängen. Es kann sein, dass man für das Mundstück vier Reiniger benötigt und für den Pfeifenkopf sechs. Gebrauchte Pfeifenreiniger verpesten mit ihrem Gestank leicht einen ganzen Raum, daher sollten sie sofort entsorgt werden; idealerweise wirft man sie in ein Kaminfeuer.

SCHNUPFTABAK

Die Einführung des Rauchverbots in Gaststätten und öffentlichen Gebäuden ist für viele Raucher Grund zur Sorge, aber trotz dieser für sie unheilvollen Entwicklung gibt es Grund zur Hoffnung: Schnupftabak. Davon abgesehen, dass nichts angezündet wird und somit nichts raucht, bietet dieser Tabak all die Dinge, die auch das Rauchen so anziehend machen: den Kick, die Utensilien, das Zeremoniell und die Kameradschaft. Bei jährlich ohnehin schon steigenden Umsatzzahlen allein in Großbritannien könnte der öffentliche Druck auf Raucher den Schnupftabakkonsum demnächst in Höhen treiben, wie man sie seit dem 19. Jahrhundert nicht mehr erlebt hat.

Schnupftabak besteht aus einem fein zerriebenen Tabakblatt mitsamt Stiel, das direkt durch die Nase eingeatmet wird. Schnupftabak gibt es in vielen Variationen, die sich grob in drei Gruppen einteilen lassen: natürlich, parfümiert mit Ölessenzen aus Früchten und Blumen oder medizinisch versetzt mit Menthol, Eukalyptus oder Anissamen. Anfänger neigen zum Niesen, aber das legt sich, wenn man erst einmal ein wenig Erfahrung gesammelt hat.

Aufbewahrt wird Schnupftabak in einer Schnupftabaksdose, einem kleinen Behältnis mit einem beliebigen (vorzugsweise luftdichten) Schließmechanismus. Zwar gibt es auch Tabaksdosen von erheblichem Wert, doch ein erfahrener Benutzer greift auf eine schlichte Metall- oder Holzdose zurück, die keinen großen Verlust bedeutet, wenn sie einem abhandenkommen sollte.

Es gibt zwei gängige Methoden, wie man Schnupftabak konsumiert. Bei der ersten Methode plaziert man eine geringe Menge Tabak, den man mit den Fingerspitzen aus der Dose entnommen hat, in die Einbuchtung auf dem Handrücken zwischen Zeigefinger und ausgestrecktem Daumen der linken Hand. Von dort nehmen Sie den Tabak entweder mit beiden Nasenlöchern gleichzeitig oder nacheinander auf. In letzterem Fall ist es hilfreich, wenn auch nicht sehr elegant, das jeweils andere Nasenloch mit den Fingern der rechten Hand zuzuhalten.

Beachten Sie, dass Schnupfen nichts mit Schnäuzen zu tun hat, denn im Gegensatz zu anderen Pulvern soll Schnupftabak nicht bis zu den Nasenhöhlen oder noch weiter gelangen.

Die zweite Methode des Tabakschnupfens wird in einem Pamphlet aus der Mitte des 19. Jahrhunderts beschrieben:

Wie man richtig schnupft

1. Nehmen Sie die Schnupftabaksdose in die rechte Hand.
2. Legen Sie sie in die linke Hand.
3. Schütteln Sie die Dose.
4. Öffnen Sie die Dose und kontrollieren Sie den Inhalt.
5. Bieten Sie den Anwesenden mit einer höflichen Verbeugung die Dose an.
6. Nehmen Sie sie wieder mit der linken Hand entgegen.
7. Schieben Sie den Schnupftabak in der Dose zusammen, indem Sie mit Mittel- und Zeigefinger an die Seite klopfen.
8. Entnehmen Sie mit der rechten Hand eine Prise.
9. Halten Sie den Tabak ein paar Sekunden lang zwischen den Fingern.
10. Führen Sie die Prise zur Nase.
11. Nehmen Sie den Tabak mit beiden Nasenlöchern auf, ohne dabei eine Grimasse zu ziehen oder das Gesicht anderweitig zu verziehen.
12. Schließen Sie schwungvoll die Dose.

KOCHEN

Lisa: »Hast du auch etwas zu essen, das nicht brutal umgebracht wurde?« – *Homer:* »Nun, ich glaube, dieses Kalb ist aus Einsamkeit gestorben.« (aus *Die Simpsons*, Episode BABF06, 2000)

»Beweist auch die Geschichte uns aufs beste: / Des Menschen, dieses hung'rigen Sünders, Glück / Führ auf sein Mahl seit Eva sich zurück.« (Lord Byron, *Don Juan*, 13. Gesang)

»Bis heute kann die durchschnittliche Frau keine gute Tasse Kaffee zubereiten. Es muss daran liegen, dass Kaffee ursprünglich ein Getränk für Männer war.« (*Esquire's Handbook for Hosts*, 1949)

»Lasse weder beim Wein des Pastors noch beim Pudding des Bäckers etwas übrig.« ❧ »Drei gute Mahlzeiten am Tag sind ein schlechter Lebensstil.« ❧ »Bewahre mich vor doppelt gebratenem Fleisch und vor der Aussöhnung mit einem alten Feind.« ❧ »Wer viel reist, sollte wenig essen.« ❧ »Viele Gänge, viele Beschwerden.« (Benjamin Franklin, *Poor Richard's Almanack*, 1732–1757)

»If you don't eat your meat, you can't have any pudding. How can you have any pudding if you don't eat your meat?« (Pink Floyd, *The Wall*, 1979)

» Ein Mathematiker ist eine Maschine, die Kaffee in Lehrsätze umwandelt.« (Paul Erdös zugeschrieben, aber wahrscheinlich eher auf Alfréd Rényi zurückzuführen)

»Der perfekte Liebhaber ist jemand, der sich morgens um vier in eine Pizza verwandelt.« (Charles Pierce)

»Eltern übergewichtiger Kinder sollten mit einer Geldbuße belegt werden.« (Gordon Ramsay in der *Daily Mail*, 2007)

KÜCHEN-BASICS

Die Küche eines Junggesellen muss nicht mit Unmengen an Geräten versehen sein, um eindrucksvolle Mahlzeiten hervorbringen zu können. Die 30 wichtigsten Utensilien sind unten aufgelistet; bei dem, was fehlt, kann man improvisieren.

UNVERZICHTBARE UTENSILIEN

Bratpfanne Eine beschichtete und eine gusseiserne Pfanne sollte man haben. Letztere ist die traditionelle Wahl für Männer: Sie ist unzerstörbar, liefert eine gleichmäßige Hitze und wird sehr heiß. Wenn sie mit wenig oder gar keinem Spülmittel gesäubert wird, bildet sich eine Patina, auf der man sehr gut braten kann.

Kaffeemaschine Es gibt viele Möglichkeiten, Kaffee und heißes Wasser zu vermischen. Zur weiteren Erörterung siehe Seite 246.

Küchensieb Unentbehrlich für Pasta, Reis und für Salat, den man waschen muss. Plastik ist einem Drahtgeflecht vorzuziehen, weil sich dort in den Löchern Reis und Nudeln festsetzen können.

Kochtöpfe Am besten drei, jeweils mit Deckel. Ein kleiner für Soßen und Suppen, ein mittlerer für Chili und ein großer für Pasta, Reis und gekochtes Gemüse.

Messbecher und -löffel Diese unschätzbaren Geräte werden oft vergessen. Sie sind es, die aus dem Kochen eine Wissenschaft und eine Kunst machen.

Messer Drei gute Messer sind besser als der übliche Vorrat, der in den meisten Küchen liegt: ein 10 Zentimeter langes Schälmesser, ein 15 Zentimeter langes Küchenmesser und ein langes, gezahntes Messer, um Brot, Kuchen und Tomaten zu schneiden.

Pfannenwender Erst wenn man keinen findet, erkennt man, wie wertvoll er ist. Sie sollten zwei besitzen: einen aus Plastik und einen aus reinem Bambusholz.

Röstpfanne Sie sollte einen fünf Zentimeter hohen Rand haben.

Schneidebrett Ein großes Schneidebrett aus Holz ist besser für Messer, sieht besser aus und tötet besser Bakterien ab als ein Kunststoffbrett.

Wasserkocher Einen Kessel auf den Herd zu stellen, ist unpraktisch, und ein Behälter in der Mikrowelle sieht nicht gut aus. Um schnell Wasser zu kochen, ist ein elektrischer kabelloser Wasserkocher am besten geeignet.

Grundlegende Utensilien

Auflaufform aus Steingut
Bratengabel
Doppelwandtopf
(Bain-Marie)
Dosenöffner
Flaschenöffner
Fleischthermometer
Gemüsebürste
Holzlöffel und -gabel
Kartoffelschäler
Korkenzieher (siehe S. 184)
Küchenschere
Pfeffermühle
Reibe (mit vier Seiten)
Rührschüssel
Salatschüssel (aus Holz)
Schleifstein
Schneebesen
Teekanne
Toaster
Trichter

Basisvorräte

Egal welche Zutaten man für ein bestimmtes Rezept benötigt, ein vernünftiger Koch hat immer folgende Zutaten auf Lager:

Trockene Lebensmittel	*Verderbliches*	*Gewürze*
Kekse	Balsamico-Essig	Basilikum
Brot	Brühwürfel	Chilipulver
Kräcker	Butter	Currypulver
Kaffee	Knoblauch	getrocknete Chilis
Mehl	Milch	Kreuzkümmel
Nüsse	Olivenöl	Lorbeerblätter
Pasta	Parmesankäse	Oregano
Reis	Senf	Paprika
Tee	Zitronen	Pfefferkörner
Zucker	Zwiebeln	Salz

ABC des Kochens

Kochen heißt, Essen mittels Hitze zuzubereiten. Doch dabei gibt es viele Möglichkeiten. Hier eine Zusammenfassung:

Braten nennt man die Zubereitung mit Öl oder Fett bei einer Temperatur von über 100 Grad.
Dämpfen heißt im Dampf erhitzen, der von einer kleinen Menge Wasser im Topf erzeugt wird. Das Gargut kommt nicht in direkten Kontakt mit dem Wasser.
Dünsten ist das Erhitzen in einer Pfanne mit einer sehr geringen Menge an Flüssigkeit oder Fett.
Frittieren ist das Braten in so viel Öl oder Fett, dass das Essen darin schwimmt.
Grillen ist das Erhitzen auf einem Rost über einer offenen Flamme oder einer Hitzequelle direkt in der Nähe. Dabei kocht das Essen nicht im eigenen Saft.
Köcheln heißt Sieden in Wasser bei einer Temperatur von 82 bis 99 Grad. Das Wasser darf nicht kochen.
Kochen bedeutet, man legt die Lebensmittel in Wasser, das bei einer Temperatur von 100 Grad kocht.

Rösten bedeutet Braten in einer kleinen Menge Fett mit großer Hitze.

Schmoren heißt Ziehenlassen in einer geringen Menge Flüssigkeit über einen längeren Zeitraum hinweg.

TRANCHIEREN

Selbstbewusstes Tranchieren zählt seit langem zu den wesentlichen Fertigkeiten eines Mannes. Hier sind einige Richtlinien, die sich weitgehend an jenen im *Esquire's Handbook for Hosts* orientieren, das kurz nach dem Zweiten Weltkrieg verfasst wurde.

Fleisch

Fleisch sollte immer quer zur Faser geschnitten werden. Die einzige Ausnahme dieser Regel gilt beim Hammelbraten, der immer parallel zu den Fasern oder zur Maserung geschnitten wird. Schinken und Rinderbraten sollten in sehr dünne Scheiben geschnitten werden, Lamm, Hammel und Schweinefleisch in ziemlich dicke.

Rind Ein Rinderbraten ist nicht so leicht zu tranchieren wie andere Bratenstücke. Hier ist ein Messer mit sehr scharfer Klinge zu empfehlen. Zuerst schneidet man eine dicke Scheibe von der Oberseite ab, damit diese ebenmäßig ist, dann sollten dünne und gerade Scheiben geschnitten werden.

Kalb Kalbsbrust besteht aus zwei Teilen: die Rippenknochen und das Bruststück. Beide Teile sollten getrennt werden. Die Rippchen werden einzeln abgelöst und serviert.

Hammel Eine Hammelkeule ist vergleichsweise einfach

zu schneiden. Man schneidet mit dem Messer nach unten und kann von jeder Seite die Scheiben abschneiden, die die Gäste haben wollen. Der Hammelrücken ist eine ausgezeichnete (und klassische englische) Mahlzeit. Das Fleisch wird in der Regel an den Rippenknochen entlang parallel zu Wirbelknochen und Faserung geschnitten und zu jedem Stück wird für gewöhnlich ein kleines Stück Fett aus dem oberen Teil der Rippen serviert.

Bei einer Hammelschulter sollte das Bratenstück hochgestellt werden, damit man so viele Scheiben wie möglich abschneiden kann. Danach sollte das sich noch am Knochen befindliche Fleisch abgeschabt und serviert werden. Anschließend wird der Braten umgedreht und man schneidet von der anderen Seite Scheiben herunter.

Schwein Eine Schweinskeule wird wie eine Hammelkeule geschnitten. Das Messer sollte scharf nach unten bis zum Knochen durchgezogen werden, direkt durch die Knorpelmasse hindurch. Einen vom Metzger richtig vorbereiteten Schweinerücken kann man in schöne und gleichmäßige Koteletts aufschneiden. Besondere Probleme sollten dabei nicht auftreten.

Schinken Hier muss man beim Zuschneiden entscheiden, ob man ökonomisch vorgehen oder gleich das beste Stück servieren möchte. Will man Ersteres, so beginnt man direkt beim Knöchel und schneidet dünne Scheiben hinab zum dicken Teil des Schinkens. Wenn man zuerst den besten Teil servieren will, schneidet man von der Mitte des Schinkens aus hinunter zum Knochen.

Lamm Eine Keule oder eine Schulter vom Lamm wird wie eine Hammelkeule geschnitten.

Geflügel

Truthahn Zuerst sticht man mit der Gabel ein paar Zentimeter hinter dem Brustbein in den Braten, mit einem Zinken auf jeder Seite des Knochens. Es gibt dafür eine bestimmte Stelle, Sie werden sie schnell finden. Fahren Sie nun mit der Spitze des Messers unter den Flügel und schneiden Sie nach oben zu dem Gelenk, das den Flügel mit dem Rumpf verbindet. Wenn der Flügel nicht abfällt, bohrt man das Messer in das Gelenk und bricht es, wenn nötig. Die Keule (auch Schlegel genannt) und das zweite Gelenk sollten in einem Stück entfernt werden. Schneiden Sie gerade durch das Gelenk am Rumpf. Schneiden Sie ein paar Zentimeter oberhalb des Bürzels, so weit Sie kommen. Dann fahren Sie mit dem Messer hinter das Gelenk zurück zum Verbindungsstück. Dadurch sollte sich der ganze Teil vom Braten lösen lassen. Nun sind auf der einen Seite des Truthahns Keule und Flügel entfernt, und Sie können die Brust aufschneiden. Setzen Sie die Gabel wieder bei der Ausgangsposition an und legen Sie den Vogel mit der beinlosen Seite nach oben, so dass die Brustscheiben liegen bleiben, während Sie sie schneiden. Wenn Sie den Braten aufrecht lassen, fallen die Scheiben zur Seite und sind nur schwer und wenig appetitlich zu handhaben. Schneiden Sie die Stücke mit festen, geraden Schnitten. Die Scheiben sollten nicht dick sein.

Ente Ente oder Entenbraten werden ähnlich aufgeschnitten wie Huhn oder Truthahn. Zuerst werden die Flügel entfernt und dann wird entweder die Brust aufgeschnitten oder, wenn es ein kleiner Vogel ist, die Brust als ein Stück entfernt. Danach wird die Keule zusammen mit dem Gelenk abgetrennt; sie wird entweder zerteilt oder als ein Stück serviert, wenn sie nicht allzu groß ist.

Gans Denken Sie daran, dass die Brust einer Gans, mehr

als die von jedem anderen Vogel, sehr begehrt ist, daher muss man beim Schneiden die anderen Teile nicht besonders beachten, auch wenn einige Leute die Keulen ausgezeichnet finden.

Huhn Gebratene oder gegrillte Hühner (Kapaun usw.) werden ähnlich wie der gebratene Truthahn geschnitten.

Fasan Die besten Teile des Fasans sind die Brust und die Flügel, zumindest gilt das für die meisten Fasane. Ein Fasan wird genauso wie ein Truthahn aufgeschnitten.

Rebhuhn Gewöhnlicherweise wird ein Rebhuhn an der Spitze des Brustbeins aufgeschnitten und in zwei gleiche Teile geteilt. Ein halbes Rebhuhn ist eine angemessene Portion für eine Person.

Moorhuhn Dieser Vogel kann auf die gleiche Weise geschnitten werden wie ein Rebhuhn. Die Stelle an der Wirbelsäule ist besonders geschätzt – es heißt, dass diese den besten Geschmack besitzt.

KAFFEE

Kaffee wird aus den Samen der Früchte der Coffea-Pflanze gewonnen, die zu der Gattung der Rötegewächse gehört. Das Aroma der Samen bzw. Bohnen ähnelt nur wenig dem Geruch von Kaffee; erst durch das Rösten wird die chemische Struktur der Samen so verändert, dass der typische Geruch entsteht.

Die wichtigsten Arten der Kaffeepflanze sind die Coffea Arabica und die Coffea Robusta (auch bekannt unter dem Begriff Coffea Canephora). Die Arabica hat mehr Aroma und ist nicht so bitter und daher auch teurer. Neben diesen beiden Arten gibt es noch viele weitere Sorten wie Colombian, Java, Jamaican Blue Mountain und Kopi Luwak. Letztere Sorte wird aus Kaffeekirschen gewonnen, die von dem asiatischen Fleckenmusang, einer Schleichkatze, gefressen und wieder ausgeschieden werden; sie ist die teuerste Kaffeesorte der Welt.

Kaffee kochen

Kaffee entsteht beim Aufguss von gemahlenen Kaffeebohnen mit heißem Wasser. Die Konzentration und der Geschmack sind von der Wassertemperatur abhängig sowie davon, wie der Kaffee letztlich gemahlen wurde, wie viel Wasser mit wie viel Kaffee vermischt wurde und welcher Druck dabei herrschte. Die Überlegung, wie man die beiden Stoffe am besten vermischt, ist Quelle zahlreicher Einfälle und Erfindungen.

Die einfachste Methode, um Kaffee zuzubereiten, ist die: Man kocht grob gemahlene Kaffeebohnen in einer Kanne auf, lässt sie eine Weile stehen und gibt die Flüssigkeit durch ein Handsieb in eine Tasse. Prinzipiell braucht man gar kein Sieb, weil sich der Kaffee auf dem Boden der Tasse absetzt, doch für gewöhnlich wird das Getränk dadurch ein wenig sämig.

Die Cafetiere (oder Presskanne) funktioniert ähnlich, wobei das Sieb bereits in die Kanne eingebaut ist. Nachdem der Kaffee aufgegossen wurde, wird er heruntergedrückt, wodurch die Körner unten gehalten werden und der gefilterte Kaffee oben bleibt.

Als Alternative gibt man mittelstark gemahlenen Kaffee in einen Papierfilter und gießt das Wasser darüber. Da das Kaffeepulver und das Wasser dabei nur für kurze Zeit Kontakt haben, verbinden sich nur die schnell löslichen Teile des Kaffees – der Geschmack unterscheidet sich deutlich von jenem bei den vorherigen Methoden.

Die Espressokanne, in den 30er-Jahren in Italien erfunden, ist ein eleganter Kaffeezubereiter, der aus zwei Kammern besteht. Er nutzt den Vorteil des Wasserdrucks, der in der unteren Kammer aufgebaut wird und der den Dampf durch den fein gemahlenen Kaffee hindurch in die obere Kammer presst. Der Dampfdruck erzeugt eine Tasse Kaffee, die zwischen dem liegt, was man mit der Filtermethode erhält, und dem Resultat einer professionellen Espressomaschine.

Eine Espressomaschine ist ein Hochpräzisionsgerät, das heißes Wasser mit hohem Druck durch fein gemahlenes Kaffeepulver presst. Das Ergebnis ist der berühmte Espresso, ein starker, intensiver Kaffee mit der typischen Crema, einer dünnen, goldgelben Schaumschicht.

Die Chemex-Kaffeekanne

James Bond ist ein starker Kaffeetrinker. In Ian Flemings *Liebesgrüße aus Moskau* bekommen wir einen flüchtigen Einblick in Bonds Morgenritual. »Das Frühstück war Bonds Lieblingsmahlzeit. Wenn er sich in London aufhielt, war es immer gleich. Es bestand aus sehr starkem Kaffee von De Bry in der New Oxford Street, der in einem amerikanischen Chemex-Kaffeetopf gebraut wurde. Er trank stets zwei große Tassen, schwarz und ohne Zucker.« De Bry gibt es nicht mehr, aber die *Chemex*-Kaffeekanne ist noch immer erhältlich. Es ist die einfachste und eleganteste Methode, Kaffee zuzubereiten.

Die Chemex (www.chemexcoffeemaker.com) wurde von Peter Schlumbohm, einem aus Deutschland stammenden Amerikaner, im Jahr 1941 erfunden. Sie hat keine abnehmbaren Teile und besteht nur aus einer hitzebeständigen Glaskanne in Form einer Eieruhr. Man setzt einen Filter in die obere Hälfte, wo der Kaffee aufgebrüht wird, bevor er in die untere Hälfte fließt. Die Chemex-Kanne erhielt eine Auszeichnung als eines der 100 schönsten Industriedesigns der Moderne. Sie ist auch im Museum of Modern Art in New York ausgestellt.

Koffeingehalt bestimmter Lebensmittel

Kaffee ist eine der besten Quellen für Koffein, das zu den natürlichen Stimulanzien zählt. Koffein kommt in einer Reihe von Früchten und Blättern vor. Der durchschnittliche Koffeinwert unterschiedlicher Substanzen ist unten aufgelistet. Die Menge von Koffein in Kaffee und Tee hängt entscheidend von der Art der Bohnen und Blätter ab, außerdem von deren Produktion und Bearbeitung. Die normale Trinkmenge, die unten angenommen wurde, beträgt 250 ml oder 40 Gramm; in der Praxis kann dieser Wert deutlich abweichen.

Koffeintabletten	*mg Koffein/Pille*
Vivarin	200
Stay Alert Gum	100
No Doz	100
Pro Plus	50

Getränke	*mg Koffein/250 ml*
Red Bull	82,5
Jolt Cola	50,0
Mountain Dew	39,1
Coca Cola light	32,8
Dr. Pepper	29,6
Pepsi Cola	26,4
Pepsi Cola light	25,4
Coca Cola	24,0

Durchschnittlicher Tageskonsum in Großbritannien *(mg Koffein)*	280
Tödliche Dosis für 50 Prozent der Menschen *(mg Koffein)*	10 000

Kaffee, Tee	*mg Koffein/250 ml (durchschnittlich)*
Kaffee, aufgebrüht	140
Kaffee, instant	100
Tee, schwarz	85
Grüner Tee	60
Entkoffeinierter Kaffee	5

Schokolade	*mg Koffein/40 g (durchschnittlich)*
Ungesüßte Schokolade	35
Mittelsüße Schokolade	25
Milchschokolade	10
KitKat	5,7

FRÜHSTÜCK

Nichts bringt einen morgens so sehr in Schwung wie ein englisches Frühstück. Das freudlose sogenannte kontinentale Frühstück – mit Milch verdünnter Kaffee und dazu ein Croissant – reißt einen kaum aus dem Schlaf. Früchte sind etwas für Frauen und Cerealien etwas für Kinder. Ein arbeitender Mann braucht eine herzhafte Mahlzeit, um schwungvoll in den Tag starten zu können.

Das englische Frühstück

»Um in England gut zu essen«, so W. Somerset Maugham, »sollte man drei Mal am Tag frühstücken.« Das köstlichste Frühstück ist in der Tat ein vollständiges englisches Frühstück. Es besteht hauptsächlich aus folgenden Zutaten:

Eier	Blutwurst	Bratkartoffeln
Toast	Gegrillte Tomaten	Pfannkuchen
Speck	Gebratene Pilze	Kaffee
Bratwürstchen	Gebackene Bohnen	Orangensaft

Auch wenn es umständlich sein mag, jeden Tag dieses Frühstück vollständig zuzubereiten, wird es Ihnen mit ein wenig Übung bald gelingen, Speck und Eier im Halbschlaf zu braten. Hier einige unentbehrliche Rezepte, mit denen Morgenstund Gold im Mund hat.

Rührei à la James Bond

James Bonds liebste Mahlzeit ist, wie erwähnt, das Frühstück. Dessen Bestandteile erfahren wir in Ian Flemings Kurzgeschichte *007 in New York*:

Er trank noch einen trockenen Martini, dann bestellte er den Räucherlachs und das spezielle Rührei, dessen Zubereitung er ihnen zuvor schon einmal erklärt hatte (Felix Leiter kannte den Oberkellner):
Für vier Individualisten:
12 frische Eier, Salz und Pfeffer, 150–180 g frische Butter. Eier in eine Schüssel geben. Mit einer Gabel gut verrühren und großzügig würzen. In einer kleinen Kupferpfanne (oder einer Pfanne mit dickem Boden) 100 g Butter zerlassen, dann die Eier dazugeben und bei schwacher Hitze mit einem kleinen Schneebesen ständig schlagen. Solange die Eier noch etwas weicher sind, als man sie eigentlich essen möchte, die Pfanne vom Herd nehmen, die restliche Butter dazugeben und noch eine halbe Minute weiter schlagen, während kleingehackter Schnittlauch oder *herbes fines* dazugegeben werden. Auf gebuttertem Toast auf Kupfertellern (nur der Optik wegen) servieren, dazu rosé Champagner (Taittinger) und leise Musik.

Luxusomelett

Die eleganteste Methode, Eier zuzubereiten, besteht darin, ein Omelett zu braten. Das *Esquire Handbook for Hosts* liefert folgende Anleitung, um ein perfektes Ergebnis zu erzielen. Kurz vor dem Zusammenklappen des Omletts können Sie Ihre Lieblingsfüllung hinzugeben.

Geben Sie zwei Eier in eine Schüssel (pro Person) und würzen Sie sie mit einer Prise Salz und einer halben Prise Pfeffer. Schlagen Sie die Eier gnadenlos fünf Minuten lang, bis das Eiklar und der Dotter vollständig vermischt sind. Je mehr Sie die Eier schlagen, umso luftiger wird das Omelett. Schlagen Sie es mit einer silbernen Gabel. Nutzen Sie keine ausgefallenen Küchenutensilien wie einen Schneebesen, es sei denn, Sie wollen nicht auf den Rat von professionellen Küchenchefs hören.

Nehmen Sie eine Bratpfanne und geben Sie einen Teelöffel sehr gutes Olivenöl hinein. Nehmen Sie keine Butter, denn sie könnte sich braun verfärben. Erhitzen Sie das Öl in der Pfanne, bis es sehr heiß ist. Wenn das Öl zu qualmen beginnt, wenn es raucht und knistert, geben Sie die Eiermasse in die Pfanne und bewegen Sie sie sanft hin und her, jedoch nicht länger als 40 bis 50 Sekunden. Lassen Sie das Omelett nie trocken werden, indem die Pfanne länger auf der Herdplatte bleibt, denn ein vertrocknetes oder verbranntes Omelett ist ungenießbar.
Nun schieben Sie die Pfanne an eine weniger heiße Stelle an den Rand und klappen das Omelett halbmondförmig mit einer Gabel zusammen – die Seite, die der Hitze zugewendet ist, zuerst. Geben Sie ein Stück Butter darüber, nehmen Sie den Stiel der Pfanne in die rechte Hand, einen heißen Teller mit einem Topflappen darunter in die linke, und kippen Sie die Pfanne mit einer schnellen Bewegung über die Mitte des Tellers. Wenn Ihnen das perfekt gelungen ist, können Sie nun krähen wie ein Hahn: »Kikeriki!« – denn so begrüßen französische Köche ein perfektes Omelett, wenn es fertig ist. Vergessen Sie jedoch nie, dass Effizienz und Schnelligkeit am wichtigsten sind und dass ein Omelett immer frisch zubereitet werden muss. Es ist besser, der Gast wartet, als dass die Eier warten.

Speck zubereiten

Speck ist gepökeltes (d. h. in Salzwasser zusammen mit anderen Zusätzen eingelagertes) Schweinefleisch. Das Pökeln war ursprünglich als Konservierungsmethode gedacht. In England gibt es zwei Arten von Speck: Rückenspeck und Bauchspeck. Bauchspeck enthält viel mehr Fett als Rückenspeck und man erkennt ihn leicht an seiner marmorierten Maserung. Die beste Art, Speck zuzubereiten (vor allem bei marmoriertem Speck) ist die, ihn

30 Minuten oder länger auf schwacher Flamme zu erhitzen, sei es mittels Braten, Backen oder Grillen. Es ist die einzige Möglichkeit, das Fett zu reduzieren, ohne das Fleisch zu verbrennen, und es verbessert auch den Geschmack. Das dauert natürlich länger, aber der Speck muss dabei nicht im Auge behalten werden. Eine eingehendere Untersuchung der unterschiedlichen Zubereitungsarten für Speck, einschließlich Braten, Erhitzen in der Mikrowelle, Grillen und langsames Backen, gibt es auf www.cookingforengineers.com.

CHILI CON CARNE

Chili ist das archetypische Männergericht schlechthin. Es ist einfach zuzubereiten, besteht vor allem aus rotem Fleisch und wird aus nur einem Topf auf den Teller gebracht – oder direkt aus dem Topf gegessen. Man benötigt keine erlesenen Zutaten, um ein exzellentes Gericht auf den Tisch zu bringen. Oft scheidet Chili die Geister, da viele Männer regelrecht süchtig danach werden, während Frauen ihm nichts abgewinnen können.

Chilidefinition

Die beste Definition von Chili con carne (kurz: Chili) ist die wortwörtliche Übersetzung des spanischen Namens: Chilischoten mit Fleisch. Beides sind die vorrangigen und wichtigsten Zutaten. Chili hat seinen Ursprung im Südwesten Amerikas (aber nicht im heutigen Mexiko) als ein einfaches und schmackhaftes Gericht aus Grundnahrungsmitteln. Rezepte aus dem frühen 19. Jahrhundert listen als Zutaten Rindfleisch und Talg und in der gleichen Menge Chilischoten, Zwiebeln und Knoblauch auf.

Tomaten wurden nicht erwähnt, da diese nicht immer verfügbar waren. Die Verwendung von Bohnen ist besonders umstritten. Die *International Chili Society* definiert Chili als jede Art von Fleisch oder Kombination aus Fleischsorten, das mit Chilischoten, Gewürzen und anderen Zutaten zubereitet wird, jedoch nicht mit Bohnen oder Reis, was beides verboten ist, jedenfalls nach den Regeln für den jährlichen Chili-Kochwettbewerb, der zugleich der weltweit größte Kochwettbewerb überhaupt ist.

Chilischoten

Chilischoten, die man manchmal auch nur Chili oder Peperoni nennt, gehören zur Gattung der Paprika (Capsicum). Es gibt viele Sorten, die man als Würze für Speisen verwendet. Typisch für die Chilischote ist der scharfe Geschmack. Dieser wird von einer Substanz erzeugt, die man Capsaicin nennt, ein Reizmittel in der Form eines einzigen Moleküls, das ein Hitzegefühl erzeugt, wenn es die Nervenenden bestimmter Nozizeptoren (Schmerzrezeptoren) berührt. Die Schärfe von Chilischoten ist umso höher, je mehr Capsaicin enthalten ist. Sie wird anhand der Scoville-Skala gemessen, die den Faktor angibt, mit welcher Menge das Chili verdünnt werden muss, bis die Schärfe nicht mehr wahrgenommen werden kann. So würde Chilipulver mit dem Wert 1000 bedeuten, dass eine Tasse davon mit 1000 Tassen Wasser vermischt werden müsste, um nicht mehr wahrgenommen werden zu können. Eine Gemüsepaprika, die kein Capsaicin enthält, hat den Wert null, während reines Capsaicin einen Wert von 16 Millionen Scoville-Einheiten besitzt.

Ein anderes und weniger umständliches System, um die Schärfe anzugeben, nutzt eine Skala von 1 bis 24. Es ist der Logarithmus zur Basis 2 der Scoville-Wertung. Erhöht sich der Wert um 1, so entspricht dies einer Verdoppelung des Schärfegrads. Die Einheiten dieser Skala nennen wir *L*ogarithmische *S*coville-*E*inheiten, kurz LSE. Der geringste Wert ist 0 LSE für eine Gemüsepaprika und reicht bis maximal 24 LSE für reines Capsaicin. Andere Chilisorten liegen dazwischen.

Chilisorten und ihre Scoville-Wertung

Chilisorte oder Mischung	*Scoville-Einheiten*	*LSE*
Reines Capsaicin	15 000 000–16 000 000	23,8–23,9
Pfefferspray (Selbstverteidigung)	2 000 000–5 000 000	20,9–22,2
Naga Jolok (schärfste bekannte Chilisorte)	860 000–1 000 000	19,7–19,9
Scotch Bonnet	100 000–320 000	16,6–18,3
Cayennepfeffer	30 000–50 000	14,8–15,6
Tabascosauce	2500–5000	11,3–12,3
Anaheim-Pfeffer	500–2000	9,0–11,0
Gemüsepaprika	0	0

Joe Coopers Chili

Joe Cooper ist Autor des berühmten Buches über *Chili With or Without Beans*, in dem er unter anderem folgendes Rezept empfiehlt:

3 Pfd. gewürfeltes mageres Rindfleisch
1 Quart (0,9 Liter) Wasser
6 EL Chilipulver
10 gehackte Knoblauchzehen
4 EL Olivenöl
3 EL Paprika
1 EL Salz, 1 EL Zucker
1 TL gemahlener Kümmel
1 TL Oregano oder Majoran
1 TL roter Pfeffer
½ TL schwarzer Pfeffer
2 Lorbeerblätter
Mehl oder Maismehl

Das Fleisch bei starker Hitze in Öl anbraten. Wasser und Lorbeerblätter dazugeben und köcheln lassen. Lorbeerblätter entnehmen und bis auf die letzte alle Zutaten dazugeben, wieder köcheln lassen. Dann erst nach Geschmack Mehl oder Maismehl dazugeben, das zuvor in kaltes Wasser eingerührt wurde. Ergibt 6 bis 8 Portionen.

Chili für ganze Männer

1 Pfd. gewürfeltes mageres Rindfleisch
1 Dose rote Kidneybohnen
1/2 Dose gehäutete Tomaten
2 gehackte Peperoni
1 kleine gehackte Zwiebel
4 gehackte Knoblauchzehen
1 1/2 EL Chilipulver
3 TL Olivenöl
2 TL gemahlener Kümmel
1 TL Paprika
1 TL Zucker, 1/4 TL Salz
1/2 TL schwarzer Pfeffer
1/2 TL Cayennepfeffer
1/2 TL Oregano
1 Fleischbrühwürfel

Fleisch mit 1 TL Öl bei starker Hitze anbraten. Salz und schwarzen Pfeffer dazugeben. Peperoni, Zwiebeln und Knoblauch getrennt in 2 TL Öl anbraten. Zusammen mit den übrigen Zutaten (bis auf die Bohnen) in einen Kochtopf geben und das Ganze mindestens eine Stunde köcheln lassen. Nach Belieben Wasser zugeben. Die Bohnen 30 Minuten vor dem Servieren hinzufügen. Ergibt 2 Portionen.

STEAKS

Ein Steak wird am besten blutig (rare) oder rosa (medium) serviert. Für manche Männer ist dies etwas für Kenner, etwas, wofür sehr feines Gespür nötig ist. Es lohnt sich, diesen Geschmackssinn zu entwickeln, und das gelingt am besten, indem man das Steak eine Stufe roher bestellt, als man es normalerweise essen würde (zum Beispiel halb durchgebraten statt fast durchgebraten). Sie werden sich schnell daran gewöhnen, Gefallen daran finden und es bald gerne noch blutiger essen.

Wie man ein Steak zubereitet

Auch wenn viele Männer glauben, Grillen sei die beste Art, ein Steak zuzubereiten, ist die beste Methode das Braten. Ideal ist dafür eine schwere Pfanne aus Gusseisen. Das dicke Eisen speichert eine Menge Hitze und bleibt heiß, auch nachdem man das Steak in die Pfanne gelegt hat. Beschichtete Pfannen nehmen angesichts der hohen Temperatur, die ein Steak benötigt, leicht Schaden. Ein gutes Steak (T-Bone, Filet, Rib Eye), das korrekt zubereitet wurde, spricht für sich selbst. Es sollte deshalb nur wenig gewürzt werden – mehr als Salz, Pfeffer und Olivenöl braucht man nicht. Nur Pfeffer sollte man vor dem Braten auf das Steak streuen, Salz gibt man am besten danach hinzu, da es dank der Osmose dem rohen Fleisch Flüssigkeit entzieht (die Grundlage fürs Pökeln).

Erhitzen Sie die Pfanne auf der höchsten Stufe. Ein Gasofen ist besser als ein Elektroherd, da er heißer wird. Lassen Sie die Pfanne ein paar Minuten lang heiß werden und geben Sie dann eine kleine Menge Olivenöl hinein – nur etwa einen Teelöffel (4 ml) voll. Die Pfanne sollte weiter erhitzen, bis das Öl zu qualmen beginnt. Passen Sie jedoch auf, dass es nicht Feuer fängt. In diesem Moment legen Sie die Steaks, die Zimmertemperatur haben sollten, flach in die Pfanne. Es wird sehr laut zischen und spritzen, also tragen Sie in jedem Fall eine Küchenschürze. Das Steak wird sofort an der Pfanne festkleben, was genau das ist, was Sie wollen. Verschieben Sie das Steak nicht. Lassen sie es dort eineinhalb bis vier Minuten liegen (die exakten Zeiten sind unten beschrieben), dann heben Sie es von beiden Seiten hoch und drehen es um. (Wenn Sie das Steak mit einem Pfannenheber abkratzen, könnten Sie die dünne Kruste verletzen, welche die Flüssigkeit im Steak hält.) Lassen Sie es auf der anderen Seite genauso lang braten und streuen Sie währenddessen etwas Salz auf die fertige Seite.

Wenn die Zeit um ist, heben Sie das Steak erneut hoch und legen es auf einen Teller, und zwar mit der kälteren Seite nach unten. Bedecken Sie es lose mit einer Alufolie und lassen Sie es vier Minuten ziehen, bevor Sie es essen. In dieser Zeit bildet sich im Steak ein Gleichgewicht zwischen dem äußeren und dem inneren Saft. Dadurch wird das Steak im Ergebnis etwas stärker durchgebraten sein, als wenn man es gleich angeschnitten hätte.

Wie lange Sie es auf jeder Seite braten, hängt davon ab, wie durchgebraten Sie es haben wollen. Ein 2,5 Zentimeter dickes Steak braten Sie auf beiden Seiten eineinhalb bis zwei Minuten für blutig (rare) und drei bis vier Minuten für durchgebraten (well done). Diese Zeiten variieren mit der Dicke des Steaks und der Temperatur der Pfanne und sollten entsprechend angepasst werden.

MÜSSIGGANG

»Müßiggang: Gewohnheitsmäßige Untätigkeit« *(Oxford English Dictionary)*

»Jeder Mensch ist es oder würde es gern sein: ein Faulpelz.« (Samuel Johnson, *The Idler*, 1758–1760)

»Um elegant zu sein, muss man die Pause genießen, ohne gearbeitet zu haben … Wie Dampfmaschinen sehen Menschen, die von der Arbeit beherrscht werden, alle gleich aus. So ein Maschinenmensch ergibt gesellschaftlich eine Null.« (Honoré de Balzac)

»[Poker ist] ist die ausgeklügeltste Verschwendung von menschlicher Intelligenz außerhalb eines Werbebüros.« (Raymond Chandler)

»Man muss kein Biertrinker sein, um Darts zu spielen, aber es hilft.« (Anonym)

»Das Typische an der Arbeit eines Nichtsnutzes ist, dass sie verdächtig nach Spielerei aussieht.« (Tom Hodgkinson, *The Idler*, 1993–2007)

»Der Faulenzer, der sich angewöhnt hat, mit dem zufrieden zu sein, was er leicht erreichen kann, entgeht nicht nur vielen meist fruchtlosen Aufgaben, sondern hat manchmal mehr Erfolg als die, die alles verabscheuen, was in ihrer Reichweite ist, und die glauben, je schwerer etwas zu erreichen sei, umso wertvoller sei es.« (Samuel Johnson, *The Idler*, 1758–1760)

»Wenn sie nicht genutzt wird, ist es keine Freizeit.« ❧ »Ein fleißiger Mann hat nur wenige faule Besucher; Fliegen meiden den kochenden Topf.« ❧ »Ein Leben voll Freizeit und ein Leben voll Faulheit sind zwei verschiedene Dinge.« (Benjamin Franklin, *Poor Richard's Almanack*, 1732–1757)

TRINKSPIELE

Auch wenn Trinkspiele ein Mittel sind, um schnell betrunken zu werden, ist das Ziel der meisten Spiele, zu vermeiden, betrunken zu werden – zumindest im Verhältnis zu den anderen Spielern. Hier eine Sammlung von beliebten und originellen Spielen. Die Strafe ist entweder, eine Runde auszugeben, oder etwas zu trinken; bei Letzterem gibt es drei Möglichkeiten:

Ein Schluck: Der Inhalt Ihres Glases wird um zwei Fingerbreit weniger.
Ein Glas: Eine normale Portion austrinken.
Glas leeren: Der Rest darf nur noch aus dem Glas tropfen, nicht rinnen.

Münzen im Krug

Dieses einfache Spiel ist ziemlich psychologisch und strategisch zugleich. Alle Teilnehmer sitzen in einem Kreis, und ein Krug oder ein großes Glas (mindestens ein Liter) Bier wird im Uhrzeigersinn herumgereicht. Jedes Mal wenn jemand den Krug bekommt, muss er davon trinken. Die Person, die rechts von demjenigen sitzt, der den Inhalt austrinkt, muss die nächste Runde bezahlen. Es gibt unterschiedliche Strategien: Wenn das Glas beinahe voll ist, ist es von Vorteil, nur wenig zu trinken und es weiterzureichen. Wenn es beinahe leer ist, ist es besser, es ganz zu leeren.

Als Alternative kann man hieraus auch ein Glücksspiel machen. Jedes Mal wenn jemand von dem Krug trinkt, muss er eine bestimmte Menge Geld in den Pot legen. Wer den Krug leert, bekommt das angesammelte Geld.

Six Shooter

Dieses einfache Spiel (auch unter dem Namen »Sixpack« bekannt) ist schnell und kann nicht lange gespielt werden. Man spielt es mit einem Würfel und sechs Schnäpsen oder Biergläsern, die mit den Ziffern Eins bis Sechs durchnummeriert sind. Zu Beginn sind alle sechs Gläser zur Hälfte gefüllt. Ein Spieler würfelt, und wenn das entsprechende Glas nicht leer ist, muss er den Inhalt austrinken und erneut würfeln. Wenn es leer ist, füllt er so viel Schnaps oder Bier nach, wie er möchte, und das Spiel geht zu seiner Linken weiter. Gewinner ist, wer am Ende noch aufrecht steht.

Drop the dime

Befestigen Sie eine Serviette über einem breiten Glas mit Gummi oder Klebestreifen und legen Sie eine kleine Münze oben drauf. Jeder, der an der Reihe ist, berührt mit einer brennenden Zigarette die Serviette und verbrennt einen kleinen Teil davon. Derjenige, bei dem die Münze durch die Serviette fällt, muss das Glas austrinken. Mit ein wenig Übung wird sich im Laufe eines Spiels ein kompliziertes Papiernetz bilden, das die Münze hält.

Ich habe niemals …

… einen elektrischen Rasierer benutzt« oder »Mich hat noch nie ein Mädchen sitzen lassen.« Jeder, der schon mal einen elektrischen Rasierer benutzt hat oder der schon einmal sitzen gelassen wurde, steht nach so einer Behauptung auf und trinkt von seinem Glas. Die Herausforderung liegt darin, bei anderen häufig vorkommende Fehlgriffe oder Versäumnisse zu finden, weil dann umso mehr Leute trinken müssen.

Das Namensspiel

Dies ist ein einfaches Wortverknüpfungsspiel. Alle sitzen im Kreis um einen Tisch mit einem Glas Bier. Jemand beginnt mit dem Namen einer prominenten Person. Der Spieler zu seiner Linken muss sofort zu trinken beginnen, bis ihm eine Person einfällt, deren Vorname mit dem gleichen Buchstaben beginnt wie der Nachname der genannten Person. Wenn er austrinkt, gibt er keine Antwort, aber er füllt das Glas wieder auf, während nun die Person zu seiner Linken an der Reihe ist. Über Gültigkeit von fragwürdigen Namen darf abgestimmt werden. Das Spiel kann beispielsweise so laufen: Ian Fleming → Fred Astaire → Arnold Schwarzenegger → Sean Connery …

Bootsrennen

Dieses Spiel wurde nach den berühmten Ruderwettbewerben zwischen Oxford und Cambridge benannt – ein Klassiker der an Universitäten rund um den Globus gespielt wird. Es handelt sich um ein Bierwetttrinken, bei dem zwei oder mehr gleich große Teams gegeneinander antreten. Die Spieler dürfen ihr Glas nicht berühren, bevor sie nicht an der Reihe sind. Das Spiel beginnt damit, dass das erste Mitglied eines jeden Teams sein Glas leert und es anschließend auf dem Tisch abstellt. Erst dann darf der Nächste in der Reihe mit seinem Glas beginnen. Das Team, das zuerst alle Gläser geleert hat, gewinnt.

Quarters

Dieses Spiel ist sehr beliebt, besonders in den USA. Ziel ist es, eine mittelgroße Münze (z. B. ein 50-Cent-Stück) so zu werfen, dass sie von einem Tisch abprallt und in einem bestimmten Glas landet. Für Anfänger bietet sich ein

Whiskyglas an, erfahrene Spieler nutzen ein Schnapsglas. Wenn der Versuch misslingt, wird die Münze im Uhrzeigersinn weitergereicht. Wenn der Wurf gelingt, darf der Spieler entscheiden, wer einen Drink nehmen muss, und wirft danach erneut.

Meister des Daumens

Dieses Spiel kann man gleichzeitig neben anderen spielen. Unter den Spielern wird der Meister des Daumens bestimmt. Immer wenn er seinen Daumen auf die Kante des Tisches legt, müssen es alle anderen auch tun. Der Letzte, der so weit ist, muss sein Glas austrinken und wird der neue Meister. Um Tricks auszuschließen, muss jeder, der seinen Daumen auf dem Tisch legt, obwohl der Meister den Daumen nicht dort hat, ebenfalls sein Glas leeren.

Schnapsglas-Schach

Das königliche Spiel wird mit 32 Schnapsgläsern nach den klassischen Schachregeln gespielt. Jedes Mal wenn eine Figur geschlagen wird, muss der Verlierer den Inhalt trinken. Schnapsglas-Sets mit den sechs unterschiedlichen Figuren sind im Handel erhältlich. Hat man zwei verschiedene Arten von Gläsern, also eine Glassorte für jeden Spieler, kann die Spielfigur auch durch den Inhalt des Glases bestimmt werden:

König: Whisky
Dame: Wodka
Turm: Bénédictine
Springer: Rotwein
Läufer: Chartreuse
Bauer: Bier

TRICKS

Diese Tricks sind raffiniert und keiner von ihnen erfordert besondere Geschicklichkeit. Sie sollten jedem Mann ermöglichen, pro Woche ein paar Drinks zu gewinnen.

ZIEH DREI STREICHHÖLZER

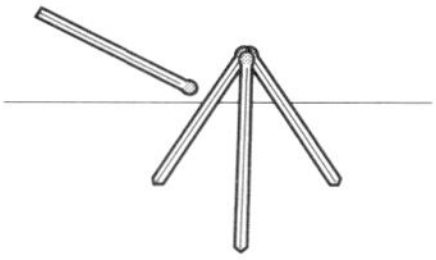

Legen Sie drei Streichhölzer auf den Tisch und wetten Sie mit Ihrem Freund, dass es Ihnen gelingt, alle drei mit einem vierten hochzuheben. Um das zu tun, sollten Sie die Hölzer pyramidenartig aneinanderstellen, wobei sich die Zündköpfe berühren sollten. Zünden Sie die drei Streichhölzer mit dem vierten Streichholz an, blasen Sie alle gleich darauf aus und heben Sie die drei nun zusammengeschmorten Streichhölzer mit dem vierten hoch.

ZAHLENRATEN

Sagen Sie Ihrem Freund, er möge sich irgendeine Ziffer zwischen 1 und 10 überlegen und sie aufschreiben. Auf einem gesonderten Blatt Papier schreiben Sie die Zahlen 3, 5 und 7. Nun wetten Sie – sogar um Geld –, dass seine Nummer eine von den dreien ist. Wenn Ihr Freund seine Zahl per Zufall gewählt hätte, würde er in 70 Prozent der Fälle gewinnen. Aber die Leute nehmen keine zufälligen Zahlen, sondern sie nehmen Zahlen, von denen sie glauben, sie seien zufällig. Die Verteilung der Zahlen, die unten aufgelistet sind, wurde bei einem Versuch mit 1770 Teilnehmern ermittelt (M. Kubovy, *J. Psotka, J. of Exp. Psychology: Human Perception and Performance*, 2, 291 [1976]). Die Zahlen 3, 5 und 7 wurden in 54 % der Fälle gewählt.

Dies entspricht auch in etwa der Wahrscheinlichkeit, mit der Sie die Wette gewinnen müssten – und einer Rendite von 17 %.

0	1	2	3	4	5	6	7	8	9
1%	3%	6%	14%	9%	13%	11%	27%	12%	4%

Eine brennende Zigarette an beiden Enden halten

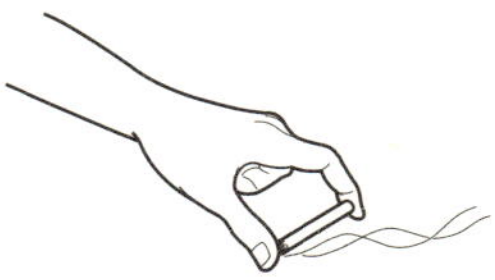

Drücken Sie, ohne dass es jemand merkt, Ihren Daumen für 30 Sekunden gegen ein eiskaltes Glas. Während Sie das tun, wetten Sie mit Ihrem Freund, dass Sie eine brennende Zigarette der Länge nach zwischen zwei Fingern halten können. Der Trick besteht darin, sie so zwischen Daumen und Zeigefinger zu halten, dass das angezündete Ende am Daumen ist. Für ein paar Sekunden werden Sie weder etwas spüren noch sich den Daumen verbrennen.

Die Telefonnummer eines jeden erraten

Für diesen Trick brauchen Sie ein Telefonbuch mit mindestens 900 Seiten. Lassen Sie Ihren Freund eine geheime dreistellige Nummer aussuchen, dann soll er die drei Zahlen vorwärts und rückwärts aufschreiben und die Differenz bilden. Zum Beispiel: 123 ist umgedreht 321, und die Differenz zwischen beiden Zahlen ist 198. Nun bitten Sie ihn, genau diese Seite des Telefonbuchs aufzuschlagen, dort zum fünften Eintrag zu gehen und den ersten Buchstaben des Nachnamens vorzulesen. Ihr Freund wird nicht wissen, dass seine Rechnung nur mit einer von zehn bestimmten Zahlen enden kann: 0 (in diesem Fall müssen Sie noch einmal anfangen), 99, 198, 297, 396, 495, 594, 693, 792 und 891. Sie müssen sich nur die neun Anfangsbuchstaben der Namen von diesen neun Seiten merken (sie werden alle unterschiedlich sein) und die dazugehörigen Telefonnummern.

Ein Glas von oben heben

Wetten Sie mit Ihrem Freund, dass Sie ein Schnapsglas heben können, ohne den Boden oder die Wände zu berühren. Um das zu tun, zünden Sie ein Glas mit Spiritus oder Schnaps (mindestens 40 % Alkohol) mit einem Feuerzeug an und löschen Sie die Flamme, indem Sie ihre nasse Handfläche direkt auf das Glas legen. Die Flamme wird schnell ausgehen, und das abkühlende Glas wird ein leichtes Vakuum erzeugen, wodurch sich das Glas schmerzfrei an Ihrer Handfläche festsaugt.

Intransitive Würfel

Betrachten Sie die vier ungewöhnlichen Würfel, die unten abgebildet sind; sie werden manchmal Efrons-Würfel genannt.

Spielen Sie mit einem Freund folgendes Spiel: Ihr Freund sucht sich einen Würfel aus und wirft ihn. Dann wählen Sie einen Würfel aus den übrigen aus und werfen ihn. Die höchste Augenzahl gewinnt. Für welchen Würfel sollte sich Ihr Freund entscheiden? Die Antwort ist: Es ist egal, welchen er nimmt. Sie sollten stets den Würfel wählen, der links von dem liegt, den er genommen hat. Wenn er den Würfel ganz links nimmt, sollten Sie den Würfel ganz rechts nehmen. In jedem Fall werden Sie mit einer Wahrscheinlichkeit von zwei Dritteln gewinnen. Diese Würfel nennt man nichttransitiv, da A meist B schlägt, B meist C schlägt und C meist D schlägt und D nichtsdestotrotz meist A schlägt.

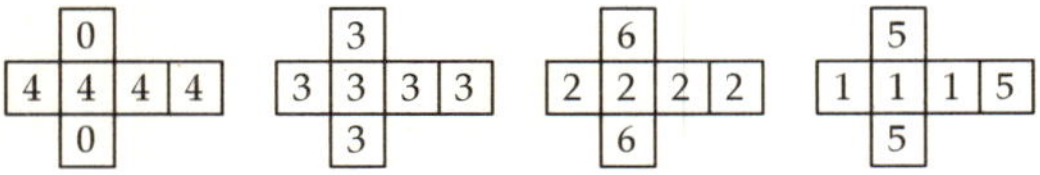

DARTS

Im 19. Jahrhundert wurde Darts in zahlreichen regionalen Varianten gespielt. Das Spiel in der Form, wie man es heute kennt, entstand 1896, als Brian Gamlin die 20 Zahlen so auf der Dartsscheibe verteilte, wie sie auf der folgenden Seite zu sehen sind.

Die Regeln

Bei einer normalen Partie Darts werfen die Spieler abwechselnd je drei Pfeile auf die Scheibe, um sich von einem vorgegebenen Punktestand (meistens 301, 501, 701 oder 1001) herunterzuarbeiten, bis sie bei null angelangt sind. Gezählt wird dabei folgendermaßen: Alle Segmente haben den Wert, der am Rand angegeben ist, ausgenommen die Abschnitte, die zweifach bzw. dreifach zählen. Der »Bull« (die Mitte der Dartscheibe) zählt 50 Punkte, der Ring unmittelbar um den Bull herum (die »25«) zählt 25 Punkte. Keine Punkte werden für Pfeile vergeben, die außerhalb des äußeren Doppelrings die Scheibe treffen oder die vom Gittergeflecht abprallen. Der letzte geworfene Pfeil muss im Doppelring oder im Bull landen und den Punktestand genau auf null bringen, was man als »Check out« bezeichnet. Wie lange eine Partie dauert, hängt vor allem vom Geschick der Spieler ab. Im Prinzip kann man die 501 mit 9 Würfen erzielen: 7-mal Dreifach-20 sowie je einmal die Dreifach-19 und die Zweifach-12.

Das »Check out« ist einer der am stärksten strategisch ausgerichteten Aspekte dieses Spiels. Der maximale Punktestand, der sich mit drei Pfeilen erzielen lässt, beträgt 170: 2-mal Dreifach-20 und ein Bull. Gewonnen werden kann mit allen Punkteständen darunter, ausgenommen 159, 162, 163, 165, 166, 168 und 169. Manchmal ist es beim »Check out« wichtiger, ein gerades oder ungerades Segment, nicht so sehr einen bestimmten Wert zu treffen. Wenn Sie sich die Scheibe ansehen, werden Sie feststellen, dass die Zahlen ringsum zwischen gerade und ungerade wechseln, ausgenommen 18–4, 6–10, 16–8 und 17–3–19–7.

Aufhängung

Eine Dartsscheibe wird wie folgt aufgehängt: Die Mitte des Bulls sollte sich 1,73 m über dem Boden befinden; die »Oche« – eine Erhöhung, die der Spieler nicht übertreten, über die er sich aber beugen darf – verläuft parallel zur Scheibe und ist 2,37 m davon entfernt.

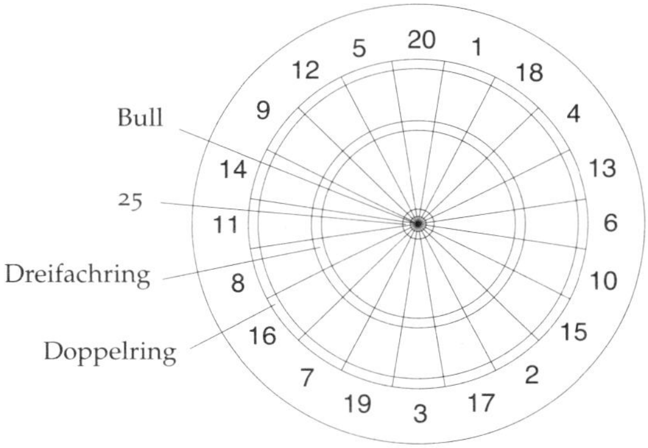

Wie man am besten zielt

Die Verteilung der Zahlen 1 bis 20 rund um die Scheibe ist alles andere als zufällig. Vielmehr sind sie strategisch so geschickt plaziert, dass der Vorteil, eine hohe Zahl zu treffen, mit dem hohen Risiko einer gleich danebengelegenen niedrigen Zahl einhergeht. Damit wird ein ungenauer Wurf sofort bestraft. Eine Möglichkeit, den Schwierigkeitsgrad einer Anordnung zu ermitteln, besteht in der Addition der Differenzen zwischen aufeinanderfolgenden Zahlen rund um die Scheibe. Nach dieser Methode ergäbe die schwierigste Anordnung der Zahlen eine Summe von 200. Gamlins Anordnung ist nahezu perfekt, da sich die Differenzen zu einem Wert von 198 addieren.

Während die weltbesten Spieler immer einen bestimmten Keil treffen können, ist die Zielsicherheit von Anfängern und Amateuren weniger berechenbar. Daher sollten sie zunächst auf die Bereiche zielen, die die meisten Punkte ergeben. Welche Bereiche das sind, hängt davon ab, wie schlecht ein Spieler zielt. Die nachfolgende Übersicht zeigt den durchschnittlichen absoluten Wert für Würfe mit zunehmender Streuung. Die fett gedruckten Zahlen sind die absoluten Werte der Segmente. Eine Streuung von 0 bedeutet, dass Sie in der Lage sind, ein bestimmtes Segment zu treffen; eine Streuung von 1 bedeutet, wenn Sie auf die Trennlinie zwischen zwei Zahlen zielen, werden Sie eine von ihnen treffen; eine Streuung von 2 bedeutet, dass Sie ein bestimmtes Segment oder eines der beiden benachbarten treffen können usw.

Welches sind also die besten Bereiche der Scheibe, auf die man zielen sollte? Insgesamt ist die linke Hälfte großzügiger verteilt als die rechte, wobei 19–7–16 und 11–14–9 besonders hohe Werte bieten. Die folgende Tabelle gibt darüber detaillierter Auskunft.*

Durchschnittliche Punktezahl für einen einzelnen Pfeil

Streuung	*Rechte Hälfte der Scheibe*									
0	20	1	18	4	13	6	10	15	2	17
1	10,5	9,5	11,0	8,5	9,5	8,0	12,5	8,5	9,5	10,0
2	11,5	10,0	10,2	9,8	9,0	8,8	10,2	10,5	9,0	9,8
3	10,8	10,1	10,0	9,4	8,9	9,5	10,4	9,8	9,4	10,1
4	10,9	10,4	10,1	9,7	9,1	9,2	9,9	10,1	9,6	9,8

Streuung	*Rechte Hälfte der Scheibe*									
0	3	19	7	16	8	11	14	9	12	5
1	11,0	13,0	11,5	12,0	9,5	12,5	11,5	10,5	8,5	12,5
2	10,5	12,0	12,2	11,8	10,8	11,0	12,0	11,0	9,5	10,5
3	11,2	12,1	12,0	11,2	10,9	11,5	11,5	10,2	10,0	11,0
4	10,7	11,7	12,1	11,6	11,1	11,2	11,5	10,9	10,1	10,5

* Die erwarteten Punktergebnisse gelten nicht einheitlich, sondern sind nach dem gewichteten Durchschnitt berechnet, ausgehend von der Nummer oder der Linie, auf die gezielt wird. Für die Streuung 1 beträgt die Gewichtung 1/2 und 1/2, für die Streuung 2 1/4, 2/4 und 1/4, für die Streuung 3 1/8, 3/8, 3/8 und 1/8. Allgemein formuliert: Wenn die Streuung *s* ist, dann ist der Nenner 2^s und die Zähler sind die binomischen Koeffizienten.

POKER

Die Pokerregeln sind nicht kompliziert, aber das Spiel besteht zu einem beträchtlichen Anteil aus Strategie und Psychologie. Texas Hold'em ist die bei weitem beliebteste Pokerversion. Sie wird am häufigsten in amerikanischen Kasinos gespielt und ist die Hauptattraktion in der World Series of Poker, der Pokerweltmeisterschaft.

Regeln für Texas Hold'em

Gespielt wird es mit einem gewöhnlichen 52-Karten-Blatt von zwei oder mehr Spielern. Es werden zwei verdeckte Karten und fünf Gemeinschaftskarten gegeben. Ziel des Spiels ist es, das höchste Blatt mit einer beliebigen Kombination aus den eigenen zwei verdeckten Karten und den fünf Gemeinschaftskarten zu bilden.

Der Geber (egal, ob er tatsächlich gibt oder nicht) ist durch einen Dealer-Button gekennzeichnet. Bevor die Karten gegeben werden, zahlt die Person links vom Geber – der *small blind* – seinen Einsatz in den Pot ein (üblicherweise den halben Mindesteinsatz), ebenso die Person links von ihm – der *big blind* –, die üblicherweise den Mindesteinsatz einzahlt. Jeder Spieler erhält zwei verdeckte Karten. Die erste Runde an Einsätzen beginnt beim Spieler links von *small blind* und *big blind* und setzt sich im Uhrzeigersinn fort, bis man wieder beim Geber angekommen ist. Ist ein Spieler an der Reihe, kann er Folgendes machen:

Call: Den gleichen Einsatz machen wie die Spieler vor ihm.
Raise: Den Einsatz erhöhen.
Fold: Aus dem Spiel aussteigen, wobei er seinen ganzen Einsatz verliert.

Nachdem jeder Spieler einmal am Zug war, gibt es nach Call, Raise und Fold eine weitere Möglichkeit: Der Spieler kann nun *checken*, was bedeutet, dass er im Spiel bleibt, aber kein Geld einsetzt. Das kann er nur machen, wenn in dieser Runde niemand vor ihm einen Einsatz getätigt hat. Drei weitere Setzrunden folgen (die jeweils mit dem Spieler links vom Geber beginnen), jedes Mal nachdem weitere Gemeinschaftskarten gegeben wurden. Diese drei Runden sind bekannt als:

Flop: Die ersten 3 Gemeinschaftskarten, die vor der zweiten Setzrunde gegeben werden.
Turn: Die vierte Gemeinschaftskarte, die vor der dritten Setzrunde gegeben wird.
River: Die fünfte Gemeinschaftskarte, die vor der vierten Setzrunde gegeben wird.

Wenn in einer beliebigen Runde bis auf einen alle Spieler ausgestiegen sind, gewinnt der verbliebene Spieler den Pot, muss aber seine verdeckten Karten nicht zeigen. Wenn nach der vierten und letzten Runde noch zwei oder mehr Spieler im Spiel sind, beginnt der Showdown. Hier zeigen die Spieler ihre beiden verdeckten Karten und der Spieler mit dem höchsten Blatt in einer beliebigen Kombination gewinnt den Pot. Haben zwei Spieler das gleiche Blatt, dann gewinnt der Spieler mit der höchsten verdeckten Karte, die nicht Teil seines Blatts ist (der Kicker). Gibt es keinen Kicker (die verdeckten Karten beider Spieler sind Teil ihres Siegerblatts) oder sind die Kicker gleich hoch, dann wird der Pot geteilt. Die nächste Runde beginnt damit, dass der Dealer-Button im Uhrzeigersinn an den nächsten Spieler weitergegeben wird.

Die Reihenfolge der Blätter

Bei einem Kartensatz aus 52 Karten ohne Wild Cards (Joker) sind 2 598 960 verschiedene Blätter mit 5 Karten möglich. Die Reihenfolge der Blätter sieht wie folgt aus:

Blatt	Definition	Beispiel	Anzahl	Wahrscheinlichkeit (%)
Royal Flush	10 bis As, gleiche Farbe	10♢B♢D♢K♢A♢	4	0,00015
Straight Flush	5 Karten in Folge, gleiche Farbe	4♠ 5♠ 6♠ 7♠ 8♠	40	0,0015
Four of a kind	vier Karten von gleichem Wert	8♠ 8♡ 8♣ 8♢	624	0,024
Full House	Paar + drei Karten von gleichem Wert	5♣ 5♢ 9♡ 9♠ 9♢	3744	0,14
Flush	fünf Karten der gleichen Farbe	3♠ 6♠ 7♠ B♠ A♠	5108	0,20
Straight	fünf Karten in Reihenfolge	7♡ 8♢9♠ 10♢ B♡	10 200	0,39
Three of a Kind	drei Karten von gleichem Wert	9♠ 9♡ 9♣	54 912	2,0
Two Pair	Paar + Paar	2♣ 2♢ 8♡ 8♢	123 552	4,7
One Pair	zwei Karten von gleichem Wert	10♠ 10♢	1 098 240	42
No Pair	nichts von Obengenanntem		1 302 540	50

♢: Karo; ♠: Pik; ♡: Herz; ♣: Kreuz; B: Bube; D: Dame; K: König; A: Ass

Reihenfolge vor dem Flop

Vor dem *Flop* hat jeder Spieler die Möglichkeit, auf der Grundlage seiner ersten beiden Karten aus dem Spiel auszusteigen, so dass er jeglichen Verlust vermeiden kann, wenn er schlechte Karten hat. Es gibt 1326 verschiedene mögliche Blätter für die Situation vor dem Flop, aber die lassen sich auf 169 reduzieren, wenn man berücksichtigt, dass beim Poker Farben keinen relativen Wert haben.

In *Hold'em Poker for Advanced Players* haben David Sklansky und Mason Malmuth die besseren Blätter in acht Gruppen eingeteilt, wobei Gruppe 1 die wertvollsten Blätter enthält. Mit jeder tieferen Gruppe verlieren die Blätter etwas an Wert. Innerhalb einer Gruppe sind die Blätter nicht sortiert. Der Buchstabe g steht für »gleiche Farbe«, Z bedeutet 10.

Gruppe	*Blattkombinationen*											
1	AA	KK	DD	BB	AKg							
2	ZZ	ADg		ABg	KDg	AK						
3	99	BZg	DBg	KBg	AZg	AB						
4	Z9g	KD	88	DZg	98g	B9g	AB	KZg				
5	77	87g	D9g	Z8g	KB	DB	BZ	76g	97g	Axg	65g	
6	66	AZ	55	86g	KZ	DZ	54g	K9g	B8g	75g		
7	44	B9	64g	Z9	53g	33	98	43g	22	Kxg	Z7g	D8g
8	87	A9	D9	76	42g	32g	96g	85g	B8	B7g	65	54
	74g	K9	Z8	43								

BLACKJACK

Blackjack ist eines der beliebtesten Karten-Glücksspiele. Es wird mit bis zu sechs Kartendecks gespielt. Jeder Spieler und der Croupier erhalten jeweils zwei Karten, wobei nur eine Karte des Croupiers aufgedeckt wird. Egal wie viele Spieler mitspielen, jeder bietet nur gegen den Croupier. Das Ziel ist, näher an die 21 heranzukommen als der Croupier, ohne sie zu überschreiten – was man überkaufen (bust) nennt. Die Karten 2 bis 10 zählen so viel wie die angegebene Zahl. Bube, Dame und König zählen zehn Punkte. Das Ass zählt 11 oder – wenn man dadurch überkauft – 1. Nachdem die Karten verteilt wurden, hat jeder

Spieler vier Möglichkeiten, die er wiederholen kann, bis er stehen bleibt, verdoppelt oder überkauft:

Hit (ziehen, carte): Eine weitere Karte verlangen.
Stand (stehen bleiben, reste): Keine weitere Karte nehmen.
Double (verdoppeln): Nachdem man zwei Karten erhalten hat, kann man den Einsatz verdoppeln und erhält noch genau eine Karte.
Split (teilen): Wenn der Spieler bei den ersten zwei Karten ein Paar erhalten hat, kann er den Einsatz verdoppeln und die Karten als zwei Hände unabhängig voneinander weiter spielen.

Das Spiel des Croupiers ist exakt vorgegeben: Zählen seine Karten weniger als 16 Punkte, muss er eine Karte ziehen, zählen sie mehr, muss er stehenbleiben.

Wenn sowohl Sie als auch der Croupier überkaufen, gewinnt der Croupier. Wenn Sie gleichziehen, darf jeder sein Geld behalten. Wenn die ersten zwei Karten bereits 21 Punkte erreichen (Blackjack), muss der Croupier im Wert 3 : 2 auszahlen, außer er hat ebenfalls 21, dann wäre es Gleichstand.

Basisstrategie

Nachfolgend finden Sie eine Liste von Hinweisen für die besten Optionen angesichts der erhaltenen Karten und der offenen Karte des Croupiers. Voraussetzungen: Croupier bleibt bei 17 stehen; eine unbegrenzte Anzahl von Kartendecks; es können zwei beliebige Karten verdoppelt werden; Verdoppeln nach Split ist erlaubt; direkte Blackjack-Prüfung des Croupiers.

Sie haben	*Der Croupier hat* 2	3	4	5	6	7	8	9	10	A
5–8	•	•	•	•	•	•	•	•	•	•
9	•	d	d	d	d	•	•	•	•	•
10	d	d	d	d	d	d	d	d	•	•
11	d	d	d	d	d	d	d	d	d	•
12	•	•	s	s	s	•	•	•	•	•
13–16	s	s	s	s	s	•	•	•	•	•
17	s	s	s	s	s	s	s	s	s	s
A,2 A,3	•	•	•	d	d	•	•	•	•	•
A,4 A,5	•	•	d	d	d	•	•	•	•	•
A,6	•	d	d	d	d	•	•	•	•	•
a,7	s	d	d	d	d	s	s	•	•	•

Sie haben	*Der Croupier hat* 2	3	4	5	6	7	8	9	10	A
A,8 A,9	s	s	s	s	s	s	s	s	s	s
2,2 3,3	p	p	p	p	p	p	•	•	•	•
4,4	•	•	•	p	p	•	•	•	•	•
5,5	d	d	d	d	d	d	d	d	•	•
6,6	p	p	p	p	p	•	•	•	•	•
7,7	p	p	p	p	p	p	•	•	•	•
8,8	p	p	p	p	p	p	p	p	p	p
9,9	p	p	p	p	p	s	p	p	s	s
t,t	s	s	s	s	s	s	s	s	s	s
A,A	p	p	p	p	p	p	p	p	p	p

• = hit, s = stand, d = double down, p = split

EIN BISSCHEN KUNST UND WISSENSCHAFT

»Bei der Schriftstellerei ist nichts Besonderes dabei. Du musst nichts weiter tun als an einer Schreibmaschine sitzen und bluten.« (Ernest Hemingway)

»Ab einem gewissen Alter hindert das Lesen den Verstand am Streben nach Kreativität. Jeder, der zu viel liest und sein Gehirn zu wenig nutzt, verfällt in faule Angewohnheiten des Denkens.« (Albert Einstein)

»Es gibt zwei Arten von Wissen. Wir wissen selbst über einen Gegenstand Bescheid, oder wir wissen, wo wir uns darüber unterrichten können.« (Samuel Johnson, in Boswell, *Das Leben Samuel Johnsons*, 1985 [*Life of Johnson*, 1791])

»Leute, die hoffen, die Umwelt verstehen zu können, ohne dabei die Mathematik zu benutzen, müssen sich darauf einstellen, dass sie immer nur einen Teil begreifen werden.« (Richard Feynman)

»Lies viel, doch nicht zu viele Bücher.« ❧ »Wenn du überzeugen willst, zeige, was vorteilhaft ist, nicht, was vernünftig ist.« ❧ »Es gibt träge Gehirne, genauso wie es träge Körper gibt.« ❧ »Es ist ein Narr, wer seine Weisheit nicht verbergen kann.« (Benjamin Franklin, *Poor Richard's Almanack*, 1732–1757)

»Als ich so alt war wie du, hatten wir noch keine Integrale. Wir mussten Differenzialeinheiten per Hand addieren.« (Joseph Long, *Caltech*, 1993)

»Führe deine Gelehrsamkeit, so wie deine Repetieruhr, in der Tasche! Ziehe sie nicht heraus und lass sie schlagen, bloß um zu zeigen, dass du eine hast!« (Lord Chesterfield, *Briefe an seinen Sohn*, 1983 [*Lord Chesterfield's Letters*, 1776]))

NÜTZLICHE FAKTEN

Manchmal ist es am besten, eine Liste zusammenzustellen, um sich etwas zu merken. Untenstehend daher also eine Liste von Listen der antiken und modernen Welt, geordnet nach der Anzahl ihrer Posten.

Drei

Grazien	*Parzen*	*Christliche Tugenden*	*Grundfarben*
Aglaia	Klotho	Glaube	Rot
Thalia	Lachesis	Liebe	Gelb
Euphrosyne	Atropos	Hoffnung	Blau

Teile des Menschen	*Feinde des Menschen*	*Weise aus dem Morgenland*	*Werke der Frömmigkeit*
Geist	Welt	Melchior	Beten
Körper	Fleisch	Kaspar	Fasten
Seele	Teufel	Balthasar	Almosen geben

Vier

Kardinaltugenden	*Letzte Dinge*
Klugheit	Tod
Gerechtigkeit	Letztes Gericht
Tapferkeit	Himmel
Besonnenheit	Hölle

Elemente	*Evangelien*
Erde	Matthäus
Feuer	Markus
Wasser	Lukas
Luft	Johannes

Stände
Adel
Klerus
Bürger
Bauer

Freiheiten
Meinungs- und
Redefreiheit
Religionsfreiheit
Freiheit von Not
Freiheit von Furcht

Liebe
Zuneigung
Freundschaft
Eros
Nächstenliebe (Agape)

Fundamentale Kräfte
Schwerkraft
Elektromagnetische Kraft
Starke Kraft
Schwache Kraft

Fünf

Säulen des Islam
Glaubensbekenntnis
Gebet
Almosen geben
Fasten
Pilgern

Ordnungen der Architektur
Dorische
Ionische
Korinthische
Toskanische
Komposite

Platonische Körper
Tetraeder
Hexaeder
Oktaeder
Dokaeder
Ikosaeder

Geschmacksrichtungen
Süß
Salzig
Sauer
Bitter
Scharf

Sechs

Weltalter
Adam bis
Noah bis
Abraham bis
König David bis
Babylonische Gefangenschaft bis
Geburt Christi bis heute

Mischna
Seraim (Saaten)
Moed (Festzeit)
Naschim (Frauen)
Nesikin (Schädigung)
Kodaschim (heilige Dinge)
Toharot (Reinigungen)

Rugbynationen (Turnier)
England
Frankreich
Irland
Italien
Schottland
Wales

Quarks
Up-Quark
Down-Quark
Strange-Quark
Charm-Quark
Bottom-Quark
Top-Quark

Sieben

Sakramente
Taufe
Firmung
Eucharistie
Beichte
Weihe
Ehe
Krankensalbung

Freie Künste
Grammatik
Dialektik
Rhetorik
Arithmetik
Musik
Geometrie
Astronomie

Lebensalter des Menschen
Säugling
Kindheit
Liebhaber
Soldat
Friedensrichter
Alter
Greis

Antike Weltwunder
Koloss von Rhodos
Hängende Gärten der Semiramis
Leuchtturm von Pharos
Pyramiden von Gizeh
Zeusstatue des Phidias in Olympia
Tempel der Artemis von Ephesos
Mausoleum von Halikarnassos

Streiter Christi
Hl. Georg
Hl. Andreas
Hl. Patrick
Hl. David
Hl. Dionysius
Hl. Jakobus
Hl. Anthonius

Moderne Verfehlungen
Reichtum ohne Arbeit
Genuss ohne Gewissen
Wissen ohne Charakter
Geschäft ohne Moral
Wissenschaft ohne Menschlichkeit
Religion ohne Opferbereitschaft
Politik ohne Prinzipien

Todsünden
Wollust
Maßlosigkeit
Geiz
Faulheit
Zorn
Neid
Stolz

Tugenden
Keuschheit
Mäßigung
Großzügigkeit
Fleiß
Sanftmut
Güte
Demut

Acht

Seligkeiten

Selig sind, die …	denn …
– arm sind vor Gott	– ihnen gehört das Himmelreich.
– Trauernden	– sie werden getröstet werden.
– keine Gewalt anwenden	– sie werden das Land erben.

– hungern und dürsten nach der Gerechtigkeit	– sie werden satt werden.
– Barmherzigen	– sie werden Erbarmen finden.
– ein reines Herz haben	– sie werden Gott schauen.
– Frieden stiften	– sie werden Söhne Gottes genannt werden.
– um der Gerechtigkeit willen verfolgt werden.	– ihnen gehört das Himmelreich.

Planeten

Merkur	Erde	Jupiter	Uranus
Venus	Mars	Saturn	Neptun

Neun

Musen und ihre Künste

Kalliope	epische Dichtung
Klio	Geschichtsschreibung
Euterpe	Lyrik
Thalia	Komödie
Melpomene	Tragödie
Terpsichore	Tanz
Erato	Liebesdichtung
Polyhymnia	Gesang
Urania	Sternkunde

Persönlichkeiten

Hektor
Alexander der Große
Julius Cäsar
Joshua
David
Judas Makkabäus
König Arthur
Karl der Große
Gottfried von Bouillon

Engelschor

Seraphim
Cherubim
Throne
Herrschaften
Mächte
Gewalten
Fürstentümer
Erzengel
Engel

Zehn

Grundübungen im Krafttraining	*SMS-Eingabe-tasten*	*Die wichtigsten Ausrüstungs-gegenstände für Pfadfinder*
Arm-Curls	0 0	Wasserflasche
(Curls = Beugen)	1 .,-	Ersatzkleidung
Trizepsstrecken	?!'@:;/()*1	Erste-Hilfe-Set
Handgelenk-Curls	2 abcä2	Karte und Kompass
Bankdrücken	3 def3	Zündhölzer und Brennhilfe
Schulterdrücken	4 ghi4	Taschenmesser
Zehenstand	5 jkl5	Regenschutzkleidung
Kniebeugen	6 mnoö6	Sonnenschutzcreme
Bein-Curls	7 pqrsß7	Taschenlampe
Sit-ups	8 tuvü8	Wegzehrung
Klimmzüge	9 wxyz9	

Zwölf

Geburtssteine			*Apostel*	*Götter des Olymp*
Jan.	Granat	tiefrot	Petrus	Zeus
Febr.	Amethyst	violett	Andreas	Hera
März	Aquamarin	hellblau	Jakobus	Poseidon
Apr.	Diamant	klar	Johannes	Hermes
Mai	Smaragd	grün	Philippus	Hestia
Juni	Perle	weiß	Bartholomäus	Demeter
Juli	Rubin	rot	Thomas	Aphrodite
Aug.	Peridot	hellgrün	Matthäus	Athene
Sept.	Saphir	tiefblau	Jakob, Sohn des Alphäus	Apollon
Okt.	Opal	gemischt	Judas	Artemis
Nov.	Topas	gelb	Simon	Ares
Dez.	Türkis	himmelblau	Judas Ischariot	Hephaistos

WICHTIGE ZAHLEN

Römische Ziffern

Es gibt sieben Buchstaben, mit denen römische Zahlen dargestellt werden: I, V, X, L, C, D und M. Ein Strich über einem Buchstaben heißt, dass die Zahl mit 1000 multipliziert wird.

I 1	VII 7	XL 40	C 100	DCC 700
II 2	VIII 8	L 50	CC 200	DCCC 800
III 3	IX 9	LX 60	CCC 300	CM 900
IV 4	X 10	LXX 70	CD 400	M 1000
V 5	XX 20	LXXX 80	D 500	MM 2000
VI 6	XXX 30	XC 90	DC 600	MMVIII 2008

Grosse und kleine Zahlen

Die Vorsilben auf der linken Seite können mit SI-Einheiten (siehe S. 284) kombiniert werden. Einige gebräuchliche größere Zahlen sind Googol (10 hoch 100), Zentillion (10 hoch 606) und Googolplex (10 hoch 10 hoch 100).

deka (da)	$\times 10$	Zehn	dezi (d)	$\times 10^{-1}$	Zehntel
hekto (h)	$\times 10^{2}$	Hundert	zenti (c)	$\times 10^{-2}$	Hundertstel
kilo (k)	$\times 10^{3}$	Tausend	milli (m)	$\times 10^{-3}$	Tausendstel
mega (M)	$\times 10^{6}$	Million	mikro (µ)	$\times 10^{-6}$	Millionstel
giga (G)	$\times 10^{9}$	Milliarde	nano (n)	$\times 10^{-9}$	Milliardstel
tera (T)	$\times 10^{12}$	Billion	piko (p)	$\times 10^{-12}$	Billionstel
peta (P)	$\times 10^{15}$	Billiarde	femto (f)	$\times 10^{-15}$	Billiardstel
exa (E)	$\times 10^{18}$	Trillion	atto (a)	$\times 10^{-18}$	Trillionstel
zetta (Z)	$\times 10^{21}$	Trilliarde	zepto (z)	$\times 10^{-21}$	Trilliardstel
yotta (Y)	$\times 10^{24}$	Quadrillion	yokto (y)	$\times 10^{-24}$	Quadrillionstel

SI-Einheiten

Das *Système International d'Unités* – die SI-Einheiten – ist ein in sich geschlossenes (metrisches) System auf der Basis 10. Dieses System wird weltweit angewandt. Wichtigste Ausnahmen sind Großbritannien und die USA, wo in imperialen Einheiten gerechnet wird.

Basismaße

Meter (m)	Länge
Kilogramm (kg)	Masse
Sekunde (s)	Zeit
Ampère (A)	Strom
Kelvin (K)	Temperatur
Mol (mol)	Menge einer Substanz
Candela (cd)	Lichtstärke

Kombinierte Maße

Ar (a) = 100 m^2	Flächenmaß
Liter (l) = 0,001 m^3	Volumen

Hinweis: 1 l Wasser wiegt 1 kg.

Andere Masseinheiten

Alkoholgehalt

Siehe S. 209.

Gradmaße

Kreis	360 Grad
Grad	60 Minuten
Minute	60 Sekunden
Kreis	2π Einheitswinkel

Astronomische Entfernungen

Parsec	$3{,}08 \times 10^{13}$ km
Lichtjahr	$9{,}46 \times 10^{12}$ km
astronomische Einheit	$1{,}50 \times 10^{8}$ km

Schönheit

Helena	25,6 Ha
10 Ha	Schönheit, für die man zu sterben bereit ist

Edelsteingewicht

Gramm	5 Karat
Karat	100 Punkte

Fitness-Studio

Trainingseinheit	8 Übungen
Übung	3 Sätze
Satz	10 Wiederholungen

Speicherkapazität

Terabyte (TB)	2^{40} Bytes
Gigabyte (GB)	2^{30} Bytes
Megabyte (MB)	2^{20} Bytes
Kilobyte (kB)	2^{10} Bytes
Byte (B)	8 bits

Mikroskopische Längen

Mikrometer (μ)	10^{-6} m
Angström (Å)	10^{-10} m

Nautische Maßeinheiten

Kabellänge	100 Faden (= 185,2 m)
Faden	6 Fuß (= 1,852 m)
Seemeile (int.)	1852 m
Knoten	1 Seemeile / Std.

Papiermaße

Ballen	10 Ries
Ries	20 Bücher
Buch	24 Bögen

Papierformate

A0	841 mm × 1189 mm
A1	594 mm × 841 mm
A2	420 mm × 594 mm
A3	297 mm × 420 mm
A4	210 mm × 297 mm
B0	1000 mm × 1414 mm
C0	917 mm × 1297 mm

A0 = 2 A1 = 4 A2 = 8 A3 usw.
Gleiches gilt für B0 und C0.

Schuhgrößen Siehe S. 80.

Typographie

0,9961 Zoll	6 Pica
Pica	12 Punkte

Weinflaschengrößen siehe S. 183

Umrechnungen

Zoll	2,54 cm
Fuß	0,3048 m
Meile	1,609344 km
Acre	0,4047 Hektar
Unze (Gewicht)	28,35 g
Unze (Apothekermaß)	31,10 g
Pound	0,4536 kg
Unze flüssig (UK, Apothekermaß)	28,41 ml
Quart	1,136 Liter
Temperatur (°F)	9 / 5 × Temp. (C°) + 32
Temperatur (°C)	Temp. (K) - 273,15

Mathematische Konstanten

γ	Euler-Mascheroni-Konstante	0,57722
$\sqrt{3}$	Quadratwurzel aus Drei	1,73205
$\sqrt{2}$	Quadratwurzel aus Zwei	1,41421
e	Eulersche Zahl (Basis zum natürlichen Logarithmus)	2,71828
ϕ	Goldener Schnitt	1,61803
π	Pi	3,14159

LITERATUR

Die im Folgenden mit einem ★ gekennzeichneten Bücher genießen auf ihrem Gebiet den Status eines Standardwerkes. In der Regel wird (stellenweise in Klammern) das Ersterscheinungsdatum angegeben. Die meisten der Bücher, von denen manche schon vor vielen Jahren, sogar Jahrhunderten erschienen sind, sind noch lieferbar. Diejenigen, die zuletzt nicht mehr gedruckt wurden, findet man mit etwas Glück bei den Antiquariaten, z. B. www.zvab.de und www. abebooks.de oder auch bei den Gebrauchtbüchern bei www.amazon.de. Bücher, bei denen das Copyright ausgelaufen ist, kann man sich teilweise umsonst bei www.gutenberg.org oder www.digital.library.upenn.edu / books besorgen.

Die 50 wichtigsten Bücher für Männer

Baldesar Castiglione, *Das Buch vom Hofmann*, 1986 (*The Book of the Courtier*, 1528)

Izaak Walton, *Der vollkommene Angler*, 1986 (*The Compleat Angler*, 1653)

Dieser Ratgeber zum Thema Fischefangen und -zubereiten erläutert den Geist des Angelns und dessen Techniken.

Philip D. Stanhope Lord of Chesterfield, *Briefe an seinen Sohn…*, 1983 (*Lord Chesterfield's Letters*, 1776)

Edward Bulwer-Lytton, *Pelham oder die Abenteuer eines Gentleman*, 1840 (*Pelham; or, the Adventures of a Gentleman*, 1828)

Mikhail Lermontov, *Ein Held unserer Zeit*, 1959 (*A Hero of our Time*, 1840)

Die Erzählung über Prinzessin Mary liefert eine interessante Innensicht der verliebten Frau.

Mrs Humphry, *Manners for Men*, 1897

★ Robert Baden-Powell, *Pfadfindererziehung*, 1996 (*Scouting for Boys*, 1908)

Das Original-Pfadfinder-Handbuch vom Gründer der Pfadfinderbewegung.

C. Mac Sheridan, *The Stag Cook Book*, 1922

Alfred Dunhill, *Das Pfeifenbuch*, 1986 (*The Pipe Book*, 1924)

Charles Baker Jr, *The Gentleman's Companion*, vols 1 & 2, 1939

★ Clifford Ashley, *Das Ashley-Buch der Knoten*, 2006 (*The Ashley Book of Knots*, 1944)

Gilt allgemein als das unterhaltsamste und umfassendste Werk zum Thema Knoten. Enthält rund 4000 Knoten und 7000 Zeichnungen.

Evelyn Waugh, *Wiedersehen mit Brideshead*, 2002 (*Brideshead Revisited*, 1945)

★ David A. Embury, *The Fine Art of Mixing Drinks*, 1948

Das einflussreichste Buch, das je über Cocktails geschrieben wurde. Mehr als eine Rezeptsammlung – unterhaltsame Lektüre für alle, die die Ambition haben, wirklich wohlschmeckende und nicht nur genießbare Drinks zuzubereiten.

★ *Esquire's Handbook for Hosts*, 1949

★ John Scarne, *Scarne on Cards*, 1949

Joe Cooper, *With or Without Beans*, 1952

Der Untertitel lautet: »Ein Kompendium mit dem Ziel, den international berühmten Chilieintopf nach texanischer Art, der einen wichtigen Platz in der heutigen Zivilisation einnimmt, in Erinnerung zu halten.«

The Duke of Windsor, *A Family Album*, 1960

James Laver, *Dandies*, 1968

★ O. Schoeffler & W. Gale, *Esquire's Encyclopedia of 20th Century Men's Fashions*, 1973

★ Arnold Schwarzenegger, *Karriere eines Bodybuilders*, 1984 (*Education of a Bodybuilder*, 1977)

Wurde bereits zu Beginn von Schwarzeneggers Karriere verfasst und ist bis heute das beste Buch zum Thema Gewichtestemmen – und zwar mehr, weil es eine außerordentliche mentale Selbstdisziplin schildert, als wegen der dargestellten Übungen. Die erste Hälfte ist autobiographisch, die zweite bietet Übungsanleitungen.

Peter Hallgarten, *Spirits and Liqueurs*, 1979

★ Anthony Lejeune, *The Gentlemen's Clubs of London*, 1979

★ Raymond Benson, *The James Bond Bedside Companion*, 1984

★ Richard Carlton Hacker, *Die Kunst, Pfeife zu rauchen*, 1993 (*The Ultimate Pipe Book*, 1984)

★ John Wiseman, *Das Survival-Handbuch*, 1987 (*The SAS Survival Handbook*, 1986)

Der Autor war 26 Jahre Mitglied bei den SAS (Special Air Forces), die generell als die weltweit elitärste Spezialeinheit angesehen wird.

David Sklansky, *The Theory of Poker*, 1987

Sarah Gibbings, *The Tie*, 1990

★ Robert Bringhurst, *The Elements of Typographic* Style, 1992

Eine willkommene Unterweisung in Design, Proportionen und Layout.

Farid Chenoune, *A History of Men's Fashion*, 1993

★ Michael Jackson, *Bier International*, 1994 (1993)

Jackson ist der vermutlich größte Bierkenner der Welt und untersucht in diesem preisgekrönten Buch die Geschichte des Bieres und seine verschiedenen Sorten.

Hardy Amies, *Anzug und Gentleman*, 1997 (*The Englishmen's Suit*, 1994)

Dieses dünne Büchlein ist das beste Buch zur männlichen Bekleidung – kurz, witzig, überzeugend und prägnant.

Anne Hollander, *Anzug und Eros*, 1998 (*Sex and Suits*, 1995)

Ian Fleming, *A James Bond Omnibus*, 1997

Viele Männer wissen nicht, dass die ursprünglichen Bond-Romane von Ian Fleming wesentlich unterhaltsamer und überzeugender sind als deren Verfilmungen. In diesem Buch sind *From Russia with Love (Liebesgrüße aus Moskau)*, *Dr. No (James Bond jagt Dr. No)* und *Goldfinger* zusammengefasst, die gemeinhin als die besten Bond-Thriller gelten. Fleming hat insgesamt 14 Bond-Romane geschrieben.

D. Stiles & J. Trusty Stiles, *Baumhäuser selbst bauen*, Hannover 2005 (*Tree Houses You Can Actually Build*, 1998)

Bernhard Roetzel, *Der Gentleman*, 2004 (*Gentleman*, 1999)

★ Michael Jackson, *Malt Whisky*, München 2004 (*Malt Whisky Companion*, 1999)

Thomas Fink, Yong Mao, *Die 85 Methoden, eine Krawatte zu binden*, 2002 (*The 85 Ways to Tie a Tie*, 1999)

Geschichte der geknoteten Halsbekleidung und des modernen Halstuchs – mit historischen, mathematischen und männermodischen Exkursen. Die Inspiration zu diesem Buch geschah durch zwei mathematische Schriften, in denen dargelegt wurde, dass und warum es genau 85 Krawattenknoten gibt und wie man sie knüpft.

Francis Chichester, *London Man*, 2000

Umberto Angeloni, *The Boutonnière*, 2000

James Walton, *The Faber Book of Smoking*, 2000

G. Temple, V. Darkwood, *The Chap Manifesto*, 2001

★ Alan Flusser, *Dressing the Man*, 2002

Eines der besten Bücher über die Männermode. Ebenfalls wert zu erwähnen von Flussers Büchern wäre *Clothes and the Man* (1985) und *Style and the Man* (1996)

P. Mollod, J. Tesauro, *The Modern Gentleman*, 2002

US Army Survival Manual, 3–05.70 Department of Defence, 2002

George Walden, *Who's a Dandy?*, 2002

Dieser schmale Band bietet in der ersten Hälfte eine Untersuchung zum modernen Dandytum, in der zweiten Hälfte eine Neuübersetzung des im 19. Jh. verfassten Essays über George Brummel (auch bekannt als Beau Brummel) von Jules Barbey d'Aurevilly.

Chris Morris (Hg.), *Mr Boston Official Bartender's and Party Guide*, 2005

★ Simon Difford, *Diffords Guide to Cocktails*, Bd. 6, 2006

Der momentan beste Cocktailführer. Auch zu empfehlen: *Diffords Sauceguide: Drink & Drinking* (2002). Die Bücher von Diffords sind hervorragend recherchiert, wunderbar gesetzt und illustriert und in einer klaren, unterhaltsamen Sprache verfasst.

★ Hugh Johnson, *Der kleine Johnson*, 2007

Harvey Mansfield, *Manliness*, 2006

Ein Plädoyer für die Männlichkeit und den Geschlechterunterschied, geschrieben von Harvard-Professor Mansfield – das Buch ist entsprechend umstritten.

★ Conn & Hal Iggulden, *The Dangerous Book for Boys*, 2006

SMS-SPRACHE

Gedruckte und digitalisierte Kommunikation sorgen mit ihrer kühlen, starren Schrift dafür, dass Bedeutung und Tonfall einer Nachricht missverstanden werden können. Das hat zu einer explosionsartig gestiegenen Anwendung von sogenannten *Emoticons* (aus »emotion« und »console«, aber nicht »icon«) geführt, um eventuellen Missverständnissen vorzubeugen. Die bekanntesten Beispiele sind natürlich das Fragezeichen und das Ausrufezeichen. Jüngeren Datums sind × und :-), die einen Kuss und einen Smiley darstellen. (Die erste dokumentierte Verwendung des Smiley erfolgte am 19. September 1982 durch

Scott Fahlman.) Emoticons unterteilen sich in verschiedene Gruppen, die jeweils Variationen eines Themas enthalten. Beispiele dafür (die sich mühelos ergänzen lassen) finden sich unten.

Das Emoticon × wird vor allem von Frauen am Ende einer SMS benutzt. Je öfter das × wiederholt wird, umso größer ist die Zuneigung, aber nur bis zum vierten x, danach nimmt die Intensität der Zuneigung wieder ab. Ein × wird oft als das Minimum einer zivilisierten Verabschiedung angesehen, aber ein einheitlicher Standard existiert nicht, und was zählt, ist nur die relative Zunahme der xe-Zeichen.

x Freundschaft   xxx Eros?   xxxxx Freundschaft

Smileys liest man quer, üblicherweise von links nach rechts.

:-)	Smiley	:'-(	weinend
;-)	Augenzwinkern	:-P	Zunge rausgestreckt
:-#	mit Zahnspange		
8-)	mit Brille	:-Q	rauchend
:-D	breites Lächeln	:-*	küssend
:-]	höfliches Lächeln	:-v	lügend
:-(	Stirnrunzeln		

Köpfe und Hände werden vertikal gelesen.

\o/	Freude	o7	salutieren
/o\	Verzweiflung	\o/\ o/	fechten
o/	winken	~~\o/~~	ertrinken
o\	am Kopf kratzen	> – < o	abspringen
< o >	die Ohren zuhalten		

Kaomoji (wörtlich: »Gesichtszeichen«) ist ein Emoticon-Stil, der in Japan seinen Ursprung hat.

(^_^)	Smiley	(*_*)	verblüfft
(^_~)	zwinkern	@^_^@	errötet
m(-)m	verbeugen	(^_^;	nassgeschwitzt

Orz, das gekrümmte Emoticon, zeigt einen gebeugten Mann, bei dem o für den Kopf, r für die Arme und z für die Beine stehen. Diese sonderbare Subkultur aus dem ostasiatischen Raum bezeichnet Verzweiflung oder die Ablehnung durch ein Mädchen, weil man ein »netter Kerl« ist. Varianten sind unter anderem:

orz   on_   Sto   OTZ   OTL   072   07Z

ERNEST HEMINGWAY

Biografie

Ernest Miller Hemingway wurde am 21. Juli 1899 in Chicago geboren. Nachdem er die Schule abgeschlossen hatte, arbeitete er als Lokalreporter für den *Kansas City Star*. 1918 wollte er in den Krieg ziehen, wurde jedoch wegen Kurzsichtigkeit ausgemustert. Nach sechs Monaten als Berichterstatter arbeitete er beim Italienischen Roten Kreuz als Krankenwagenfahrer. Er wurde verwundet und später ausgezeichnet, weil er einen italienischen Soldaten gerettet hatte.

Anfang der 20er-Jahre zog er nach Paris, wo er sich mit Gertrude Stein und Ezra Pound anfreundete. Dort schrieb er auch seine ersten Romane, aber erst mit dem Erscheinen von *The Sun Also Rises* (dt. *Fiesta*) wurde er als erstklassiger Autor angesehen. Der Krieg und Aktivitäten unter freiem Himmel – die Jagd, Hochseefischen und Stierkämpfe – wurden zu wiederkehrenden Themen in seinem Leben ebenso wie in seinen Werken. In den 30er-Jahren berichtete er über den Spanischen Bürgerkrieg und schuf damit die Grundlage für seinen Roman *For Whom the Bell Tolls* (dt. *Wem die Stunde schlägt*). Während des Zweiten Weltkriegs verbrachte Hemingway viel Zeit auf einem Schiff vor der kubanischen Küste, wo er sich dem Versenken deutscher U-Boote ebenso widmete wie dem Fischen und dem Alkohol.

The Old Man and the Sea (dt. *Der alte Mann und das Meer*) war das letzte Buch, das zu seinen Lebzeiten erschien. Kurz darauf wurde er mit dem Literatur-Nobelpreis ausgezeichnet. 1961 beging Hemingway – wie vor ihm sein Vater, sein Bruder und seine Schwester – Selbstmord, indem er sich in den Kopf schoss. Aus seinen insgesamt vier Ehen gingen drei Söhne hervor. »Die Welt ist so schön und wert, dass man um sie kämpft, und ich verlasse sie nur ungern«, schrieb er einmal in *Wem die Stunde schlägt*.

Schreiben

Hemingways knapper Schreibstil, der einen erheblichen, weitreichenden Einfluss auf die amerikanische Literatur hatte, war geprägt von seiner spartanischen Arbeitsweise, einer zurückhaltenden Verwendung von Attributen und einfachen Satzkonstruktionen – also einer auffälligen Unauffälligkeit. Diese Schlichtheit täuscht jedoch, sie entstand nicht mühelos. Hemingway war ein Revisionist, er überarbeitete manche Manuskripte über hundert Mal. Er ist einer der wenigen Schriftsteller, die man stilistisch anhand eines einzigen Satzes identifizieren kann.

Trotz seines wüsten Lebenswandels und seiner häufigen Depressionen war er ein disziplinierter Arbeiter. Für ihn war das Leben eines Schriftstellers von Einsamkeit geprägt, und es beutete bewusst seine Kräfte aus: »Ich hatte bereits gelernt, nie den Brunnen meines Schreibens zu leeren, sondern immer aufzuhören, wenn in dem tiefen Teil des Brunnens noch etwas drin war, und ihn sich nachts von den Quellen, die ihn speisen, auffüllen zu lassen.« *(Ein Fest fürs Leben)*

Bücher

Manche Bücher von Hemingway wurden erst nach seinem Tod 1961 veröffentlicht. Einige blieben unvollendet.

Three Stories and Ten Poems 1923
In Our Time, limitierte Auflage 1924
In Our Time (dt. *In unserer Zeit*) 1925
The Torrents of Spring (dt. *Die Sturmfluten des Frühlings*) 1926
The Sun Also Rises (dt. *Fiesta*) 1926
Men Without Women 1927
A Farewell to Arms (dt. *In einem andern Land*) 1929
Winner Take Nothing 1933
The Green Hills of Africa (dt. *Die grünen Hügel Afrikas*) 1935
The Short Happy Life of Francis Macomber (dt. *Das kurze glückliche Leben von Francis Macomber*) 1936
The Snows of Kilimanjaro (dt. *Schnee auf dem Kilimandscharo*) 1936
To Have and Have Not (dt. *Haben und Nichthaben*) 1937
The Fifth Column and Four Stories of the Spanish Civil War 1938
For Whom the Bell Tolls (dt. *Wem die Stunde schlägt*) 1940
Across the River and into the Trees (dt. *Über den Fluss und in die Wälder*) 1950
The Old Man and the Sea (dt. *Der alte Mann und das Meer*) 1952
Islands in the Stream (dt. *Inseln im Strom*) 1970
The Garden of Eden (dt. *Der Garten Eden*) 1986
True at First Light (dt. *Die Wahrheit im Morgenlicht*) 1999
Under Kilimanjaro 2005

Sachtexte

Death in the Afternoon (dt. *Tod am Nachmittag*) 1932

Green Hills of Africa 1935

A Moveable Feast (dt. *Paris – Ein Fest fürs Leben*) 1964

The Dangerous Summer (dt. *Gefährlicher Sommer*) 1985

Sonstiges:

By-Line (Artikel) 1967

88 Poems (Gedichte) 1979

Dateline: Toronto (Artikel) 1985

Neue Zusammenstellungen:

The Essential Hemingway 1964

The Nick Adams Stories (dt. *Die Nick-Adams-Stories*) 1972

The Complete Short Stories of Ernest Hemingway 1987

The Collected Stories 1995

Biografien

Aus den vielen Biografien über Hemingway ragen fünf heraus, die unten aufgeführt sind. Die beste Hemingway-Website, www.timelesshemingway.com, schreibt, dass die Biografien von Lynn, Baker and Meyers »die großen drei« sind und dass jeder, der sich ernsthaft mit Hemingway auseinandersetzen wolle, diese drei Werke besitzen müsse. Über Mellow schreibt die *New York Times*, dass es mit »dem Besten mithalten kann, das bislang über den Autor veröffentlicht wurde«. Das ehrgeizigste Projekt ist das fünfbändige Werk von Reynolds.

Carlos Baker, *Ernest Hemingway – A Life Story*, 1969 (dt. *Hemingway – Der Schriftsteller und sein Werk*, 1984)

Jeffrey Meyers, *Hemingway – A Biography*, 1985

Kenneth Lynn, *Hemingway – Life and Work*, 1987 (dt. *Hemingway – Eine Biografie*, 1989)

James Mellow, *Hemingway – A Life Without Consequences*, 1992

Michael Reynolds, *The Young Hemingway*, 1986; *Hemingway: The Paris Years*, 1989; *The American Homecoming*, 1992; *The 1930's*, 1997; *The Final Years*, 1999

JAMES BOND

Als symbolische Figur all dessen, was das Mannsein ausmacht, darf natürlich der Spion James Bond mit dem Codenamen 007 in diesem Buch nicht fehlen. Bond ist die Hauptfigur in 14 Romanen von Ian Fleming; sie inspirierte bislang 21 offizielle Filme und zahllose Publikationen. Die rund 3000 von Fleming geschriebenen Seiten ergeben ein in sich geschlossenes Bild des Meisterspions.

Biografie

James Bond wurde (wahrscheinlich) 1924 geboren; er ist der Sohn von Andrew Bond aus dem schottischen Glencoe und Monique Delacroix aus der Schweiz. Der Wahlspruch seiner Familie lautet *Orbis non sufficit* (»Die Welt ist nicht genug«). Bonds Vater war Waffenhändler für Vickers (heute ein Teil von BAE Systems Land and Armaments), als Folge davon verbrachte Bond seine Kindheit im Ausland. Als er elf war, starben seine Eltern beide beim Bergsteigen in den Aiguilles Rouges, seine Tante Charmian Bond nahm den Jungen bei sich auf. Sie lebte in Pett Bottom, Kent, einen Katzensprung vom heutigen Restaurant Duck Inn entfernt. Ein Jahr später besuchte Bond den Instruktionen seines Vaters folgend das Eton College, musste es aber nach zwei Semestern wegen »angeblicher Schwierigkeiten mit dem Dienstmädchen der Jungs« wieder verlassen. Er wechselte zu der Schule, die schon sein Vater besucht hatte, Fettes, wo er regelrecht aufblühte. Er war ein eifriger Judokämpfer und Leichtgewichtboxer, außerdem lernte er mühelos Französisch und Deutsch – Sprachen, mit denen er schon in seiner Kindheit in Berührung gekommen war.

Mit 17 schloss Bond die Schule ab und begann sein Studium an der Genfer Universität, das dadurch unterbrochen wurde, dass er 1941 zur Royal Navy Volunteer Reserve ging. Bei Kriegsende war er bis in den Dienstgrad eines Commander aufgestiegen und machte durch seine Verdienste während des Krieges M (Miles) auf sich aufmerksam, den Leiter des britischen Secret Intelligence Service (MI6). In dieser Phase wurde Bond »mit gewissen Aspekten der Arbeit des Ministeriums vertraut«. Nach seinem zweiten Attentat erhielt Bond eine Doppel-Null, also die Lizenz zum Töten. Von da an wurden einige seiner Missionen dokumentiert. 1954 wurde Bond ein Companion of the Order of St Michael and St George (CMG). Später wurde ihm angeboten, sich zum Ritter schlagen zu lassen, doch mit Blick auf seine beruflich bedingte Anonymität lehnte er dies ab.

Ian Flemings Vision vom Aussehen Bonds, abgedruckt im Daily Express

Am Ende von *Im Geheimdienst Ihrer Majestät* heiratete Bond die Contessa Teresa di Vicenzo (Tracy), Tochter von Marc-Ange Draco. Sie wurde kurz nach der Hochzeit von Ernst Stavro Blofeld – Bonds langjährigem Widersacher – getötet. Dennoch ist bekannt, dass Bond mindestens ein (uneheliches) Kind hat, nämlich mit der japanischen Agentin Kissy Suzuki, der er in *Man lebt nur zweimal* begegnete.

Erscheinungsbild

Mit 1,83 m und 75 kg ist Bond schlank, fast schon drahtig (Body-Mass-Index 22.4). Er hat blaugraue Augen, einen recht grausam anmutenden Mund, eine lange vertikale Narbe auf der rechten Wange und kurzes, dunkles Haar, das ihm in die Stirn fällt. Auf dem Handrücken findet sich eine Narbe in Form eines russischen X, die ihm ein SMERSH-Agent in *Casino Royal*e zufügte.

Seine Kleidung ist schlicht, aber elegant: einreihige Anzüge in blauem Serge oder Hahnentrittmuster (vermutlich von einem Schneider gleich um die Ecke, ganz sicher nicht von einem Italiener), dazu ein weißes Hemd und Halbschuhe. Seine Krawatte ist aus schwarzer Strickseide, offenbar zum Four-in-hand oder Half-Windsor gebunden (Bond hält den Windsor-Knoten für »das Zeichen für einen ungehobelten Kerl«, siehe S. 115). Seine Fliege ist allerdings aus schwarzem Satin statt aus Barathea.

Er besitzt nur wenige, aber dafür erlesene Dinge: ein breites und flaches metallenes Zigarettenetui, ein Ronson-Feuerzeug sowie eine Rolex Oyster Perpetual. Im Gegensatz zu den Filmen bevorzugt Bond Autos der Marke Bentley; in der Reihenfolge der Romane fährt er einen Mark IV Cabrio von 1930 (oder 1933), einen Mark VI von 1953 sowie einen Mark II Continental, jeweils grau mit dunkelblauer oder schwarzer Innenausstattung. Gelegentlich isst er im Londoner Club Blades (entstanden nach dem Vorbild des Boodle's, siehe S. 135).

Gewohnheiten

Bond ist ein begabter Amateursportler. Vor allem überzeugte er beim Skifahren, Golfen sowie beim Nahkampf, wobei Letzteres das Thema des Buchs *Stand Firm* ist, an dem er arbeitet. Er fuhr das Cresta-Rennen, und zwar die volle Streckenlänge.

Bond mag keinen Tee, trinkt aber häufig Kaffee, wenn er in einer *Chemex*-Kanne aufgebrüht wurde. Sein Geschmack in Sachen Essen ist kultiviert, aber nicht ausgefallen. Er bevorzugt traditionelle englische Speisen.

Bond raucht ca. 60 Zigaretten am Tag, üblicherweise

eine Tabakmischung aus der Türkei und vom Balkan, mit drei goldenen Streifen am Filter, die auf seinen Dienstgrad in der Marine hinweisen. Auch wenn er im Kino eine Vorliebe für Wodka Martini hat, bevorzugt Flemings Bond Whisky.

In den Romanen trinkt er in der Reihenfolge der Häufigkeit Whisky oder Bourbon (25 %), Sake (11 %), Champagner (10 %) und Wodka Martini (6 %).

Bonds Sekretärin Mary Goodnight schlug für Bond diese schlichte Inschrift für seinen Grabstein vor: »Ich werde nicht meine Tage mit dem Versuch vergeuden, sie zu verlängern. Ich werde stattdessen meine Zeit nutzen.«

Bücher und Filme

Ian Fleming schrieb 12 Romane und zwei Kurzgeschichtenbände über Bond, die in jährlichem Abstand zwischen 1953 und 1966 veröffentlicht wurden. Die beiden letzten Bände erschienen nach Flemings Tod im Jahr 1964.

Casino Royale	1953
Live and Let Die (Leben und sterben lassen)	1954
Moonraker (Mondblitz)	1955
Diamonds are Forever (Diamantenfieber)	1956
From Russia With Love (Liebesgrüße aus Moskau)	1957
Dr. No (007 jagt Dr. No)	1958
Goldfinger	1959
For Your Eyes Only (In tödlicher Mission)	1960
Thunderball (Feuerball)	1961
The Spy Who Loved Me (Der Spion, der mich liebte)	1962
On Her Majesty's Secret Service (Im Geheimdienst Ihrer Majestät)	1963
You Only Live Twice (Man lebt nur zweimal)	1964
The Man With the Golden Gun (Der Mann mit dem goldenen Colt)	1965
Octopussy and the Living Daylights (Octopussy)	1966

Fortgesetzt wurde die Bond-Serie von Kingsley Amis, der unter dem Pseudonym Robert Markham 1968 den Roman *Colonel Sun* schrieb. Zwischen 1981 und 1996 verfasste John Gardner 14 Romane und zwei Filmromane. Ihm folgte Raymond Benson, der zwischen 1997 und 2002 sechs Romane und drei Filmromane ablieferte.

Von den zahlreichen Sachbüchern über Bond gelten drei als Klassiker:

Kingsley Amis, *The James Bond Dossier*	1965
John Pearson, *James Bond: The Authorized Biography of 007*	1973
Raymond Benson, *The James Bond Bedside Companion*	1984

Es gibt 21 offizielle Bond-Filme, von denen der bislang letzte, *Casino Royal*e, Ende 2006 in die Kinos kam. Bond wurde von sechs Schauspielern verkörpert, von denen Fleming aber nur Sean Connery (SC) erlebte. Durch Vesper Lynd in *Casino Royal*e wissen wir, dass Bond dem Sänger Hoagy Carmichael ähnelt, so gesehen kommt Timothy Dalton (TD) ihm am nächsten. Die übrigen Darsteller sind George Lazenby (GL), Roger Moore (RM), Pierce Brosnan (PB) und Daniel Craig (DC).

007 jagt Dr. No	SC	1962
Liebesgrüße aus Moskau	SC	1963
Goldfinger	SC	1964
Feuerball	SC	1965
Man lebt nur zweimal	SC	1967
Im Geheimdienst Ihrer Majestät	GL	1969
Diamantenfieber	SC	1971
Leben und sterben lassen	RM	1973
Der Mann mit dem goldenen Colt	RM	1974
Der Spion, der mich liebte	RM	1977
Moonraker – Streng geheim	RM	1979
In tödlicher Mission	RM	1981

Octopussy	RM	1983
Im Angesicht des Todes	RM	1985
Der Hauch des Todes	TD	1987
Lizenz zum Töten	TD	1989
GoldenEye	PB	1995
Der Morgen stirbt nie	PB	1997
Die Welt ist nicht genug	PB	1999
Stirb an einem anderen Tag	PB	2002
Casino Royale	DC	2006
(neuer Film)	DC	2008

Anmerkung: Der 1983 in die Kinos gekommene Bond-Film *Sag niemals nie* (Darsteller: Sean Connery) gilt als Remake von *Feuerball* und daher nicht als offizielle James-Bond-Verfilmung.

DAS ZEITLICHE

»Sein Leben lang spielt einer manche Rollen
Durch sieben Akte hin. Zuerst das Kind,
Das in der Wärtrin Armen greint und sprudelt;
Der weinerliche Bube, der mit Bündel
Und glattem Morgenantlitz wie die Schnecke
Ungern zur Schule kriecht; dann der Verliebte,
Der wie ein Ofen seufzt, mit Jammerlied
Auf seiner Liebsten Braun; dann der Soldat,
Voll toller Flüch und wie ein Pardel bärtig,
Auf Ehre eifersüchtig, schnell zu Händeln,
Bis in die Mündung der Kanone suchend
Die Seifenblase Ruhm. Und dann der Richter
Im runden Bauche, mit Kapaun gestopft,
Mit strengem Blick und regelrechtem Bart,
Voll weiser Sprüch und Allerweltssentenzen
Spielt seine Rolle so. Das sechste Alter
Macht den besockten, hagern Pantalon,
Brill auf der Nase, Beutel an der Seite;
Die jugendliche Hose, wohl geschont,
'ne Welt zu weit für die verschrumpften Lenden;
Die tiefe Männerstimme, umgewandelt
Zum kindischen Diskante, pfeift und quäkt
In seinem Ton. Der letzte Akt, mit dem
Die seltsam wechselnde Geschichte schließt,
Ist zweite Kindheit, gänzliches Vergessen,
Ohn Augen, ohne Zahn, Geschmack und alles.«

(William Shakespeare, *Wie es euch gefällt*, übers. II,7, 1600 [übers. v. August Wilhelm Schlegel])

DAS JAHR 2008

Bezeichnungen, Zeitalter und Zyklen

Römische Jahreszahl	MMVIII
Griechische Jahresz.	XXΠIII
Binär (Basis 2)	11111011000
Oktal (Basis 8)	3730
Hexadezimal (Basis 16)	7D8
Primfaktor	2 × 2 × 2 × 251
Phinär	10100010100010101.0001000000100001
Sonntagsbuchstabe	F/E (Schaltjahr)
Epakte	22
Goldene Zahl	XIV
Sonnenzyklus	1
Römische Ankündigung	1
Julianisches Kalenderjahr	6721
Alter der Erde (kreationistisch)	7207
Liturgisches Lesejahr (29. Nov.)	A/2
Chinesisches Jahr (7. Febr.)	Jahr der Ratte
Seleukidisches Kalenderjahr	2320
Jahr der Franz. Rep. (22. Sept.)	CCXVIII
Saka-Jahr (Indisch) (22. März)	1930
Japanisches Kalenderjahr	20
Muslimisches Kalenderjahr (10. Jan.)	1429
Jüdisches Kalenderjahr (30. Sept.)	5769
Freimaurerjahr	6008
Regnal Year (6. Febr.)	57
Römisches Kalenderjahr	2761

Erklärungen

Römische Jahreszahl siehe S. 283.

Griechische Jahreszahl Die Griechen benutzten I für 1, Π für 5, △ für 10, H für 100, X für 1000 und M für 10 000. Eine Ziffer innerhalb von Π bedeutet, dass man die Zahl mit 5 multiplizieren muss.

Binär 2008 = 1024 + 512 + 256 + 128 + 64 + 16 + 8.

Hexadezimal A bis F repräsentieren die Zahlen 10 bis15.

Primfaktorzerlegung Die kleinstmöglichen positiven Zahlen, die multipliziert 2008 ergeben.

Phinär Zur Basis ϕ; zum Beispiel sind .1 = ϕ^{-1} und .11 = $\phi^{-1} + \phi^{-2}$. Bemerkenswert: Alle ganzen Zahlen können mit einer begrenzten Anzahl von Ziffern dargestellt werden.

Sonntagsbuchstabe Der Buchstabe, der mit dem Datum im Januar korrespondiert, auf den der erste Sonntag im Jahr fällt. A = 1, B = 2 und so weiter.

Epakte Alter des kirchlichen Monds seit dem letzten Neumond, gezählt am 1. Januar, in Tagen minus Eins.

Die goldene Zahl Bezeichnet die Zahl im 19-jährigen metonischen Zyklus, nach dem die Mondphasen annähernd wieder auf das gleiche Datum im Sonnenjahr fallen. (19 Sonnenjahre entsprechen 235 Mondzyklen.)

Sonnenzyklus Stelle im 28-jährigen Zyklus, an welchem sich der Kalender (Tage und Daten) vollständig wiederholt.

Römische Ankündigung Der Moment in einem 15-Jahres-Zyklus, der im späten römischen Imperium eingeführt wurde, um die Steuern zu organisieren. Er wurde bis ins Mittelalter in Form von geschriebenen Buchstaben neben der Jahreszahl benutzt.

Julianisches Jahr Anzahl der Jahre seit 4713 vor Christus, die heute nur noch von Astronomen verwendet wird.

Alter der Erde Unter strenggläubigen Kreationisten wird das Jahr 5199 v. Chr. als das wahrscheinlichste für den Beginn der Erde gehalten.

Liturgisches Lesejahr Die Lesungen bei Messen wiederholen sich in einem Zeitraum von drei Jahren an Sonntagen (A, B, C) und zwei Jahren an Wochentagen (1, 2).

Regnal Year Anzahl der Jahre, seit denen der aktuelle britische Monarch bzw. die Monarchin regiert, plus eins, beginnend mit dem Tag des Amtsantritts.

Mathematische Besonderheiten

Die meisten Zahlen haben interessante Eigenschaften, wenn man lange genug danach sucht. In *Ramanujan* erinnert sich der Mathematiker G. H. Hardy, er sei in einem Taxi mit der Nummer 1729 zu Ramanujan gefahren, »und ich bemerkte danach, dies sei eine ziemlich langweilige Zahl und dass ich hoffte, dies sei kein ungünstiges Omen. ›Nein‹, erwiderte er, ›es ist eine sehr interessante Zahl; es ist die kleinste Zahl, um die Summe zweier verschiedener Würfel auf zwei mögliche Arten zu errechnen.‹ ($1729 = 1^3 + 12^3 = 9^3 + 10^3$.)« Im *Penguin Dictionary of Curious and Interesting Numbers* meint D. G. Wells, 48 sei die erste uninteressante Zahl, aber er zieht den Schluss, dass sie genau deswegen interessant sei.

Die Zahl 2008 hat folgende interessante Eigenschaften:

2008 ist eine gerade Zahl, denn sie ist durch 2 teilbar.

2008 ist eine zusammengesetzte Zahl. Ihre echten Teiler sind 2, 4, 8, 251, 502 und 1004.

2008 ist die erste Zahl, die 19 Striche benötigt, um auf einer Digitalanzeige angezeigt zu werden.

2008 ist eine glückliche Zahl: Wenn man die Summe der Quadrate ihrer Ziffern bildet und dies mit dem Ergebnis wiederholt, kommt am Ende 1 heraus.

2008 ist eine unbestechliche Zahl: Sie kann nicht als Produkt ihrer Teiler und anderer Zahlen dargestellt werden.

2008 ist eine hässliche Zahl, weil sie eine ungerade Anzahl von Einsen in der Binärdarstellung hat.

2008 ist die Summe aller dreistelligen Lucas-Zahlen. (1, 3, 4, 7, 11, 18, 29, …, wobei gilt: $1 + 3 = 4$, $3 + 4 = 7$ usw.)

2008 ist defizitär: Die Summe ihrer Teiler ist kleiner als 2008.

2008 ist ein Palindrom, das bei der Basis 5 in beide Richtungen gelesen werden kann: 31013.

2008 ist apokalyptisch, denn 2^{2008} enthält drei aufeinanderfolgende Sechsen.

KALENDER 2008

Januar

S	M	D	M	D	F	S
		N	2	3	4	5
6	7	8	9	10	11	12
13	14	15	16	17	18	19
20	21	22	23	24	25	26
27	28	29	30	31		

Februar

S	M	D	M	D	F	S
					1	2
3	4	5	6	7	8	9
10	11	12	13	14	15	16
17	18	19	20	21	22	23
24	25	26	27	28	29	

März

S	M	D	M	D	F	S
						1
2	3	4	5	6	7	8
9	10	11	12	13	14	15
16	17	18	19	20	★	22
★	★	25	26	27	28	29
30	31					

April

S	M	D	M	D	F	S
		1	2	3	4	5
6	7	8	9	10	11	12
13	14	15	16	17	18	19
20	21	22	23	24	25	26
27	28	29	30			

Mai

S	M	D	M	D	F	S
				☛	2	3
4	5	6	7	8	9	10
■	■	13	14	15	16	17
18	19	20	21	22	23	24
25	26	27	28	29	30	31

Juni

S	M	D	M	D	F	S
1	2	3	4	5	6	7
8	9	10	11	12	13	14
15	16	17	18	19	20	21
22	23	24	25	26	27	28
29	30					

Juli

S	M	D	M	D	F	S
		1	2	3	4	5
6	7	8	9	10	11	12
13	14	15	16	17	18	19
20	21	22	23	24	25	26
27	28	29	30	31		

August

S	M	D	M	D	F	S
					1	2
3	4	5	6	7	8	9
10	11	12	13	14	15	16
17	18	19	20	21	22	23
24	25	26	27	28	29	30
31						

September

S	M	D	M	D	F	S
	1	2	3	4	5	6
7	8	9	10	11	12	13
14	15	16	17	18	19	20
21	22	23	24	25	26	27
28	29	30				

Oktober

S	M	D	M	D	F	S
			1	2	**D**	4
5	6	7	8	9	10	11
12	13	14	15	16	17	18
19	20	21	22	23	24	25
26	27	28	29	30	31	

November

S	M	D	M	D	F	S
						1
2	3	4	5	6	7	8
9	10	11	12	13	14	15
16	17	18	19	20	21	22
23	24	25	26	27	28	29
30						

Dezember

S	M	D	M	D	F	S
	1	2	3	4	5	6
7	8	9	10	11	12	13
14	15	16	17	18	19	20
21	22	23	24	**W**	**W**	27
28	29	30	31			

N Neujahr ★ Ostern ☛ Maifeiertag/Christi Himmelfahrt

■ Pfingsten **D** Tag der Deutschen Einheit **W** Weihnachten

ASTRONOMISCHE EREIGNISSE

Alle Zeiten beziehen sich auf die Greenwich Mean Time (GMT), die auch Universal Time (ut) genannt wird.

Mondphasen im Jahr 2008

Das Datum und die Zeiten der Mondphasen sind weltweit gleich, auch wenn außerhalb der GMT eine Stunde hinzugerechnet werden muss.

● Neumond		☽ Erstes Viertel		○ Vollmond		☾ Letztes Viertel	
8. Jan.	11 : 37	15. Jan.	19 : 46	22. Jan.	13 : 35	30. Jan.	05 : 03
7. Feb.	03 : 44	14. Feb.	03 : 33	21. Feb.	03 : 30	29. Feb.	02 : 18
7. März	17 : 14	14. März	10 : 46	21. März	18 : 40	29. März	21 : 47
6. Apr.	03 : 55	12. Apr.	18 : 32	20. Apr.	10 : 25	28. Apr.	14 : 12
5. Mai	12 : 18	12. Mai	03 : 47	20. Mai	02 : 11	28. Mai	02 : 57
3. Juni	19 : 23	10. Juni	15 : 04	18. Juni	17 : 30	26. Juni	12 : 10
3. Juli	02 : 19	10. Juli	04 : 35	18. Juli	07 : 59	25. Juli	18 : 42
1. Aug.	10 : 13	8. Aug.	20 : 20	16. Aug.	21 : 16	23. Aug.	23 : 50
30. Aug.	19 : 58	7. Sep.	14 : 04	15. Sep.	09 : 13	22. Sep.	05 : 04
29. Sep.	08 : 12	7. Okt.	09 : 04	14. Okt.	20 : 02	21. Okt.	11 : 55
28. Okt.	23 : 14	6. Nov.	04 : 03	13. Nov.	06 : 17	19. Nov.	21 : 31
27. Nov.	16 : 55	5. Dez.	21 : 26	12. Dez.	16 : 37	19. Dez.	10 : 29
27. Dez.	12 : 22						

Die Erde im Jahr 2008

Die Sonnenwende markiert die Punkte im Erdumlauf, an denen sich die Achse maximal zur Sonne (bzw. zur Ekliptik) neigt, was jeweils den kürzesten bzw. längsten Tag eines Jahres zur Folge hat. Die Tagundnachtgleiche (Äquinoktium) ist der Moment, an dem die Achse senkrecht zur Sonne steht. Weil die Kreisbahn der Erde leicht elliptisch ist, variiert der Abstand zur Sonne im Verlauf eines Jahres, wenngleich dies nur einen minimalen Effekt auf die Jahreszeiten hat. Der Moment mit dem kürzesten Abstand nennt man Perihel, den Moment mit dem weitesten Abstand Aphel.

Frühlingsäquinoktium	05 : 48	20. März
Sommersonnenwende	23 : 59	20. Juni
Herbstäquinoktium	15 : 44	22. September
Wintersonnenwende	12 : 04	21. Dezember
Perihel	0 Std.	3. Januar
Aphel	8 Std.	4. Juli

Eine Eklipse (Finsternis) tritt auf, wenn ein Objekt in den Schatten des anderen tritt. Wenn die Erde ihren Schatten auf den Mond wirft, nennt man es Mondfinsternis; wenn der Mond seinen Schatten auf die Erde wirft, ist es eine Sonnenfinsternis (technisch gesehen eine Okkultation; eine echte Eklipse ist es nur für einen Beobachter vom Mond aus). Beides ereignet sich 2008 wie folgt:

	1. Kontakt – Beginn der partiellen Verfinsterung	*2. Kontakt – Beginn der totalen Verfinsterung*	*3. Kontakt – Ende der totalen Verfinsterung*	*4. Kontakt – Ende der partiellen Verfinsterung*	*Datum*
Ringförmige Sonnenfinsternis	03 : 20	03 : 29	04 : 22	04 : 31	7. Feb.
Totale Mondfinsternis	01 : 43	03 : 01	03 : 52	05 : 09	21. Feb.
Totale Sonnenfinsternis	09 : 21	09 : 24	11 : 18	11 : 21	1. Aug.

	1. Kontakt	*maximale Ver-Verfinsterung*	*4. und letzter Kontakt*	*Datum*
Partielle Mondfinsternis	19 : 36	21 : 10	22 : 45	16. Aug.

Auch wenn schon in der Antike Brauch, so ist die Aufteilung des Jahres in vier Teile – oder Jahreszeiten – nicht allgemein üblich. Am Äquator fällt die Verbindung der Jahreszeiten mit Temperaturen wie heiß und kalt flach. Dort dauert der Tag das ganze Jahr über zwölf Stunden. Hier ist die Aufteilung in zwei Jahreszeiten, eine Regenzeit und eine Trockenzeit, sinnvoller. In subtropischen Regionen geht man manchmal von drei Zeiten aus: warm, regnerisch und kalt. Bis heute gibt es keine länderübergreifende Einigkeit darüber, wann eine Jahreszeit endet und eine andere beginnt. Die Anhaltspunkte, auf die sich die meisten einigen konnten, sind das Äquinoktium und die Sonnenwende. Daher beginnt der Winter zum Beispiel am kürzesten Tag des Jahres (der Wintersonnenwende) und setzt sich fort, bis der Tag und die Nacht wieder gleich lang sind (Frühlingsäquinoktium). Etwas komplizierter ist die Aufteilung von Plinius dem Älteren, bei dem sich der Winter ungefähr an der Wintersonnenwende orientiert. Der irische Kalender und die britische Meteorological Convention verbinden die Jahreszeiten mit den Monaten, wobei der Winter am 1. November beziehungsweise am 1. Dezember beginnt.

	Irischer Kalender	Plinius	UK Met. Office	astronomisch	2008
Frühlingsbeginn	1. Feb.	8. Feb.	1. März	Frühlingsäquinoktium	20. März
Sommeranfang	1. Mai	10. Mai	1. Juni	Sommersonnenwende	20. Juni
Herbstbeginn	1. Aug.	11. Aug.	1. Sept.	Herbstäquinoktium	22. Sept.
Winteranfang	1. Nov.	11. Nov.	1. Dez.	Wintersonnenwende	21. Dez.

Für Verwirrung sorgt, dass der kürzeste und der längste Tag nicht jeweils dem kältesten bzw. wärmsten entsprechen. Da die Erdoberfläche Wochen braucht, um sich aufzuwärmen oder abzukühlen, liegt der Temperaturhöhepunkt bis zu 40 Tagen nach dem längsten Sonnenschein, jeweils abhängig von der Lage.

Kürzester Tag (7 Std. 50 Min.)	21. Dez. 2008	Kältester Tag (wahrscheinlich)	1. Feb. 2008
Längster Tag (16 Std. 38 Min.)	20. Juni 2008	Heißester Tag (wahrscheinlich)	1. Aug. 2008

Zodiak

Der Zodiak (oder Tierkreis) ist eine imaginäre Bahn am Himmel, die von der Sonne beschritten wird. Diese Bahn ist in zwölf Segmente von je 30° unterteilt, von denen jedes mit einem Sternzeichen verbunden ist. Diese wurden per Übereinkunft zu festen Zeitabschnitten im Jahr.

Zeichen	*Symbol*	*Zugeordnetes menschliches Körperteil*	*Zeitraum*
Widder	♈	Kopf	21. März – 20. Apr.
Stier	♉	Hals, Kehle	21. Apr. – 20. Mai
Zwillinge	♊	Arme, Schultern	21. Mai – 20. Juni
Krebs	♋	Brust	21. Juni – 22. Juli
Löwe	♌	Herz, Rücken	23. Juli – 22. Aug.
Jungfrau	♍	Taille	23. Aug. – 22. Sept.
Waage	♎	Lendenregion	23. Sept. – 22. Okt.
Skorpion	♏	Genitalien	23. Okt. – 22. Nov.
Schütze	♐	Schenkel	23. Nov. – 21. Dez.
Steinbock	♑	Knie	22. Dez. – 19. Jan.
Wassermann	♒	Beine, Knöchel	20. Jan. – 19. Feb.
Fische	♓	Füße	20. Feb. – 20. Mär.

Meteoritenschauer

Meteoritenschauer entstehen, weil die Erde auf ihrer Bahn Schweife aus Staub passiert, die von Kometen hinterlassen wurden. Die Menge der Schauer kann von Jahr zu Jahr unterschiedlich sein, abhängig davon, wie viel Zeit vergangen ist, seit der Komet vorbeiflog. Die Meteoritenschauer dauern Tage, manchmal sogar Wochen an. Die unten aufgelisteten Daten sind die Spitzentage von großen Meteorschauern, wobei diese ein oder zwei Tage abweichen können. Am besten sieht man die Meteoriten, wenn der Mond nicht scheint (siehe dazu die Mondphasen, S. 308).

Name	Meteoriten pro Std.	jeweiliger Komet	
Quadrantiden	30–50	2003 EH_1	3.–4. Jan.
Lyriden	10–20	Thatcher	21.–22. Apr.
Eta Aquariden	10–20	Halleyscher Komet	4.–6. Mai
Delta Aquariden	20–30		28.–29. Juli
Alpha Capricorniden	0–10		29.–30. Juli
Perseiden	50–100	Swift-Tuttle	12.–13. Aug.
Draconiden	0–10	Giacobini-Zinner	8.–9. Okt.
Orioniden	10–20	Halleyscher Komet	21.–22. Okt.
Tauriden	0–10	Encke	1.–10. Nov.
Leoniden	20–30	Temple-Tuttle	17.–18. Nov.
Geminiden	0–100	3200 Phaethon	13.–14. Dez.
Ursiden	10–20	Tuttle	19.–22. Dez.

KIRCHLICHE FEST- UND FASTENTAGE

Die zwei Hauptfesttage für Christen sind Weihnachten und Ostern. Nach dem Termin von Ostern, der sich nach dem Mondzyklus berechnet, richten sich alle beweglichen Feiertage und Fastentage. Ausnahmen sind der 1. Adventssonntag und der Totensonntag.

Festtage

		2008
Dreikönigstag	6. Jan.	6. Jan.
Darstellung des Herrn	2. Febr.	2. Febr.
Aschermittwoch	Siebter Mittwoch vor Ostern	6. Febr.
Mariä Verkündigung	25. März	25. März
Palmsonntag	Sonntag vor Ostern	16. März
Gründonnerstag	Donnerstag vor Ostern	20. März
Karfreitag	Freitag vor Ostern	21. März
Ostern	Siehe S. 314.	23. März
Rogate	Fünfter Sonntag nach Ostern	27. April
Christi Himmelfahrt	Sechster Donnerstag nach Ostern	1. Mai
Pfingstsonntag	Siebter Sonntag nach Ostern	11. Mai
Dreifaltigkeit	Achter Sonntag nach Ostern	18. Mai
Fronleichnam	Neunter Donnerstag nach Ostern	22. Mai
Allerheiligen	1. Nov.	1. Nov.
Allerseelen	2. Nov.	2. Nov.
Totensonntag	Sonntag vor 1. Advent	23. Nov.
1. Advent	Erster Sonntag um den 30. Nov.	30. Nov.
1. Weihnachtsfeiertag	25. Dez.	25. Dez.

Ostern

Ostern feiert man am ersten Sonntag nach dem ersten kirchlichen Vollmond zur oder nach der Frühlingstagundnachtgleiche. Fällt der Vollmond auf einen Sonntag, dann ist Ostern am darauffolgenden Sonntag. Der kirchliche Mond entspricht nicht dem astronomischen Mond, sondern ist ein tabellarischer theoretischer Mond, der dicht am astronomischen liegt und am 14. Tag als voll gilt. Die Tagundnachtgleiche ist auf den 21. März festgelegt. Das früheste bzw. späteste Datum, an dem Ostern stattfinden kann, ist der 22. März bzw. der 25. April. Das wahrscheinlichste Datum ist der 19. April.

The Book of Common Prayer liefert eine Regel, um den Ostertermin zu berechnen. Die Aufgabe ist recht kompliziert und die 1662 Anweisungen füllen drei Seiten. Eine elegantere und konzisere Regel zu finden hat viele Amateur- und Profimathematiker auf den Plan gerufen. Der folgende Algorithmus (P. Kenneth Seidelmann [Hg.], *Explanatory Supplement to the Astronomical Almanac*, 1992) ist eine verbesserte Version von Oudins Algorithmus aus dem Jahr 1940. Er gibt Monat und Tag des Osterfestes für jedes Jahr des gregorianischen Kalenders an.

Nehmen wir als »Jahr« das christliche Jahr n. Chr. an, als »Monat« die Zahl 3 für März oder 4 für April sowie als »Tag« eine Zahl zwischen 1 und 31. Bei allen Divisionen wird die ganze Zahl beibehalten, der Rest fällt weg. Die Operation »mod« stellt das Gegenteil dar: Der Rest wird beibehalten, die ganze Zahl fällt weg. Ein Beispiel: $23 : 5 = 4$, aber $23 \bmod 5 = 3$. Im Fall des Jahres = 2008 leiten wir linksseitig ab, dass $A = 20$, $B = 13$, $C = 1$, $D = 1$ und $E = 6$. Das ergibt den Monat = 3 (März) und den Tag = 23. Dieser Algorithmus wiederholt sich garantiert erst nach 5,7 Mio. Jahren.

$A = \frac{\text{Jahr}}{100}$ $\quad B = \text{Jahr} \bmod 19$ $\quad C = (A - \frac{A}{4} - \frac{8A+13}{25} + 19B + 15) \bmod 30$

$D = C - \frac{C}{28}(1 - \frac{29}{C+1}\,\frac{21-B}{11})$ $\quad E = (\text{Jahr} + \frac{\text{Jahr}}{4} + D + 2 - A + \frac{A}{4}) \bmod 7$

$\text{Monat} = 3 + \frac{D-E+40}{44}$ $\quad \text{Tag} = D - E + 28 - 31 \times \frac{\text{Monat}}{4}$

Fastentage

Um auf die Länge von 40 Tagen zu kommen, die die Fastenzeit dauert, werden die sechs Sonntage vor Ostern herausgerechnet – der Sonntag gilt immer als Festtag.

Fasten bedeutete ursprünglich, alle Nahrung zu meiden. Heute dagegen ist eine Mahlzeit am Tag zulässig. Das Fasten ist nicht mit der Enthaltsamkeit zu verwechseln, bei der man lediglich Fleisch meidet.

		2008
Fastenzeit	Aschermittwoch bis einschl. Samstag vor Ostern	6. Febr. – 22. März
Advent	1. Advent bis einschl. 24. Dez.	30. Nov. – 24. Dez.

	Mittwoch, Freitag und Samstag zu oder nach	
Frühjahrsquartal	1. Fastensonntag	13., 15., 16. Febr.
Sommerquartal	Pfingstsonntag	14., 16., 17. Mai
Herbstquartal	Kreuzerhöhung (1. Sept.)	17., 19., 20. Sept.
Winterquartal	Sankt Luzia (13. Dez.)	17., 19., 20. Dez.

	Montag, Dienstag und Mittwoch nach	
Rogate	Sonntag Rogate	28., 29., 30. April

Den beiden wichtigsten Phasen der Abstinenz, Advent und Fastenzeit, gehen üblicherweise Feierlichkeiten und Feste voraus. Die Tage vor der Fastenzeit gelten als die Fastnachtszeit, die am Fastnachtsdienstag ihren Höhepunkt erreicht.

UNHEILVOLLE TAGE

Unglückstage

Seit dem Mittelalter gelten bestimmte Tage als »dies mali« – Unglückstage, an denen man nichts in Angriff nehmen oder unternehmen sollte. Die am weitesten verbreiteten Aufzeichnungen führen zwei Tage pro Monat auf:

1., 25. Januar	3., 25. Mai	3., 21. September
4., 26. Februar	10., 16. Juni	3., 22. Oktober
1., 28. März	13., 22. Juli	5., 28. November
10., 20. April	1., 30. August	7., 22. Dezember

Montage

Zwar wird ohnehin jeder Montag mit eher fragwürdigem Glück in Verbindung gebracht, doch der erste Montag im April und im August sowie der letzte Montag im Dezember sind besonders unheilvoll (2008: 7. April, 4. August, 29. Dezember):

> Jeder, der Mensch oder Tier auf sich bluten lässt, erlebt nicht das Ende der Woche,
> jeder, der die Einladung zu einem Getränk annimmt oder Gans isst, wird innerhalb von zwei Wochen sterben,
> und jedes Kind, ob Junge oder Mädchen, das an dem Tag zur Welt kommt, wird ein böses Ende nehmen.
> (B. Blackburn & L. Holford-Strevens, *Oxford Companion to the Year*, 1999)

Hundstage

Als Hundstage gilt allgemein die Zeit vom 3. Juli bis 11. August, also die wärmsten Tage des Jahres (wenn auch nicht die längsten, siehe S. 311). In früheren Zeiten glaubte man, sie seien das Ergebnis des gleichzeitigen Auf- und Untergehen der Sonne und des Sterns Sirius, dem Hauptstern in der Konstellation Canis Major (Großer Hund). Sirius ist der hellste Stern, den man von der Erde aus sehen kann, daher glaubte man, die kombinierte Hitze beider Sterne sei der Grund für diese schweißtreibende Phase. Traditionell verzichtete man in dieser Zeit auf Aderlass und medizinische Behandlungen, Männer hielten sich von Frauen fern.

Schaltjahr

Das Jahr 2008 ist ein Schaltjahr, so dass es wieder einmal einen 29. Februar gibt, traditionell in England ein Tag, an dem eine Frau einem Mann einen Heiratsantrag machen kann. Es gibt noch zwei weitere Tage im Jahr, an denen Frauen die Initiative ergreifen. In Frankreich ist das der Feiertag Sainte Catherine de Alexandre (25. November), in den USA ist es der Sadie Hawkins Day (im Jahr 2008 am 8. November), an dem Frauen einen Mann zu einem Date einladen. Das Ganze ist eine erfrischende Abwechslung, steht aber im Widerspruch zu den Regeln beim ersten Date (siehe S. 67) , wonach die Frau einen Mann nicht ansprechen oder zum Tanz auffordern soll.

Schaltjahre sind wegen einer astronomischen Besonderheit notwendig. Das Jahr ist exakt 365,2422 Tage lang, und damit die Jahreszeiten und Monate ausgeglichen bleiben, muss alle vier Jahre ein zusätzlicher Tag eingefügt werden, der 29. Februar. Die Regel, um Schaltjahre zu bestimmen, sieht wie folgt aus: Jahre, die ohne Rest durch 4 teilbar sind, sind Schaltjahre, nicht aber solche, die ohne Rest durch 100 teilbar sind (durch 400 teilbare Jahre sind dagegen ebenfalls Schaltjahre). Dadurch ergibt sich eine durchschnittliche Jahreslänge von 365 97/400 = 365,2425 Tagen, also 27 Sekunden mehr als beim tropischen Jahr. Bislang wurde noch kein Plan entwickelt, um diese Abweichung zu korrigieren, die sich im Jahr 4800 auf einen Tag addiert haben wird.

Freitag der 13.

Freitag der 13. ist das Zusammentreffen von zwei Ereignissen, die jedes für sich mit Unglück verbunden werden: Freitag als der Tag, an dem Adam fiel und Jesus gekreuzigt wurde, wird für den Wochentag gehalten, der am wenigsten Glück bringt. Die Zahl 13 ist eine Primzahl, und 13 Männer saßen beim letzten Abendmahl zusammen. Laut *Sakrileg* von Dan Brown wurden die Ritter des Templerordens unter König Philip IV. von Frankreich am Freitag, 13. Oktober 1307, verhaftet.

Ein Freitag der 13. kommt im Durchschnitt alle 213 Tage vor, aber diese Freitage sind nicht gleichmäßig verteilt. In manchen Jahren gibt es nur einen, in anderen sogar gleich drei. Die nachfolgende Übersicht wiederholt sich alle 28 Jahre von 1901 bis 2099. Der 13. ist (geringfügig häufiger) wahrscheinlicher ein Freitag als irgendein anderer Wochentag.

Jahre				*Freitag der 13. im Monat*
2001	2007	2018		April, Juli
2002	2013	2019	2024	September, Dezember
2003	2008	2014	2025	Juni
2004				Februar, August
2005	2011	2016	2022	Mai
2006	2017	2023		Januar, Oktober
2009	2015	2026		Februar, März, November
2010	2021	2027		August
2012				Januar, April, Juli
2020				März, November
2028				Oktober

GEDENKTAGE
DER VEREINTEN NATIONEN

Die UN hat einer Reihe von Themen bestimmte Tage gewidmet (nachfolgend aufgelistet), die weltweit in allen Mitgliedsstaaten begangen werden. Es fällt auf, dass es Tage für Frauen, Jugend und Kinder gibt, aber keinen für Männer.

27. Januar	Tag des Gedenkens an die Opfer des Holocaust
21. Februar	Internationaler Tag der Muttersprache
8. März	Tag der Vereinten Nationen für die Rechte der Frau und den Weltfrieden
21. März	Internationaler Tag zur Beseitigung der Rassendiskriminierung
21.–27. März	Woche der Solidarität mit den gegen Rassismus und Rassendiskriminierung kämpfenden Völkern
22. März	Weltwassertag
23. März	Welttag der Meteorologie
April	Woche der Sicherheit im Straßenverkehr
7. April	Weltgesundheitstag
23. April	Welttag des Buches und des Urheberrechts
3. Mai	Welttag der Pressefreiheit
8./9. Mai	Gedenktag für die Opfer des Zweiten Weltkriegs
15. Mai	Internationaler Tag der Familie
17. Mai	Weltfernmeldetag
21. Mai	Internationaler Tag für kulturelle Entwicklung
22. Mai	Internationaler Tag der biologischen Vielfalt
25.–31. Mai	Woche der Solidarität mit den Völkern aller kolonialen Gebiete, die für Freiheit, Unabhängigkeit und Menschenrechte kämpfen

29. Mai	Tag der Friedenswächter der Vereinten Nationen
31. Mai	Welt-Nichtraucher-Tag
4. Juni	Internationaler Tag der Kinder, die unschuldig zu Aggressionsopfern geworden sind
5. Juni	Weltumwelttag
17. Juni	Welttag für die Bekämpfung von Wüstenbildung und Dürre
20. Juni	Weltflüchtlingstag
23. Juni	Tag des öffentlichen Dienstes
26. Juni	Internationaler Tag gegen Drogenmissbrauch und unerlaubten Suchtstoffverkehr
26. Juni	Internationaler Tag der Vereinten Nationen zur Unterstützung der Folteropfer
Erster Samstag im Juli	Internationaler Tag der Genossenschaften
11. Juli	Weltbevölkerungstag
9. August	Internationaler Tag der autochthonen Bevölkerungsgruppen
12. August	Internationaler Tag der Jugend
23. August	Internationaler Tag der Erinnerung an Sklavenhandel und dessen Abschaffung
8. September	Weltalphabetisierungstag
16. September	Internationaler Tag für die Erhaltung der Ozonschicht
21. September	Internationaler Friedenstag
letzte Woche im September	Weltschifffahrtstag
1. Oktober	Internationaler Tag der älteren Menschen
erster Montag im Oktober	Welttag des Wohn- und Siedlungswesens (Habitat-Tag)
4.–10. Oktober	Internationale Weltraumwoche
5. Oktober	Internationaler Tag des Lehrers
9. Oktober	Tag des Weltpostvereins
10. Oktober	Welttag der geistigen Gesundheit

zweiter Mittw. im Oktober	Internationaler Tag der Katastrophenvorbeugung
16. Oktober	Welternährungstag
17. Oktober	Internationaler Tag für die Beseitigung der Armut
24. Oktober	Tag der Vereinten Nationen
24. Oktober	Welttag der Information über Entwicklungsfragen
24.–30. Oktober	Abrüstungswoche
6. November	Internationaler Tag für die Verhütung der Ausbeutung der Umwelt in Kriegen und bewaffneten Konflikten.
16. November	Internationaler Tag der Toleranz
dritter Sonntag im November	Tag der Opfer des Straßenverkehrs
20. November	Tag der Industrialisierung Afrikas
20. November	Weltkindertag
21. November	Welttag des Fernsehens
23. November	Internationaler Tag gegen Gewalt an Frauen
29. November	Internationaler Tag der Solidarität mit dem palästinensischen Volk
1. Dezember	Welt-Aids-Tag
2. Dezember	Internationaler Tag für die Abschaffung der Sklaverei
3. Dezember	Internationaler Tag der Behinderten
5. Dezember	Internationaler Tag der Freiwilligen für wirtschaftliche und soziale Entwicklung
7. Dezember	Tag der Internationalen Zivilluftfahrt
10. Dezember	Tag der Menschenrechte
18. Dezember	Internationaler Tag der Migranten
20. Dezember	Tag der Solidarität der Menschen untereinander